# 学前教育
# 持续健康长效发展
# 机制研究

杨晓萍　沈爱祥　杨雄　杨柳玉◎著

西南师范大学出版社
国家一级出版社　全国百佳图书出版单位

**图书在版编目(CIP)数据**

学前教育持续健康长效发展机制研究 / 杨晓萍等著. — 重庆：西南师范大学出版社, 2019.12
ISBN 978-7-5697-0115-9

Ⅰ. ①学… Ⅱ. ①杨… Ⅲ. ①学前教育－发展－研究－中国 Ⅳ. ①G619.2

中国版本图书馆CIP数据核字(2019)第289944号

**学前教育持续健康长效发展机制研究**

XUEQIAN JIAOYU CHIXU JIANKANG CHANGXIAO FAZHAN JIZHI YANJIU

**杨晓萍　沈爱祥　杨雄　杨柳玉　著**

---

**责任编辑：** 周明琼
**责任校对：** 熊家艳
**封面设计：** 观止堂_叶小舟
**排　　版：** 夏　洁
**出版发行：** 西南师范大学出版社
地址：重庆市北碚区天生路2号
市场营销部：023-68868624
邮编：400715
**印　　刷：** 重庆美惠彩色印刷有限公司
**幅面尺寸：** 185mm×260mm
**印　　张：** 13.5
**字　　数：** 272千字
**版　　次：** 2021年1月 第1版
**印　　次：** 2021年1月 第1次印刷
**书　　号：** ISBN 978-7-5697-0115-9

---

**定　　价：** 49.00元

# 目　录

# 第一章

# 研究问题与设计

CHAPTER 1

学前教育是国民教育的重要基石，是国家宝贵的财富。党和国家高度重视学前教育事业，习近平总书记在十九大报告中把“幼有所育”首次列为我国重要的民生工程，昭示了新时代背景下我国学前教育公平发展的全新理念与发展路径。幼有所育强调所有0~6岁幼儿都能够接受相对优质的保育与教育服务，这意味着不同地区的幼儿都能够在不同类型的幼儿园享受到相对优质的保教服务，因此，幼有所育是学前教育公平发展的内在本质与发展使命，是新时代我国学前教育公平发展的终极目标。然而，当前我国学前教育发展面临的主要矛盾是学前教育发展的不充分、不均衡现实与广大民众对优质学前教育的多样化需求之间的矛盾，要实现幼有所育就必须破解现实学前教育发展不均衡的矛盾。

## 第一节　研究背景

### 一、低质失衡是我国学前教育发展面临的现实难题

我国学前教育发展自2010年以来迎来了重要的发展机遇，党和国家高度重视学前教育的发展并出台了一系列强劲的政策，自《国家中长期教育改革与发展规划纲要(2010—2020年)》颁布以来，以普惠性幼儿园建设工程为核心的“学前教育三年行动计划”已经连续实施两期，第三期行动已经在2017年启动。在国家强劲的政策支持与引领下，我国学前教育的发展取得了巨大的成就：从入园率来看，我国学前教育的毛入园率从2009年的50.9%提高到2016年的77.4%；截至2016年，全国在园幼儿数从2009年的2657.81万人增长到2016年的4413.86万人，幼儿园数从2009年的13.82万

所增长到2016年的23.98万所。[①]从上述权威数据可以看出，我国学前教育的发展迎来了重要的发展机遇，幼儿教师、幼教机构、幼儿人数等都有了较大幅度的增长，一定程度上缓解了“入园难、入园贵”的问题。结合教育部发布的《学前教育督导评估暂行办法》一级指标中的“发展水平”的具体评价标准来看，我国学前教育近年来取得的发展成就集中体现在这六个方面：第一，学前教育毛入园率得到明显提升，学前儿童入园难的问题得到改善。第二，公办幼儿园占幼儿园总数比例有所提升，无论在城市还是农村，公办幼儿园覆盖面积都有提升。第三，政府对学前教育的财政投入资金明显提高。第四，幼儿教师中，获得幼儿教育资格证的教师数量有所提高。第五，学前教育的质量显著提高，并且与我国的教育目标相契合。第六，社会对于本地提供的学前教育满意程度有所提升。[②]

然而我国学前教育在取得发展成就的同时，也存在较多的问题，这些问题受到了研究界的广泛关注。王亚芳认为我国学前教育发展存在不公平问题，表现在教育资源配置失衡、入园机会不均等、教师素质参差不齐、教育质量差异显著等。[③]黄建春等人对湖南省6个地区的学前教育现状进行了抽样调查，调查发现湖南省学前教育事业发展迅速，师资队伍数量与质量有所提高，但也存在一些问题，如幼儿园发展不均衡，政府对民办园的管理欠规范等。[④]刘晓红研究指出农村学前教育机构教学设施简陋、课程设置随意、师资队伍素质不高、安全隐患大等现象普遍存在。[⑤]陈玲认为学前教育的财政资源严重不足，且资源分配在地区之间、幼儿园之间的差距越来越大。[⑥]钟运红指出当前欠发达农村地区学前教育发展面临的挑战表现为：普惠性资源总量不足；政府财政投入相对不足；幼儿教师数量不足；管理力量薄弱；政府责任承担不足，农村学前教育经费投入几乎为零；农村学前教育存在师资“引不进”的瓶颈问题；农村学前教育生源缺乏充分保障；农村学前教育公益化不足，小学化、商业化、低质化严重。[⑦]董倩倩基于公平视域下我国城乡学前教育发展进行调研，分析得到我国城乡学前教育发展差异主要表现为教育机会不平等，资金差距大、师资力量差距大。[⑧]霍力

①以上数据来源于教育部教育统计数据，2009年数据由《2010年全国教育事业发展统计公报》推算得出。

②杨龙祥．地区学前教育发展水平及其影响因素的研究[J]．黑龙江教育学院学报，2015(6)：67-68.

③王亚芳．公平视阈下学前教育发展问题探析[J]．现代教育科学·普教研究，2010(4)：36-38.

④黄建春，陈幸军．湖南省学前教育发展的现状与建议[J]．学前教育研究，2011(2)：46-51.

⑤刘晓红．我国农村学前教育发展中的问题、困难及其发展路向[J]．学前教育研究，2012(3)：30-33.

⑥陈玲．学前教育财政投入的公平性研究——基于省际中观数据分析[D]．杭州：浙江财经学院，2012.

⑦钟运红．欠发达农村地区学前教育的发展模式——以重庆市江津区为例[J]．重庆行政(公共论坛)，2012(2)：92-94.

⑧董倩倩．基于公平视域下我国城乡学前教育发展差异研究[J]．中国校外教育，2016(8)：3.

岩、孙蕾蕾对中国与其他“一带一路”沿线国家的学前教育发展水平进行比较分析，发现在毛入园率、公立机构在园幼儿数、学前教育经费投入和师资数量、教职工待遇等指标上，虽然中国近年来显著提升，但仍处于中等或落后水平。[①]众多研究者采用不同的研究方式反映了学前教育各领域存在的现实问题，我们可以看出当前我国学前教育发展中面临的问题主要集中在这几个方面：首先是政府管理体制的不健全，职责的不清晰，致使其管理能力不足；其次是财政投入的问题，表现为整体财政投入总量不足以及投入方向存在偏差，导致财政资源的不公平问题；最后是教师队伍质量较差，教师地区分布不均衡，教师工作待遇差等进而影响到教师的职业生存。

学前教育是一个复杂的教育系统，由于其体制因素、人员因素、财政因素、环境因素等方面不同程度地存在缺陷，致使现下我国学前教育发展面临很多问题。王亚芳认为只有加大国家财政对幼儿教育的支持力度，完善幼儿园教师培养管理体系，加强学前教育的法制建设，关注弱势群体的幼儿教育，才能促进我国学前教育的健康可持续发展。[②]陈幸军等人认为影响湖南省学前教育发展的原因在于政府对学前教育重要性认识不够，责任意识薄弱；政府投入严重不足，缺乏经费保障机制，学前教育规划难以落实；政府对学前教育事业的管理严重不到位；政府对学前师资的管理与培训严重不到位。因此需要加强政府的管理职责，完善相应的管理制度。[③]刘晓红研究指出要发展好的农村学前教育，应该合理规划农村幼儿园布局；建立以政府为主的财政分担机制；制定相关政策制度，实现办园模式从作坊式向规范化的转变；实行“省级统筹、以县为主、县乡共管”的农村学前教育管理体制；大力加强农村幼教师资队伍建设。[④]谢应宽、田兴江、吕晓认为文化与语言的冲突、生产力发展水平与观念相对落后、学前教育经费投入总体不足与分配不均是影响西南少数民族地区学前教育的关键因素，因此，要因地制宜多形式开办学前教育机构，建立健全经费保障制度，重点向少数民族地区农村地区的学前教育倾斜。[⑤]杨文认为我国学前教育出现规模萎缩和质量下降的严重问题，主要是国家规划没有对各省、市提出具体实施要求；支持规划实施的政策不足，且无专项幼教经费支持；没有对规划实施提出评价要求等。[⑥]因此，

①霍力岩，孙蕾蕾．中国与“一带一路”沿线国家学前教育发展的比较研究[J]．现代教育论丛，2016(4)：57-67.

②王亚芳．公平视阈下学前教育发展问题探析[J]．现代教育科学·普教研究 2010(4)：36-38.

③陈幸军，等．湖南省学前教育发展现状与政策建议[J]．学前教育研究，2011(12)：18-23.

④刘晓红．我国农村学前教育发展中的问题、困难及其发展路向[J]．学前教育研究，2012(3)：30-33.

⑤谢应宽，田兴江，吕晓．西南民族地区农村学前教育发展的瓶颈与突破[J]．学前教育研究，2014(4)：58-63.

⑥杨文．世界发达国家保障学前教育发展质量的主要经验及其启示[J]．学前教育研究，2014(8)：52-54.

新时代需要强化政府的管理职能，强化过程性管理与规范管理。郭元凯、胡晓江认为“单独两孩”政策实施后，我国学前教育未来发展需要政府加强顶层设计，建立“人口发展与教育资源信息管理系统”；学前教育政策要因地制宜，积极探索学前教育体制机制创新；政府要坚持“分类治理、分层供给”，建立起“一主多元”服务供给机制，即政府主导下的市场、社会多元主体合作提供与生产。[①]单吉庆聚焦中西部农村地区学前教育发展问题，认为现阶段我国学前教育基础薄弱，区域发展不平衡，城乡差别大，农村地区、少数民族地区发展滞后等，其强调了我国学前教育均衡发展的关键在农村学前教育的发展，[②]因此新时代学前教育的发展需要重点关注农村地区的学前教育发展。霍力岩、孙蔷蔷通过对比“一带一路”沿线国家学前教育发展与我国学前教育，指出中国应继续通过提升学前教育的普及程度、增加公共学前教育资源总量、加大政府教育经费投入力度以及建设高素质幼教师资队伍等措施，为提供公平且普惠的学前教育创造条件。[③]

唯物辩证法认为任何事物的发展都是量变与质变相互转换的过程，任何事物的发展都具有阶段性，每一个发展阶段面临的主要矛盾都不相同，因此导致不同时期的人们面临的社会问题及其解决的方式都不一样。学前教育系统同样如此，不同时期我国学前教育的发展面临着不同的主要矛盾，因而导致政府对学前教育管理的政策与干预路径也不一样。综观已有的相关研究，我们从整体的角度进行分析，不同时期人们关注的问题及其影响因素与解决方法都不同，而从政府的管理政策与管理作为来看，不同时期国家政策关注的核心问题不一样，因此导致其具体的政策工具与方法都不相同。公平与质量是学前教育发展的生命线，二者既是矛盾体又是互补体，都由条件性要素、过程性要素、结果性要素所构成，从公平与质量相互统一的角度来看，条件性要素更强调公平取向，而过程性要素更倾向质量取向，结果性要素是前两者因素共同作用后形成的结果与效益。如图1-1所示，我们建立了学前教育发展的公平与质量矩阵图，通过该图我们可以梳理出我国学前教育发展的阶段，并进一步反映出不同阶段面临的发展矛盾，结合相关研究，我们可以发现同一时期的相关研究反映的问题及其影响因素与解决方式都具有一定的相似性。第一阶段为“入园难、入园贵”的集中突显期，主要表现为我国公办性学前教育资源严重不足，民办性学前教育市场混乱

①郭元凯，胡晓江．“单独两孩”政策对我国学前教育发展的影响——兼论未来学前教育发展的政策取向[J]．中国教育学刊，2015(2)：24-28.

②单吉庆．中西部农村地区学前教育发展策略研究[J]．亚太教育，2016(3)：6-7.

③霍力岩，孙蔷蔷．中国与“一带一路”沿线国家学前教育发展的比较研究[J]．现代教育论丛，2016(4)：57-67.

等问题，自《国家中长期教育改革和发展规划纲要（2010—2020年）》颁布以来，国家启动了一系列“学前教育三年行动计划”，第一期“学前教育三年行动计划”强调“广覆盖，保基本”，意在扩大学前教育资源，大力开办乡镇中心园与村级园，2011年、2012年、2013年我国幼儿园的数量增速最快，国家主要以财政输出为主，紧抓普惠性幼儿园的推广与标准化建设工作；第二阶段为“入公办园难、入好园贵”的矛盾凸显期，主要表现在公办园与民办园之间存在质量方面的差异，而公办园教育资源有限，无法满足社会大众的需求，而众多民办园中高质量的幼儿园所需要的教育成本很昂贵，“有质量”成为普惠性幼儿园建设与发展的重要内容。如何在继续扩大公办性学前教育资源的同时，又能够向广大民众提供有质量的学前教育服务成为当下需要解决的重要问题。因此，我国学前教育的发展需要政府继续加大财政投入，继续扩大普惠性学前教育资源，同时加强对广大幼儿园的保教质量的督导与评估工作，缩小不同地区之间、不同属性幼儿园之间的质量差异以实现均衡发展。

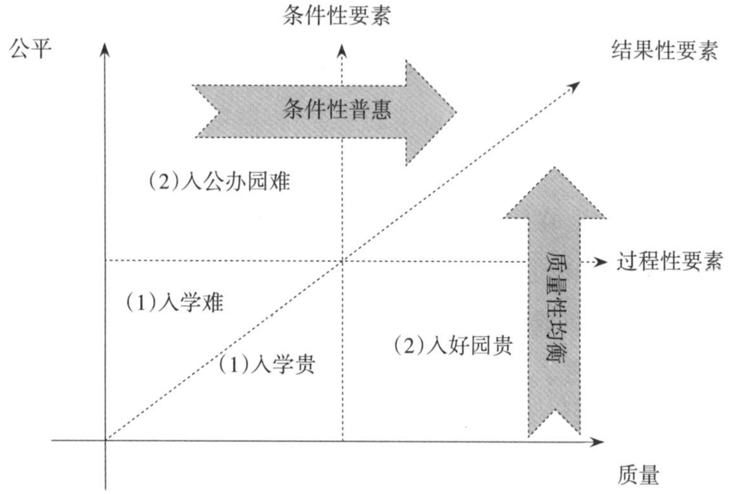


图1-1　学前教育公平与质量矩阵图

## 二、均衡发展是实现学前教育持续健康长效发展的突破口

自2010年以来，我国出台了一系列学前教育普惠性政策并取得了重大的发展成效。截至2016年，我国幼儿园数量达到23.98万所，在园幼儿规模4413.86万人；毛入园率达到77.4%，比2009年《国家中长期教育改革与发展规划纲要（2010—2020年）》颁布前提高了26.5%。2014—2016年中央财政投入518亿元支持地方扩大普惠性资源，带动地方投入超过2000亿元，大幅度提高了普惠性幼儿园的覆盖率。在国家强劲

的政策支持引领下，我国学前教育“入园难、入园贵”的问题得到了很大程度上的缓解。然而国家政策倾向的是提升入园率，提高普惠性幼儿园的覆盖率，解决的是广大幼儿入园机会公平的问题，而在幼儿园保教质量方面的关注程度较为有限，致使学前教育的现实难题逐渐演化为“入公办园难、入好园贵”，幼儿园教育质量成为举世瞩目的焦点。在打赢幼儿园教育质量这场攻坚战的过程中，除了理顺管理体制和办园体制，进一步落实学前教育的政府责任之外，还需要各级政府从区域性学前教育整体发展的视角来规划与管理学前教育事业。不同地区的经济与文化因素不同，不同地区的幼儿园在办园理念与文化、办园形式与内容、办园过程与方法、办园结果与质量等方面都会受到地方经济与文化因素的影响，因此，要建构全国统一性的幼儿园教育规范与标准显然不合时宜，学前教育资源的地域性决定了各幼儿园在办园理念与文化、办园过程与行为、办园质量与评价等方面都存在地域差异性。这意味着同一地区的学前教育资源具有相似性，比如政府的管理政策、区域性的经济发展水平、区域性的文化因素等，这些因素都为区域性学前教育的整体发展提供良好的资源与环境，因此，区域性学前教育整体发展是破解当前学前教育质量问题的突破口。

我国学前教育本身是一个极其复杂的系统，特别是在我国实行“公办民办并举”的办园体制下，各种类型的幼教机构应运而生。截至2016年，全国共有幼儿园23.98万所，比上年增加1.61万所，在园儿童(包括附设班)4413.86万人，比上年增加149.03万人。其中民办幼儿园15.42万所，比上年增加7827所；在园儿童2437.66万人，比上年增加135.22万人。上述权威的数据告诉我们民办类型的幼儿园仍然占据主导地位，这意味着我国绝大部分孩子都在民办幼儿园接受早期教育。要实现学前教育的持续健康长效发展，就意味着所有的孩子在不同的幼儿园都能够接受质量有保证的幼儿园教育。然而，现实并非如此，由于政府管理、经费投入、教师专业水平等条件有差异，再加上幼儿园所处的地理位置不同，不同类型的幼儿园在办园条件、办园过程、办园质量方面存在着诸多差异。笔者曾走访数所农村地区的民办幼儿园，发现大部分都是个体举办的作坊式幼儿园，其办园条件简陋，设施配备陈旧不符合国家标准且存在安全隐患，教师专业水平有限，教学过程中小学化倾向严重、教学用语不规范、教学活动设计随意且不科学、幼儿生活活动缺乏科学性等。通过将民办幼儿园与公办幼儿园的保教质量进行对比分析，我们发现民办幼儿园在教学活动、保育活动、教学管理、教师职业状态等方面都低于公办幼儿园。我国学前教育面临的主要矛盾是人民对学前教育质量的优质性需求与现实幼儿园教育质量的不均衡不充分之间的矛盾。因此，要实现学前教育的共生发展，就需要消除当前学前教育质量的不均衡与不充分现实。

然而,由于历史因素和体制因素的影响,与基础教育相比,我国学前教育事业在属性与结构、法律与制度、政府责任等方面都存在诸多现实问题。特别是政府责任的明确是当前学前教育健康发展的关键所在。正是由于政府责任游离,造成不同地区的政府对学前教育的重视程度不同。部分地区的政府忽视学前教育的发展,学前教育经费投入少,学前教育管理机构与人员缺失,学前教育专业督导机构与人员缺失等,从而影响到区域内学前教育的整体发展。部分区县仅重视公办幼儿园的管理,重点关注示范园建设、优质园建设、乡镇中心园建设而忽略了其他类型幼儿园的管理,从而加剧了区域内学前教育的不均衡。区域性学前教育要从整体角度对所有的学前教育资源进行规划和管理,面向所有幼儿园统筹分配教育资源并促进园际交流与合作,使每一个幼儿园都能在相互学习、相互借鉴的协同活动中成长,最终实现区域性的整体发展与均衡发展。

## 三、共生发展是学前教育持续健康长效发展的本质要求

区域性学前教育是实现学前教育共生发展的关键子系统,区域性学前教育的共生发展成为实现学前教育共生发展的核心。要实现区域性学前教育的共生发展就必须提高各共生单元的共生度并减少共生阻力。由于同一个区域内的学前教育资源在自然条件、文化与价值观、政府管理政策与制度、经济发展等方面具有很高程度的相似性,这将为区域性学前教育共生系统的发展奠定重要的基础。一方面这些相似性将最大限度地减少信息交流的阻力,从而促进信息的传播;另一方面这些相似性也将最大限度地提高区域内各办园机构的共生度,从而使得不同类型的幼儿园都能够达成共识、形成合作。因此,从共生理论出发,正是区域内相似的共生环境因素使得区域性学前教育的共生发展成为学前教育共生发展的理想界面。

然而,区域性学前教育的共生发展却面临着诸多的现实问题。首先,从学前教育资源层面来看,现实中广大幼儿园最急需的、对幼儿园发展影响最重要的资源往往是政府部门提供的经费保障与专业保障,然而政府管理责任的缺失与供给不足严重限制了区域性学前教育的发展,加剧了区域性学前教育发展的不均衡。特别是专业支持方面,部分区域并没有建立完备的教研支持与服务体系、专业督导体系,致使广大幼儿教师在教学过程中遇到问题时“求助无门”。由于缺乏专业引领,广大幼儿教师的教学行为的规范性与有效性得不到保障,从根本上限制了幼儿园保教质量的发展。由于缺乏专业人员的支持引领,广大幼儿教师开发和利用本土文化资源的能力就有

限，再宝贵、再具有价值性的教育资源也形同虚设，所以，政府部门提供的经费保障和专业保障成为影响区域性学前教育共生发展的重要参量。其次，从办园机构层面来说，同一区域中林立着各种各样的幼儿园，它们在办园性质、办园理念与文化、办园形式与模式、办园过程与行为、办园质量与特色上都互不一样，这种异质共存性才是学前教育的根本存在方式。然而，异质共存并非“各自为政”“闭关锁园”，而是在异质共存的基础上实现共生发展，这意味着每个幼儿园都只有打开园门与外界进行信息交互才能够获得发展的力量。因此，营造开放的、合作的园际关系对区域性学前教育的共生发展至关重要。但是，市场调节引起的生源竞争、收费竞争、质量竞争等致使同一区域内的幼儿园形成了敌对的恶性关系，造成了幼儿园之间缺乏沟通与合作，甚至出现不正当竞争引起的恶性事件。最后，从幼教工作者层面来看，幼儿的全身心和谐发展是幼教工作的根本出发点与归宿点，因此，幼儿工作者对幼儿根本属性的认识以及对幼儿教育规律的认识往往决定着其意识与行为。幼教工作者的幼儿观、幼儿教育观是否共生，会影响幼儿能否全面健康发展。幼教工作者和幼儿之间并非主客体之间的对立关系，而是具有差异的主体与主体之间的关系，幼教工作者能否尊重幼儿的主体地位，能否基于幼儿的成长需求给予科学的教育服务往往决定了二者之间的共生关系。然而现实中各种伤害幼儿的恶性事件、课堂教学中的“生拉硬扯”等都无疑昭示了师幼之间的非共生关系。

学前教育共生系统是一个包罗复杂要素的杂糅系统，从系统外在的资源来看，区域经济发展水平、区域文化风情、区域自然、政府管理制度与政策等都是区域性学前教育发展的重要条件；从机构层面来看，区域内的所有幼儿园都是区域性学前教育发展的重要实体；从参与主体来看，广大社区民众、幼儿家长、幼儿、幼儿教师、幼儿园管理者、政府管理代表者、区域教研员等都是区域性学前教育发展的关键主体。要实现区域性学前教育的共生发展，就需要充分整合区域内的人力资源、物力资源、财力资源、信息资源，获取足够多的人员支持，构建最优质的合作平台，最高效地利用资源，从而获得最多的共生能量。因此，中观层面的机构因素是实现学前教育参与主体与外在资源因素充分交互的关键媒介与平台，机构是否正常运转往往影响着区域性学前教育人力资源能否得到最大限度的利用，其他财力资源、物资资源能否得到最高效的分配，信息资源能否得到最快速、全面的转播。因此，优化机构层面的共生秩序成为学前教育共生发展的关键。

如前所述，我国当前学前教育的发展在一定程度上忽视了幼教机构层面的关键作用，而过多地把关注点放在了如何寻求国家的财政支持，如何提高教师的专业化水平，如何寻求幼儿家长与社会力量对幼儿园的支持上。我们不否认国家加大对学前教育财政投入的重要性，也不否认教师专业发展水平、幼儿家长及社会力量对幼儿园保教质量的支持作用，但是，我们却忽视了区域内幼儿园与幼儿园之间的互助与合作产生的力量。马克思主义认为事物发展的根本动力在于内部矛盾的解决，而所有的外部因素只是事物发展的条件，外在因素只有通过内在因素才能起作用。因此，我们过分关注外在的资源性要素，而忽略了内在矛盾的解决。反思我国当前学前教育出现的不均衡和不充分的现实，产生这些问题的根本因素在于机构之间的差异没有得到科学的弥补，而在缩小园际差异的过程中人们却诉诸外在性资源的丰富与保障，而忽视了区域性学前教育系统的内在资源与力量的开发与利用。

园际差异是区域性学前教育共生发展的根本出发点和归宿点。园际差异不仅是我国学前教育广大幼教机构异质共生的现实写照，同时也是我国学前教育发展的根本存在方式与发展方式。受文化价值观因素的影响，人们一提到园际差异就认为是消极的、不好的发展状况，就是学前教育不公平的发展现状，并认为造成园际差异的因素主要是国家的投入不足，并一直指望着有足够强大的力量来一刀切断园际差异的尾巴。我们不敢直面园际差异，而且也没有科学合理地分析园际差异产生的原因以及园际差异的积极作用，我们忽略了如何利用差异来寻求内在的合作与发展。事实上，幼儿园之间基于差异的共生发展才是实现区域均衡发展的内在动力。幼儿园之间如何基于差异而实现共生发展往往取决于广大幼教主体的共生意识、和谐的园际氛围、优质的合作媒介与平台、完备的外在资源与条件等。只有破除幼儿园之间因市场竞争造就的“寒冰”，营造幼儿园之间开放、合作、协同的氛围，在相互学习、相互借鉴的联动中实现内涵式发展，才能促进区域性的共生发展与长足发展。

学前教育质量均衡工程并非标准化建设工程，不能追求“千园一律”。因为我国学前教育系统存在多元的办园主体和多样的办园形式，不同类型、不同地域的幼儿园在办园理念与文化、办园制度与管理、办园过程与形式、办园结果与质量等诸多方面存在着差异。因此，异质共生是我国学前教育重要的存在方式。要实现学前教育的共生发展，就需要在充分尊重与理解各类幼儿园的现实差异的基础上，寻求共同的发展目标与远景，通过各幼儿园之间的协同合作实现整个共生系统的进化与发展。然而，学前教育共生系统存在着诸多逆共生的现象，拜物主义、金钱至上、利益至上等观念影响着人与人、机构与机构之间的共生关系，特别是市场调节引起的生源压力、收费压力、质量压力导致了幼儿园之间形成恶劣的敌对关系。由于师道尊严式师幼“主体与客体”对立的非共生关系，比如近年来频发的幼儿园“虐童”事件说明了幼儿教师在心目中对幼儿的认识仍然有客体化的古典色彩。这些非共生现象严重背离了学前教育的基本规律,从而影响到学前教育的健康发展。因此,我们需要进一步厘清共生单元之间的共生关系,优化共生秩序,积极营造良好的共生环境,这样才能实现学前教育持续健康长效发展。

## 第二节　研究内容与对象

《中共中央 国务院关于学前教育深化改革规范发展的若干意见》指出:办好学前教育、实现幼有所育,是党的十九大作出的重大决策部署,是党和政府为老百姓办实事的重大民生工程,关系亿万儿童健康成长,关系社会和谐稳定,关系党和国家事业未来。然而由于我国自然地理环境复杂多样,再加之根深蒂固的城乡二元结构及其嬗变过程中孕育的政治、经济、文化等方面的现实差异,致使学前教育发展日益凸显出发展不充分、不均衡的现实矛盾。《国家教育事业发展"十三五"规划》指出:教育发展还存在不平衡、不协调的问题,城乡、区域之间教育差距仍较大,优质教育资源总量不足、布局不合理;教师队伍素质和结构不能适应提升质量与促进公平的新要求;学校办学活力不强,促进和规范社会力量参与举办教育的法律制度和政策体系亟待完善,多方参与教育治理和评价的体制机制还不健全等问题。这些问题严重影响与制约着我国学前教育健康持续长效发展。

学前教育发展是一个宏大的研究主题,包罗了众多具有多元性与层次性的研究内容。通过对已有研究的梳理,发现当前我国县域学前教育的发展总体上存在着公平与质量发展水平低、重量轻质倾向严重、内生性活力开发不足等问题。公平与质量是学前教育发展的内在生命线,良好的学前教育质量是幼儿园保育教育活动满足幼儿身心健康发展的需要,其本身是由结构性质量、过程性质量、结果性质量等因素构成的杂糅性概念。其中结构性质量是幼儿园保教活动得以开展的物质前提与资源保障,包括幼儿园园舍条件、游戏设施与设备、教师资源等;过程性质量是指幼儿园开展保教活动实现教学资源与教学主体多元交互作用的动态过程,是幼儿园保教质量的核心内容;结果性质量则是幼儿参与保教活动后获得的身心方面的发展与变化,如幼儿通过幼儿园教学活动获得语言、社会、健康等领域的经验积累与成长变化,是结构性质量因素与过程性质量因素共同作用的结果。我国学者对幼儿园保教质量的关注越来越多,但是集中关注过程性保教质量的研究还相对较少,其中关注过程性保教质量的相关研究多集中关注生活活动,而缺乏对日常教育教学活动的关注。为此,本研究立足于幼儿园保教质量的结构性、过程性与结果性的三维内涵与要素,基于县域学前教育的现实场域对幼儿园保教质量进行全面而翔实的调查,以期了解县域学前教育质量的现实状况,分析其现实存在的问题及影响因素,进一步构建促进与维持其持续健康长效发展的机制模型。

## 一、研究内容

### (一)幼儿园保教质量及其理论话语体系梳理

幼儿园保教质量是一个极其复杂的杂糅性概念,同时也是一个多元主体与多层因素共同交互作用的效应聚合变量,因此,不同的研究视角对幼儿园保教质量观照的内容不尽相同,进而形成不同的分析框架及其研究结果。本研究对幼儿园保教质量的国内外相关研究进行梳理,系统地分析与比较幼儿园保教质量的话语体系及其分析框架,最终确定了吻合县域学前教育发展场域的幼儿园保教质量分析框架,详见图1-2。本研究以班级教学质量为核心变量群,通过幼儿园一日活动观察与评价的方式获取第一手幼儿园保教活动的过程性材料,集中关注幼儿园的保育活动、教学活动以及教师的职业投入状态;以幼儿园总体状况以及幼儿家庭状况为基本变量群,集中探讨幼儿园教学管理与维护、课程建设与实施、幼儿家长对幼儿园教育质量的认同程度与协同程度;以县域幼教状况为外围变量群,系统梳理县域学前教育发展政策、学前教育经费保障、学前教育管理体制与机制等背景因素,为系统全面了解学前教育质量的发展现状,并立体分析与构建其持续健康长效发展模型奠定重要基础。

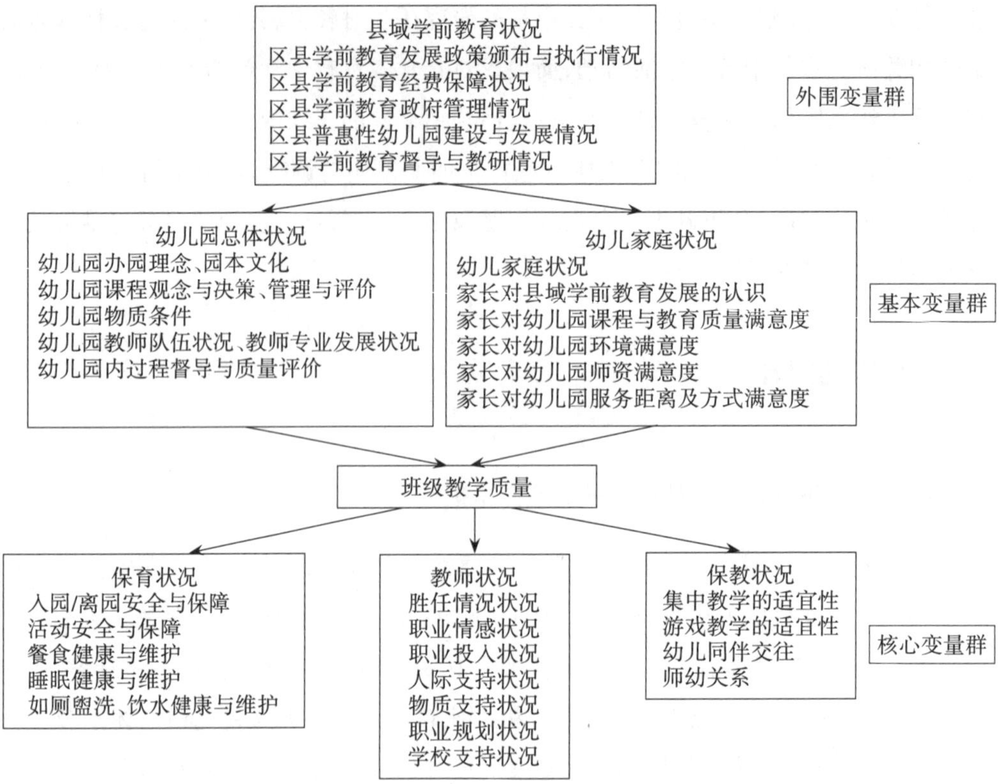


图1-2　研究内容框架图

### （二）学前教育持续健康长效发展模型的理论构建

学前教育持续健康长效发展是针对现实学前教育发展低质失衡的问题建立的重要路径，而机制构建及其实践是学前教育持续健康长效发展路径回应其实践场域的最佳载体和介质。因此，研究将基于机制构建的话语体系进一步把系统决策理论、教育生态理论及共生发展理念与学前教育发展深度融合起来，既体现了学前教育发展的特性，又能够彰显共生思想的独特魅力，同时还能够以崭新的视角来透视与研究县域学前教育的现实发展问题。研究将从机制的资源要素、专业要素、价值要素、载体要素、效益要素出发，把学前教育持续健康长效发展模型进一步凝练为外援型的经费保障机制、专业督导机制、质量评价机制、内生型的教师专业发展与共生联动机制等，并深入剖析与探讨其相关关系及运行机理，为透视学前教育持续健康长效发展的实践问题奠定基础。

### （三）学前教育持续健康长效发展状况的现实考察

基于县域学前教育持续健康长效发展模型对样本区域的学前教育现实发展的状况进行系统考察，利用质性与量化相结合的实证方式了解和探寻样本地区学前教育持续健康长效发展的现实状况，通过数据统计与梳理分析技术进一步分析内在差异及其相互作用关系，探寻与总结现实学前教育发展中的重要规律与特点，系统剖析存在的现实问题及其影响因素。

### （四）县域学前教育持续健康长效发展机制的优化与变革

在了解县域学前教育持续健康长效发展的现实状况的基础上，总结与提炼学前教育持续健康长效发展在经费保障、专业保障、评价驱动以及共生联动等方面的内在规律与特点，深度剖析现实发展中存在的问题及其潜在影响因素，最后基于学前教育持续健康长效发展的应然立场，系统剖析与建构学前教育持续健康长效发展的经费保障机制、专业督导机制、质量评价机制、教师专业发展机制与共生联动机制的优化路径及其变革策略。

## 二、研究对象

本次调查先后分三次前往重庆市Y县、W区、T区开展系统调研。共对35所幼儿园集中开展调查，从幼儿园所处的地理位置来分，城区幼儿园15所，乡镇地区幼儿园20所；课题组在每个幼儿园随机选取1个大班、1个中班、1个小班进行幼儿在园半日活动观察，共收集到70份过程性要素观察表；对每个幼儿园选取的样本班级的幼儿发放家长问卷，共回收2411份有效问卷；对每个幼儿园的在园教师开展问卷调查，共回收552份有效问卷；对每个幼儿园园长进行结构式访谈的同时开展园长问卷调查，分别获得35份园长问卷和访谈。具体的调查样本情况如表1–1：

表1–1　调查样本情况统计表

| 区域 | 幼儿园类型 | 幼儿园（所） | 过程性要素观察表（份） | 教师问卷（份） | 家长问卷（份） | 园长问卷（份） | 园长访谈（份） |
|---|---|---|---|---|---|---|---|
| Y县 | 城区幼儿园 | 5 | 10 | 91 | 202 | 5 | 5 |
| | 乡镇幼儿园 | 5 | 10 | 75 | 227 | 5 | 5 |

续表

| 区域 | 幼儿园类型 | 幼儿园（所） | 过程性要素观察表（份） | 教师问卷（份） | 家长问卷（份） | 园长问卷（份） | 园长访谈（份） |
|---|---|---|---|---|---|---|---|
| W区 | 城区幼儿园 | 4 | 8 | 95 | 527 | 4 | 4 |
| | 乡镇幼儿园 | 9 | 18 | 89 | 364 | 9 | 9 |
| T区 | 城区幼儿园 | 6 | 12 | 162 | 514 | 6 | 6 |
| | 乡镇幼儿园 | 6 | 12 | 40 | 577 | 6 | 6 |

## 第三节　研究方法

本研究采用质性与量化相结合的综合研究范式，采用文献研究法梳理与总结国内对幼儿园教育质量的相关研究的理论与方法来探索和建构幼儿园教育质量测评工具与调查工具；通过观察法、问卷调查法、访谈法对Y县幼儿园教育质量进行测评，了解该地区幼儿园的教育质量发展状况。具体的研究变量及数据获取方式如表1-2所示：

表1-2　研究工具结构一览表

| 变量群分类 | 变量群 | 变量性质 | 评价方式 | 工具名称 |
|---|---|---|---|---|
| 基本变量群 | 幼儿园总体状况 | 结构与取向变量 | 访谈 | 幼儿园办园状况访谈 |
| | 幼儿家庭情况 | 取向变量 | 问卷 | 幼儿家长问卷 |
| 核心变量群 | 保教状况 | 过程变量与效率变量 | 观察与测评 | 教学适宜性观察与测评表 |
| | 保育状况 | 过程变量与效率变量 | 观察与测评 | 幼儿生活事项观察与测评表 |
| | 教师状况 | 过程变量与取向变量 | 问卷 | 教师职业发展状态问卷调查 |

### 一、文献法

文献法主要用以梳理现有相关研究成果，为建构基本的学前教育质量分析框架提供依据。对相关文献的整理分析主要沿着“学前教育质量”和“幼儿园保教智联”两条线索展开，研究成果体现在“文献综述”部分以及对核心理念的分析上。同时，文献法还用于研究发达国家学前教育机构质量的经验和启示，主要从典型国家学前教育机构质量管理的权威机构官方网站搜集质量标准、评估流程、问责制度等相关政策文本，其研究成果分散在关于经费保障机制、专业督导机制、质量评价机制等主客体、事项、运行方式等的分析讨论当中。

## 二、问卷法

本研究在分析学前教育质量发展现状与问题时采用了问卷调查法，设计了针对幼儿教师的职业生存现状的问卷与针对家长的幼儿园教育满意度问卷。其中幼儿教师的职业生存现状调查问卷主要调查与反映幼儿教师在当下工作场域中的职业情感、职业胜任、持续承诺、职业规划及职业发展等方面的相关情况，该问卷设计为李克特量表式，内部一致性系数(Cronbach's Alpha)为0.892；家长的幼儿园教育满意度问卷主要调查与反映广大家长对学前教育的总体认识及其对幼儿园保教质量、师资、环境、幼儿发展等方面的满意度情况，该评价量表同样设计成李克特五点量表式，内部一致性系数为0.978。

## 三、访谈法

访谈法旨在搜集关于当前我国学前教育持续健康长效发展现状的质性信息，访谈对象主要为政府督学、较为典型的学前教育机构负责人和教师等，用以了解其对学前教育机构持续健康长效发展的意见和看法。访谈提纲主要包含两类问题：其一是事实类问题，意图通过受访者的陈述，了解当地学前教育持续健康长效发展的现实主体、客体、事项、过程、结果处理方式等信息；其二是价值态度类问题，主要用于了解相关主体对当地学前教育持续健康长效发展中的经费保障、专业督导、质量评价、教师专业发展与共生联动等方面的现实存在的突出问题和建议等，部分人员的访谈通过网络进行，现场访谈过程采用录音记录，随后再转为文字稿整理分析。

## 四、观察与测评法

本研究集中关注过程性保教质量因素，自主开发的《幼儿园保育事项操作标准化观察量表》《幼儿在园生活质量观察量表》《幼儿教师集中教学适宜性观察量表》和《游戏教学适宜性观察量表》是课题组对省级示范园的常规性保教工作进行长期跟踪与观察后，采用科学方法筛选出典型的关键保教行为，再组织一线幼儿园教师及学前教育专家充分讨论与认定，经过两次试测进一步修正而成的科学观测量表。经试测，其评分者一致性系数（Kappa）在0.881~0.953之间。其中《幼儿园保育事项操作标准化观察量表》采用总加量表的方式对具体保育行为的操作是否达标进行观察与判别，“0”表示未达标，“1”表示达标。该量表涉及幼儿入园、入活动室、早餐、晨间体育活动、午餐、午睡、如厕盥洗、饮水、离园等保育活动，经检验量表内在一致性α系数为0.957。《幼儿在园生活质量观察量表》主要基于幼儿一日活动在安全与保障、餐食健康与维护、睡眠健康与维护、如厕盥洗饮水健康与维护、同伴交往、师幼关系方面对幼儿进行观察与评价，各维度的内在一致性α系数分别为0.857、0.883、0.961、0.839、0.833、0.836，量表总信度α系数为0.961。《幼儿教师集中教学适宜性观察量表》结合课堂活动对教学目标、教学内容、教学实施适宜性进行观察与测评，各维度的内在一致性α系数为0.831、0.829、0.827，量表总信度α系数为0.923。《游戏教学适宜性观察量表》结合游戏活动对幼儿游戏参与程度、游戏时间保证、游戏材料提供、教师介入与指导进行观察与测评，各维度的内在一致性α系数为0.870、0.738、0.913、0.900，量表总信度α系数为0.953。

# 第二章

# 学前教育持续健康长效发展模型的理论构建

CHAPTER 2

自《国家中长期教育改革和发展规划纲要(2010—2020年)》《国务院关于当前发展学前教育的若干意见》的颁布以及“学前教育三年行动计划”的实施后,我国学前教育事业进入了快速发展阶段。《2017年全国教育事业发展统计公报》显示,全国共有幼儿园25.50万所,学前教育入园儿童1937.95万人,在园儿童4600.14万人,幼儿园教职工419.29万人,专任教师243.21万人,学前教育毛入园率达到79.6%。可见,学前教育资源迅速扩大,“入园难”问题得到有效缓解。但学前教育仍是整个教育体系的短板,主要表现为:学前教育资源尤其是普惠性资源不足,政策保障体系不完善,教师队伍建设滞后,监管体制机制不健全,保教质量有待提高,存在“小学化”倾向,部分民办园过度逐利、幼儿安全问题时有发生。深化学前教育改革,加快学前教育发展,着力改善学前教育的薄弱环节和解决瓶颈问题,努力建设持续健康长效发展机制,是我国学前教育事业可持续发展的关键所在。本章对构建学前教育持续健康长效发展理论模型做出回应,为后续问题的解决奠定良好的基础。具体而言,结合相关理论建立学前教育持续健康长效发展理论模型的分析框架,探讨学前教育持续健康长效发展模型的要素及其相互关系。

## 第一节　学前教育持续健康长效发展模型的理论基础

本节以系统决策理论、教育生态学理论、教育均衡发展理论和共生理论作为学前教育持续健康长效发展的理论基础,结合学前教育系统进行阐述,增进对构建学前教育持续健康长效发展理论模型的认识,并以“提升教育质量、促进教育公平”价值取向作为模型构建的逻辑起点,构建学前教育持续健康长效发展模式。学前教育持续健康长效发展以实现区域学前教育均衡发展为根本指向,充分调动和协同区域内学前教育资源，倡导在园际上形成开放共享的同盟氛围，在相互学习与进步的合作联动中追求发展。因此，学前教育持续健康长效发展的价值追求、运行过程中都涉及教育资源及各幼儿园的利益协调问题，解决这些问题离不开教育理论的支持。所以本研究试图从系统决策理论、教育生态学理论、教育均衡发展理论和共生理论等找寻能为本研究提供支持和依据的理论基础，从而深入探讨学前教育持续健康长效发展的理论模型。

## 一、系统决策理论

系统决策理论是一种视公共政策为政治系统对来自环境的需求所做出反应的决策理论。[①]即将公共政策的制定放在特定的政治、经济、社会和文化环境中进行考察和解释，强调环境对公共政策的影响，把公共政策视为环境对系统作用的产物。系统决策是一个有严密逻辑性的推理过程。首先，要将研究的问题看作一个系统，明确系统内的组成成分、结构、功能及其外部环境，只有全面地分析系统内部环境和外部环境因素，才能有针对性地提出解决方案，建立有效的决策机制。其次，收集相关的信息资料，运用定量分析与定性分析相结合、静态分析与动态分析相结合的演进方法进行分析，建立决策机制的模型。最后，需要决策者广泛讨论，形成一致的最佳决策方案。当然，这并不意味着系统决策的终结，而是另一个开始，充分利用系统的反馈调解功能，以进一步修正决策者的认识，不断改进决策。[②]

从系统学的观点看，学前教育系统的复杂性表现在两个方面。一方面，学前教育系统是教育系统的一个子系统，由人、财、物和信息构成，并与其他类社会系统，如政治系统、经济系统、文化与科技系统相互作用和相互制约。另一方面，学前教育系统之外的环境因素具有不可控性，对教育决策有着直接影响，系统决策者的个人主观经验将在一定程度上加强其复杂性。[③]根据系统决策理论，学前教育系统中的各要素是相互联系、相互影响的，公共政策的制定必须着眼于整体与部分、部分与部分以及系统与环境的相互联系与相互作用。在学前教育稳步发展的环境中，只需要渐进地修改公共政策内容。而在学前教育改革环境中，为适应外部环境的变化，学前教育公共

①夏方舟，夏菁，严金明. 基于系统决策理论的未利用地开发利用政策研究[J]. 安徽农业科学，2011(34)：21147-21148.

②索秀芳. 系统理论与教育财政决策过程[J]. 辽宁教育行政学院学报，2006(11)：62-63.

③胡天状. 数据挖掘技术在教育决策支持系统中的应用[D]. 金华：浙江师范大学，2005.

政策必须进行改革,处理好系统与各要素以及外部环境的关系,符合时代的需求,以满足自身生存的需要。

教育政策是政府制定的调整教育领域的社会问题和利益关系的公共政策。[①]对于学前教育来说,其提高国民素质和促进社会公平的重要作用能否充分发挥往往取决于是否具有较好的学前教育政策。我国学前教育的改革与发展主要是通过政策来推动实现的,因此科学制定学前教育政策起着至关重要的作用。系统决策理论以一般系统论为指导思想,把教育整体作为一个系统来看待,用系统科学的理论与方法来分析教育系统的要素、功能及其与环境的适应过程,追求教育系统的协调均衡发展。对于学前教育系统来说,系统化的教育决策应该充分考虑不同办学主体、不同地理位置的幼儿园的利益诉求,考虑如何利用系统内部与外部的资源来减小区域内各园在办园条件、办园过程以及办园质量方面的差异等。学前教育要实现持续发展,既要积极争取系统外援性的政策支持,如经费保障政策和专业保障政策,又要积极开发和利用各幼儿园基于同盟合作而形成的内生性的均衡资源与力量。因此,学前教育持续健康长效发展机制强调系统性地思考区域学前教育均衡发展问题,通过系统内外资源的双向均衡来实现学前教育的均衡发展。

## 二、教育生态学理论

教育生态学是一个新兴的交叉研究领域,其主要特点是应用生态学的理论和方法研究教育现象和教育问题,探索教育规律。[②]教育生态学理论由劳伦斯·A.克雷明首次提出的,其核心在于把教育视为一个有机的、复杂的、统一的系统,教育生态系统中的各因子都有机地联系着,这种联系又动态地呈现为一致与矛盾,平衡与不平衡。[③]因此,教育生态学理论就是用生态学的系统观、平衡观、联系观和动态观来研究教育问题。

学界对教育生态学的研究对象有两种观点。其一是“关系论”,认为教育生态学是研究教育与其周围生态环境关系的一门学科。从微观层面看,教育生态学理论主要探讨的是教育个体与周围环境系统之间的生态关系,即教育生态学是研究个体身

①刘洋,孙太雨.“内发”与“外铄”的统一:论教师专业成长的有效途径[J].开封教育学院学报,2013(6):200-201.

②邓小泉,杜成宪.教育生态学研究二十年[J].教育理论与实践,2009(5):12-16.

③郑晓锋.克雷明教育生态学理论探究[D].金华:浙江师范大学,2010:19.

心发展与周围环境系统之间教育关系及其教育机制的一门交叉学科。[①]从宏观层面看，教育生态学主要探讨的是教育作为一个系统与周围生态环境之间的关系，注重考察教育生态环境及其构成要素对教育生态系统和个体的影响。[②]无论是从微观层面还是从宏观层面探讨教育生态学，“关系论”主要基于个体、群体、系统三个层面剖析教育生态环境，揭示教育的生态规律。其二是“系统论”，着眼于教育生态系统，关注教育生态系统各因素及其构成，从整体上进行系统思考，认为教育生态学的研究对象是由教育及其周围生态环境共同构成的教育生态系统。“教育生态系统也应该是教育生态学研究的核心”，[③]分析教育生态系统的构成，准确把握教育生态系统中各因子之间相互联系、相互作用对教育生态系统的影响，实现教育生态系统动态而平衡地发展。

“教育生态学研究的目的在于通过分析各种教育生态环境因素与教育事业发展之间复杂的、动态的关系，揭示教育发展的规律和生态机制，探索优化教育生态环境的途径和方法。”[④]人、教育机构、环境彼此联系，无论是教育机构还是人作为生态主体，都在自身与环境的平衡—不平衡—新的平衡的矛盾中寻求发展，共同构成一个不断矛盾运动的教育生态系统。由于教育生态系统存在一定的滞后性，这就要求对这个教育生态系统进行全面的动态的研究，揭示教育生态系统运行的状况和机制，找到教育生态问题之所在，然后对症下药，指出优化教育生态环境、维护教育生态平衡的途径和方法。教育生态学的研究方法就是“把各种教育机构与结构置于彼此联系中，以及与维持它们并受它们影响的更广泛的社会之间的联系中来加以审视”[⑤]。基于教育生态学理论思考教育问题，克雷明提出了三种思考方式，即全面地思考、联系地思考和公开地思考。

全面地思考(Thinking comprehensively)。克雷明将教育界定为审慎地、系统地和持续地传递、引起或获得知识、态度、价值标准、技能或情感的努力，以及这种努力的所有成果。[⑥]这一定义具有双重意蕴：其一，教育可以被认为是代际活动，是两代人之间的活动；其二，重视个性与教育机构的多样性，这些机构有公立的也有私立的。学

①肖鸣政.教育生态系统观[J].赣南师范学院学报，1992(5):79—83.

②范国睿.教育生态学[M].北京:人民教育出版社，2000:25-26.

③邓小泉，杜成宪.教育生态学研究二十年[J].教育理论与实践，2009(5):12-16.

④范国睿.教育生态学[M].北京:人民教育出版社，2000:28.

⑤范国睿.美英教育生态学研究述评[J].华东师范大学学报(教育科学版)，1995(2):83-89.

⑥郑晓锋.克雷明教育生态学理论探究[D].金华:浙江师范大学，2010:15.

校仅仅是公共教育机构之一，家庭和其他公共机构也都进行着教育。[①]因此，在制定公共教育政策的时候，我们必须全面地考虑教育，看到各种教育机构的存在，在决策时尽可能考虑到每种情形，这样才能做出明智的选择和决策。

联系地思考(Thinking relationally)。一方面，注意财政和人力资源的分配与教育成效之间的关系，我们需要思考什么样的教育改革最容易产生最有效的教育结果之类的问题。另一方面，进行教育改革时，都不应该孤立地进行，而必须与其他教育机构相联系。因为，教师总是带着已有经验进入教育环境中，并将获得的经验带到以后的教育情景中，而这种教育经验总是有限的，需要教育机构或教师意识到并在实践中与其他的教育机构或教师合作，在评估某项教育计划时同样也必须考虑来自其他教育机构的影响。

公开地思考(Thinking publicly)。教育生态学研究把教育理解为一个与其自然的、社会的、经济的、政治的、文化的生态环境关系密切的，由时间和空间构成的，开放而实在的生态系统。首先，公开地思考意味着在不同水平(地方、州、地区、联邦和国际水平)和不同地方(法院、行政机构和准公共的市民组织)都要公开地思考教育问题和制定公共教育政策。其次，由于公共教育机构是多元化的，所以公开地思考也意味着教育机构就教育手段和教育目的展开公共对话，最终达成一致的决策。最后，公开地思考还意味着必须合理地看待人的个性与社会共同利益之间的关系，展开个体需要和社会需要的公共对话，达成两者的一致性。

教育生态学其核心就是把各种教育机构置于彼此联系的环境中，并将教育问题放置在具体的教育情景中加以审视。在我国，不同办学主体的幼儿园并存于教育市场中，尤其是追求利益最大化的民办幼儿园，迫于市场因素引起的区域内的生源压力、收费压力、质量压力，使得幼儿园之间相互敌对与相互排斥，形成了恶性的生源竞争、收费竞争及质量竞争关系。尽管这种恶性竞争关系表面上损害的是园方的部分利益，但最终损害的是幼儿的根本利益。学前教育持续健康长效发展机制倡导摒除园际的恶性竞争关系，营造积极良性的开放与合作的教育生态氛围。每个幼儿园都保持开放的状态，积极与周围的各种因子保持积极的信息交流与能量交流，积极吸纳和接收外部的经验，善于借助区域其他幼儿园的优势资源与平台来促进自身的发展，同时也可以把自身的办园理念与特色推送给区域其他幼儿园，增进园际的相互理解与信任。

①范国睿.教育生态学[M].北京:人民教育出版社,2000:26.

## 三、教育均衡发展理论

教育公平是社会公平理论在教育领域的延伸和体现，强调教育在社会流动、社会分层、社会发展中起着“筛选器”“稳定器”“平衡器”的作用。正如石中英所说：教育公平的缺失或受到损害，将极大地影响到其他领域的社会公平，使得其他领域的社会不平等得以延续并进一步放大。因此，促进和扩大教育公平，是缩小和克服形形色色的社会不平等，反对社会排斥，鼓励社会流动、社会参与和社会团结的必由之路。[①]从教育公平理论出发，教育均衡发展主要表现为三个层面：在物质层面上追求教育资源优化而均衡的配置；在制度层面上保障每个适龄儿童受教育权利的实现；在意识层面上关注每个儿童全面而可持续发展的可能性。

由于教育系统自身的复杂性，从不同的角度理解教育均衡就有不同的认识，具有代表性的观点有“层次论”“条件论”和“阶段论”。[②]首先，层次论认为教育均衡包含三个相互联系的层次，一是确保人人都有受教育的权利和义务，二是提供相对平等的受教育的机会和条件，三是教育成功机会和教育效果的相对均衡，[③]即袁春林所说的教育机会均等，教育资源配置均衡和教育结构均衡。王璐从对象层面将教育均衡发展理论概括为三个层面：宏观层面的区域均衡、中观层面的学校均衡和微观层面的社会群体均衡。[④]其次，条件论认为教育均衡发展就是要相对公平地考虑社会各阶层成员，尤其关注弱势群体接受教育的基本需要，合理均衡地优化教育资源，为每一个受教育者提供一个公平的受教育环境，尽可能保证学生在接受教育的起点拥有相对公平的入学机会，保证学生在受教育过程中能获得大致均等的教育条件，保证教育结果都实现了儿童潜能的最大化发挥。最后，阶段论认为教育均衡发展大致包括低水平均衡阶段、初级均衡阶段、高级均衡阶段和高水平均衡阶段。[⑤]与低水平均衡阶段追求教育机会均等，即每一个适龄儿童都能享有受教育的权利和机会。初级均衡阶段追求教育资源优化配置，确保教育资源合理配置，表现为教育过程和教育条件均衡。高级均衡阶段要求深化学校教育改革，加强学校内部建设，追求教育质量均等。高水平均衡阶段教育资源丰富，实现优化配置，每一个适龄儿童都能接受相对均等的教

①石中英.教育公平的主要内涵与社会意义[J].中国教育学刊，2008(3)：1-6，27.

②袁春林.教育均衡发展内涵的理论视角解读[J].中外企业家，2011(3)：143-144.

③鲜万标.对北京市义务教育均衡发展问题的分析与思考[J].北京教育学院学报，2004(2)：42-48.

④王璐.国际视野下的义务教育均衡发展研究：理论基础、对象层次与任务内容[J].比较教育研究，2013(2)：32-37.

⑤翟博.教育均衡论：中国基础教育均衡发展实证分析[M].北京：人民教育出版社，2008：127-128.

育,实现教育结构均等。

教育均衡发展观,是人们对教育均衡发展内涵的深刻认识,对保证教育事业健康发展和推进教育事业均衡发展有着至关重要的作用。教育均衡发展其内涵表现为:第一,教育均衡发展是整体发展。均衡发展不是限制发达地区、优质学校和强势群体的发展,而是要在教育公平思想指导下,针对公共教育资源配置不公平现象,采取更有力的措施扶持基础薄弱地区、薄弱学校、弱势群体和农村学校,逐步缩小教育差距,促进教育整体发展。第二,教育均衡发展是有特色的发展。均衡发展绝不是教育的平均主义,不是把高水平的拉下来,低水平、低层次地进行整齐划一发展,而是要根据不同区域的实际情况,分类发展,实现特色化、高水平的发展。第三,教育均衡发展是持续发展。教育的均衡发展就是一个"平衡—不平衡—平衡"不断螺旋上升的动态过程,关注的是整体教学质量提升的过程,而不仅仅是静态的教育结果。教育均衡发展观的核心是"以人为本",在教育过程中关注人的存在,把人的全面发展放在中心地位,体现在以下几个方面:第一,以教育机会的公平性为前提,即每个适龄儿童在教育起点都享有同等的受教育机会。第二,以人的全面进步和发展为本,即将整体的发展与个体的发展统一起来,将个体的全面发展与个性发展统一起来。第三,以满足基本需要为本,即必须不断满足受教育者日益增长的教育需求。第四,以全面协调可持续发展为保障,即追求区域协调发展、学校协调发展、群体协调发展,深化教育改革,加强学校教育教学建设,提升教育质量。第五,以尊重个性和承认差别为原则,追求多样性、个性化和特色化的教育,为不同生长环境下的受教育者提供相应的教育资源和学习机会。

学前教育均衡发展是国内学术界和实践界中比较火热和持久的发展理念,该理念的提出是学前教育公平发展到特定阶段的历史产物,因此,学前教育均衡发展是学前教育公平发展衍生的概念,其本质仍然是服务于学前教育的公平发展。孙柳青认为教育均衡是关于教育资源分配和教育事业发展过程与结果状态的描述,其本身包含着公平、平等的含义,但是这种平等并不意味着对所有的对象都要同等对待,即采取平均主义的方式来对教育资源进行分配。[①]翟青阁认为教育均衡实质上是指在教育公平思想和教育平等原则的支配下,教育机构、受教育者在教育活动中享受平等待遇的教育理想和确保其实际操作的教育政策和法律制度。[②]肖雄辉认为区域学前教

①孙柳青.走向学前教育均衡——从幼教资源配置角度看城乡学前教育均衡发展[D].曲阜:曲阜师范大学,2010:10.

②翟青阁.我国学前教育财政投入不均衡问题研究[D].北京:北京交通大学,2015:9.

育均衡发展，是指同一个区域的幼儿、学前教育工作者、学前教育机构等均享有同等的教育权利和机会。[①]从上述学者关于学前教育均衡发展的界定中，我们可以看出学前教育均衡发展的根本目标是追求学前教育公平发展，但其强调学前教育发展的起点、过程与结果层面的公平并非标准同一的，而是在基于现实差异的基础上追求同等发展与相对平衡发展。翟青阁认为教育均衡发展从狭义上是指教育责任主体(指一级政府或学校等)通过获得相对均等的资源实现均衡、协调的发展，广义上是指受教育群体通过获得均等的受教育权利、条件和资源从而实现均衡的发展。[②]王振存认为区域学前教育均衡发展分为低位均衡和高位均衡两个阶段，低位均衡是高位均衡的发展必经阶段和基础，高位均衡是低位均衡的发展目标与价值追求，高位均衡追求高效优质、均衡特色，是一个长期、动态、辩证的螺旋式上升的历史发展过程，是有形与无形、起点过程与结果、数量与质量、局部与整体、静态与动态的统一。[③]

综上所述，学前教育的均衡性发展理念以差异为导向，以区域为载体，旨在缩小同一区域内的不同类型幼儿园的园际差异，以及不同区域之间学前教育的整体差异，因此，学前教育的均衡性发展主要强调的是质量意义上的公平，强调的是每一个儿童都能够享受到同等质量程度的学前教育服务。我国在推行普惠性幼儿园建设的同时，也强调学前教育的均衡性发展，意在实现真正意义上的教育公平，充分实现学前教育的公益性。首先，在实现均衡发展中，我们要避免过度依赖国家的普惠性政策，避免"等、靠、要"思想，要积极开发与利用学前教育系统内部的均衡资源与力量，因此，区域层面的学前教育整体发展将成为地方政府的重要管理立足点，充分发挥示范性幼儿园的示范带动作用、优质园与品牌园的辐射牵引作用，通过合作联动建立区域性学前教育发展的共同体，在比、学、赶、超中实现发展。其次，我们追求的学前教育均衡发展并不是等质发展，避免"千园一律"，而是强调学前教育质量发展的相对性，充分尊重地区之间、幼儿园之间的差异，把差异转化为优势，通过合作联动来实现内涵式发展，最终形成"百家争鸣、百花齐放"的趋于均衡发展局面。

## 四、共生理论

"共生"(symbiosis)一词源于希腊语，由德国学者德贝里(Anton de Bary)提出，具

①肖雄辉．区域学前教育发展研究——以岳麓区为例[D]．长沙：湖南师范大学，2016：13．

②翟青阁．我国学前教育财政投入不均衡问题研究[D]．北京：北京交通大学，2015：9．

③王振存．文化视阈下城乡教育公平研究[D]．开封：河南大学，2011：259．

体指："在一定条件下各单元主体按照某种模式联系在一起，形成相互联系、共同生存、协同进化的关系。"①共生理论源于生物学领域的共生学说，逐渐形成独特的研究视角，经过学者们的提炼，共生的概念慢慢演化为："共生是指共生单元之间在一定的共生环境中按某种共生模式形成的关系。"②从学者们的定义中，可看到共生内涵包括三大要素：共生单元、共生环境、共生模式，任何共生关系都是这三要素共同作用的结果。共生单元指构成共生系统的基本能量生产和交换单位，即形成共生系统的基本物质条件，是共生系统的主体。共生环境是由共生单元以外所有因素的总和构成的。根据对共生单元作用效果的不同，共生环境可分为正向环境、中性环境和反向环境。共生模式指共生单元相互作用或者协同的方式，既反映着共生单元之间相互作用的方式以及强度大小，又反映着共生单元之间物质信息交流和能量互换。共生模式按行为方式可排列为（表2-1）：寄生关系、偏利共生关系以及互利共生关系，其中互利共生关系又分为非对称性互利共生和对称性互利共生；在组织程度方面可分为（表2-2）：点共生、间歇性共生、连续性共生以及一体化共生等多种状态。

表2-1　共生行为模式

| 共生关系 | 共生单元特征 | 共生能量特征 | 共生作用特征 |
| --- | --- | --- | --- |
| 寄生 | 共生单元形态差异明显，关系密切程度高 | 不产生新能量；存在能量从寄主向寄生者的单向转移 | 对寄生者有利，有利于其生存、发展；不一定对寄主有害，但不利于寄主进化 |
| 偏利共生 | 共生单元形态差异较大，关系密切程度高 | 产生新能量；一方获得全部能量，另一方无所得也无损失 | 共生关系对一方有利；对另一方无害，但不利于其进化 |
| 非对称性互利共生 | 共生单元形态差异较小，关系密切程度较高 | 产生新能量；关系各方均能获得新能量，但分配不均衡 | 对成员各方均有利，有利于成员进化、发展，但进化发展不同步 |
| 对称性互利共生 | 共生单元形态差异小，关系密切程度极高 | 产生新能量；新能量各方分配均衡 | 对成员各方均有利，且各成员同步进化 |

①张新婷.共生理论关照下教学服务型大学外部治理研究——以T学院为例[D].贵阳：贵州师范大学，2017:15.

②陶盈盈.基于共生理论的绿色建筑产业链构建及稳定性研究[D].青岛：青岛理工大学，2016:22-23.

表2-2　共生组织模式

| 共生关系 | 概念 | 模式阶段 | 模式特征 |
| --- | --- | --- | --- |
| 点共生 | 某一特定时刻，共生单元间只在某一方面发生偶然的一次联系 | 低级阶段 | 共生单元间偶然的点对点的联系；共生过程具有随机性、短期性、不稳定性 |
| 间歇性共生 | 共生单元间有时间间隔，只在某一方面或少数几个方面有联系 | 进化阶段 | 阶段性的、简短的共生单元间的交易；克服了随机性，但仍具有短期性和不稳定性 |
| 连续性共生 | 在某持续时间段内，共生单元间持续的、多方面的联系 | 发展阶段 | 共生单元间的交易具有连续性，且共生过程具有连续性、长期性和稳定性 |
| 一体化共生 | 在某持续时间段内，共生单元间形成的全方位联系的共生体或共生系统 | 高级阶段 | 共生系统内外部均处于共生状态，共生单元一体化，失去各自的独立性 |

资料来源：陶盈盈．基于共生理论的绿色建筑产业链构建及稳定性研究[D]．青岛：青岛理工大学，2016:24.

共生系统拥有目的性、整体性、开放性以及自组织性四大基本特征。[①]共生系统首先要有目的性，没有目的，共生系统就没有方向，失去凝聚力，共生单元行为主动性减弱，各单元也处于一种散乱的状态，整个系统无法协调稳定发展。整体性表现在共生系统是由若干共生单元构成的有机整体。开放性表现为共生系统中的共生单元之间进行的信息、能量等的交换与转换。自组织性表现为共生系统具有自我更新的功能，系统能够在自发的运动中得到进化与优化。

我国学前教育公共服务不均衡发展突出表现为区域发展不均衡、城乡发展不均衡、园际发展不均衡。城乡二元结构体制下的学前资源配置不均衡使得城镇地区、乡村地区的幼儿园在办园条件、办园过程、办园质量等方面呈现出较大的差异，因此，如何实现城乡学前教育共生发展一直是学前教育相关理论与实践探讨的热点问题。共生的核心是协调与合作，在共同进化过程中，共生单元之间相互激励、共同发展，是一种共生系统的自组织的进化与优化过程。学前教育持续健康长效发展机制研究追求的是各幼儿园都能够有质量、有特色地立足于教育生态中并形成共生的发展局面。将共生理论引入区域学前教育具有一定的合理性，旨在通过共生理论分析当前区域学前教育发展不均衡的问题，并提出区域学前教育共生发展的措施，以实现全区域学前教育均衡发展。

①张新婷．共生理论关照下教学服务型大学外部治理研究——以T学院为例[D]．贵阳：贵州师范大学，2017:16.

## 第二节　学前教育持续健康长效发展模型的理论构建

学前教育持续健康长效发展模型的构建需要理论依据与实践情况有效结合。以"提升教育质量、促进教育公平"价值取向作为模型构建的逻辑起点，并对相关因素及其关系进行分析，有助于将"学前教育持续健康长效发展模型"落实到具体的学前教育发展中去。

### 一、学前教育持续健康长效发展模型构建的逻辑起点

学前教育是人生发展的奠基性教育，学前教育对促进个体早期的身心全面健康发展，提升国民素质，缩小城乡差距，促进教育和社会公平具有重要价值。自2010年以来，我国出台了一系列学前教育普惠性政策，如2011年开始启动的"学前教育三年行动计划"已然惠及村级幼儿园层面，使我国学前教育得到了空前的进步与发展。然而这些发展与进步某种程度上偏重"机会公平"意义上的发展，而在"质量公平"意义上的发展程度比较有限。不少研究指出在国家强劲的政策支持下，我国的学前教育在办学资源与办学条件方面取得了较大的改善，初步解决了"入园难、入园贵"的问题，但是由于内在性学前教育质量的发展程度有限，当前我国学前教育问题逐渐演化为"入公办园难、入好园贵"的问题。学前教育依然面临发展不平衡不充分的挑战：学前教育资源不足，结构不合理；经费投入明显不足，家庭支出偏高；幼儿教师队伍水准不高，待遇地位较低；学前教育质量不高，安全隐患较多。[①]因此，解决学前教育持续健康长效发展问题是当前我国学前教育发展的重要任务。

学前资源不均衡配置使得区域内幼儿园在办园条件、办园过程、办园质量等方面呈现出较大的差异，因此，如何实现学前教育持续健康长效发展一直是学前教育相关理论与实践探讨的热点问题。通过文献梳理，可以发现有关学前教育发展的研究主要围绕"学前教育发展的影响因素""农村学前教育发展"以及"学前教育质量"等三个层面的问题展开。首先，学前教育发展受到内外因素的综合影响，外部因素主要指经济、文化、政治、社会等因素，内部因素主要包括教育普及、教育质量、教育投入、教育条件和教育公平等。其次，大力发展农村学前教育，为广大农村和低收入家庭幼儿提

①虞永平.立法是学前教育健康持续发展的根本保证[J].人民教育，2018(9)：13-14.

供基本均等的接受学前教育的机会，是普及学前教育的重点和难点，也是促进教育公平的基础。农村学前教育发展存在园所布局失衡，供应不足，幼儿园以民办为主、政府办园比例不足、办园质量较差、师资水平低等问题。针对农村学前教育发展的问题需从学前教育经费投入、管理体制和师资水平等层面予以改善。最后，关于“学前教育质量”的研究主要回应了四个关键问题，即质量在学前教育发展中的意义，学前教育质量的构成要素和判定方式，当前我国学前教育质量的现实状况，以及提升学前教育质量的路径。

国外有关学前教育发展机制的研究，顾明远、梁忠义主编，冯晓霞分卷主编，吉林教育出版社2000年出版的《世界教育大系》中的《幼儿教育》卷就有专章介绍国外的幼儿教育体制。我国对学前教育机制的专门研究可见罗索、李艳荣主编的《县域农村学前教育发展机制改革试点优秀案例集》等。第一，学前教育发展机制的内涵。机制以及教育发展机制的内涵多样，有关系说、结构说以及功能说等，由此导致学前教育发展机制的内涵并没有定论。有学者侧重从关系角度去思考学前教育发展机制，认为学前教育发展的体制与机制改革必须处理好学前教育发展数量与质量、布局与效益、硬件与软件等之间的关系。[①]有学者侧重从幼儿园层面去探究学前教育发展中的办园机制，指出办园机制有两方面的内涵：一方面是幼儿园内部管理系统的建构和运行；另一方面是制约办园机制功能实现的内因与外因。并进一步从系统视角提出幼儿园办园机制的实质，即由组织结构、运行规则与秩序、管理方式与方法等构建起来的用于保障办学行为顺利实施的内在管理系统。[②]另有从县域发展角度去分析学前教育发展中的管理机制，认为县域学前教育管理机制是决定县域学前教育管理效能的关键，具体表现为管理系统中多个职能部门之间的内在结构、相互关系和运行方式。诸多对学前教育发展机制的理解均从不同侧面触及了其本质，即对学前教育发展系统变化的系统性思考。第二，学前教育发展机制的分类。机制是学前教育发展的各个要素之间的相互作用过程，关涉到学前教育发展的各个方面。研究者对学前教育机制的分类具有不同观点。幼儿教育体制的核心是幼儿教育的办学体制、管理体制和经费保障机制。[③]也有学者把学前教育体系作为体制的内容，认为幼儿教育供给格局不平衡：长期稳定投入积累下的政府、部分事业单位、教育部门、国有大型企业

①虞永平.完善体制机制 深入推进学前教育三年行动计划[J].人民教育，2012(11)：17-18.

②赵南，等.长株潭城市群学前教育办学体制与机制现状分析及改革建议[J].学前教育研究，2013(7)：34-44，54.

③周永明.政府公共管理理念下的幼儿教育体制创新[J].上海教育科研，2007(1)：81-82.

办的优质教育幼儿园；缺乏稳定经费来源而举步维艰的街道、部分中小企业和其他部门办的幼儿园；未获得有效发展的农村幼儿园。[①]白志繁、袁旭认为学前教育发展机制由学前教育管理机制、园舍建设机制、经费筹措机制、审批机制、督导机制等五大机制构成。第三，学前教育发展机制改革的视角、思路、原则的探讨。有学者提出：我国学前教育体制改革应基于这一新的基本定位来确定其今后的改革方向和基本框架：首先，应明确其公益性质，将学前教育纳入政府公共服务体系，加大公共财政对学前教育的投入力度；其次，应根据现阶段政府的财力及不同阶层家长经济承受能力确定家庭与政府之间，以及中央政府与地方各级政府之间合理、可行的学前教育成本分担比例；再次，应以维护公平为基本导向，重点向农村及城市低收入群体倾斜；最后，应根据学前教育的重新定位，明确幼儿教师公益性事业单位从业人员身份，切实保障幼儿教师的权利。[②]

学前教育引起世界各国广泛的关注和重视，是因为学前教育具有重要的地位，学前教育对幼儿身心发展和社会发展起着基础性和奠基性作用；是因为学前教育是各国教育体系中最薄弱的环节，各国面临着学前教育不公平，学前教育质量亟待提高的挑战。因此，提升学前教育质量与促进学前教育公平是世界各国学前教育事业发展的共同趋势和价值诉求，也是学前教育持续健康长效发展模型构建的逻辑起点。综述“学前教育发展”以及“学前教育发展机制”的相关研究，可以得出发展机制是决定和制约学前教育发展的关键。目前我国学术界提出一些学前教育发展机制的基本问题，但是缺乏对学前教育发展机制的系统性研究，这就为本研究的开展提供了基础。

### （一）公平与质量：学前教育持续健康长效发展的价值诉求

教育公平是“确保不同背景的儿童都能接受高质量的学前教育（包含着起点、过程、结果的平等）”[③]，意味着教育公平的内涵已经蕴含了对质量的诉求，而入园机会不平等正是对学前教育机构质量参差不齐的诘问。学前教育是教育体系的开端，是社会公平和教育公平的起点，而实现教育公平的落脚点在于提升学前教育质量。从教育公平出发，为所有幼儿提供优质的学前教育，实现起点公平、过程公平、结果公平是世界各国的共识和使命。美国联邦政府开启的“开端计划”项目，在追究教育公平的

①曾晓东．我国幼儿教育由单位福利到多元化供给的变迁[J].北京师范大学学报（社会科学版），2006(2)：11-16.

②丁金霞，庞丽娟．社会体制转型与学前教育的重新定位[J].学前教育研究，2010(3)：3-7.

③杨晓萍，李敏．公平与质量视角下的学前教育发展——访长江学者讲座教授李子建[J].学前教育研究，2015 (6)：3-8.

过程中努力扩大学前教育机会并确保学前教育质量的稳步提升，为提高学前教育质量提供法律保障而颁布了《开端计划扩展和质量提高法案》。经济合作与发展组织(Organization for Economic Cooperation and Development，简称OECD)围绕可获得性(availability)、付得起(affordability)和质量(quality)三个问题对成员国的学前教育的发展状况进行调研，并结合调研数据为成员国学前教育的政策制定提供建议，2012年的《强壮开端Ⅲ：儿童早期教育与保育质量工具箱》的着力点在于"质量"，强调了质量对幼儿的学习与发展至关重要，提出了提高早期教育和保育质量的五大政策杠杆。德国在《日托扩展法》《儿童及青少年福利法》等学前教育法律中规定：保证并提高学前教育质量是学前教育机构的法定义务。[①]随着经济的发展与社会的进步，学前教育作为国民教育体系的基础日益受到关注，公平与质量成为我国学前教育事业发展的主旋律和价值诉求。《国务院关于当前发展学前教育的若干意见》的颁布与"学前教育三年行动计划"的实施，为实现相对公平的入园机会和优质的学前教育提供了契机。可见，当今世界主要国家极为重视学前教育事业的发展，促进公平与提升质量是制定学前教育事业发展战略的核心，是学前教育持续健康长效发展的价值诉求。

学前教育的本真是如何呵护儿童、发展儿童、完善儿童，其出发点和落脚点是学前儿童，其根本宗旨和终极关怀是学前儿童的发展。[②]学前教育公平和学前教育质量的核心评估域应该从社会本位转向幼儿本位，确定幼儿的教育主体性地位，让每一个幼儿真实地体验科学与有质量保障的教育过程，从而获得全面健康与个性多元发展。因此，区域学前教育持续健康长效发展模型强调以幼儿的发展为根本出发点，以幼有所育为价值归宿点，即要让区域内每一个幼儿在不同地方与不同类型的办园机构中都能够享受到优质的保教服务。这意味着学前教育持续健康长效发展模型要充分切合幼儿身心发展的特点与要求，夯实教育过程中内容的丰富性、适切性与活动的体验性、趣味性，寻求科学而有质量的保教过程。因此，过程性的质量公平是学前教育持续健康长效发展模型的核心内容，逐步缩小园所之间在保教过程中的质量性差异是区域学前教育均衡发展的重要目标与任务。学前教育持续健康长效发展模型最终落脚到幼儿的公平发展上，其核心和实质是让区域内的幼儿共同享有公平发展的权利和机会，共同享有基本有质量的学前教育，在学前教育的起点、过程和结果上均享受公平。

---

①庞丽娟，夏婧．国际学前教育发展战略：普及、公平与高质量[J]．教育学报，2013(3)：50-55.

②王彦峰．区域学前教育均衡发展：概念释义、问题归因与实现路径[J]．湖南师范大学教育科学学报，2015(6)：91-96.

提升质量、促进公平是学前教育持续健康长效发展模型的终极指向,其本身就是学前教育公益普惠性的集中体现,这意味着政府在学前教育发展中承担着主导性的职责。对于区域学前教育而言,要提升质量、促进公平就需要提高公益普惠性资源的占比,然而现实中政府对公益普惠性资源的供给力有限,由此导致园所间保教质量的诸多现实差异。丰富的办园资源是促进办园过程与质量公平的前提,同时也是缩小园所差异的物质保障,是缓解园际恶性竞争关系的关键砝码。就学前教育物质保障的供求关系而言,一方面,政府作为供给端,为学前教育机构、教职工和家庭提供涉及学前教育相关的教育政策与制度;另一方面,幼儿及其家庭作为需求方,教育政策供给侧的教育资源需要满足其教育诉求。教育政策具有引导、调控、规范等客观属性,是国家为了使教育能够在一定条件下有效地发展从而实现教育目标,在协调一系列教育关系后做出的一种战略性规定。教育政策的价值应是政策的选择能够满足受教育者需要的关系体现,并且这种关系是建立在实践基础上的。[①]因此,学前教育持续健康长效发展模型强调政府重视公益普惠性的发展指向,贯彻落实"学前教育三年行动计划",大力推进普惠性幼儿园建设,多渠道筹措资金,逐步提高学前教育经费投入水平,促进园所保育设施、户外游戏与运动设备、教具与玩具等办园条件的改善,进而提高区域内普惠性资源的供给力,为保教质量的提高奠定物质支撑。以公益普惠性学前教育政策为物质保障"凸显了我国对学前教育普惠性和公益性的价值追求和对社会公众之于学前教育利益诉求的真切关照,其主要目的是扩大公共学前教育资源,提高学前教育供给能力"[②],以满足社会公众对质优价廉的学前教育资源的需求。

### (二)幼有所育:学前教育持续健康长效发展的理性呼唤

党的十九大报告指出,中国特色社会主义进入新时代,我国社会的主要矛盾已经转化为人民日益增长的美好生活需要和不平衡、不充分的发展之间的矛盾。随着现代化教育进程的加快,学前教育领域的主要矛盾已转化为人民日益增长的教育需求与优质普惠性资源之间的矛盾。该矛盾折射出困扰我国学前教育发展的两大"紧箍咒":一是,我国学前教育资源供给不足,具体表现为学前儿童"入园难、入园贵",经费投入不足、教育资源短缺等问题,特别是全面二孩政策的颁布带来学前教育刚性需求

①索长清,孟奕彤.普惠性学前教育及其相关议题探讨——基于2011—2016年相关研究的文献计量与内容分析[J].辽宁教育行政学院学报,2018(1):103-108.

②王声平,皮军功,关荆晶.政府发展和管理普惠性民办幼儿园的现状及其改进建议[J].学前教育研究,2018(8):17-27.

的持续增加；二是，我国学前教育机构质量参差不齐，具体表现为城乡发展不平衡，优质教师缺口大，虐童案频发等问题。为保障和改善民生，党的十九大报告明确指出“在幼有所育、学有所教、劳有所得、病有所医、老有所养、住有所居、弱有所扶上不断取得新进展”。七大民生要求将“幼有所育”排在首位，给予学前教育前所未有的重要地位，视学前教育为一项重要的民生事业。虞永平教授认为“幼有所育”是对0~6岁儿童的养育、抚育，既是保育，也是教育，既关系到机会问题，也关系到质量问题。①谢天认为“幼有所育”全新阐释了学前教育公平发展的新理念与发展路径，它既是一个公平概念，也是一个质量概念。作为一个公平概念，“幼有所育”指向的是权利的平等、分配的合理、机会的均等；作为质量概念，“幼有所育”指向的是教育资源、教育过程、教育内容的品质和水准。②可见，“幼有所育”是一项保障和改善民生的事业，致力于让每个幼儿都能获得公平而有质量的教育，呼唤着学前教育持续健康长效发展，既是对学前教育资源“量”的呼唤，也是对学前教育资源“质”的呼唤。

然而“幼有所育”旗帜鲜明地反对绝对化、标准化的公平主义，强调教育公平要适应人的身心发展特点及规律，尊重教育发展现实的层次性与差异性，通过多样化的路径满足人发展的多元性和可持续性。日本学者尾关周二指出：“我们所说的‘共生’是向异质者开放的社会结合方式。”这种解释与调和、共同、一体性、共存、对等(平等)等关键词相对地提示了作为共生理念核心的要点：共生是以差异和对立为前提的相互关联的共存。③对于区域学前教育而言，统筹园所差异并不是追求“标准化”与“整齐化”，因为不同属性的园所的办学历史、办学理念、办学条件等都不一样，因此，区域学前教育共生发展的目标绝不是“千篇一律、千人一面”，而是在尊重个性与差异的基础上，寻求区域学前教育多样性、特色化的内涵发展。因此，学前教育持续健康长效发展模型的根本取向是在充分尊重各幼儿园间的现实差异性的基础上，基于各幼儿园既有基础，通过内生型共生联动实现有特色有质量的发展，实现的是区域学前教育“百家争鸣、百花齐放”的共生发展态势，从而真正实现“幼有所育”。

### (三)普及、惠民、基本有质量：学前教育持续健康长效发展的功能定位

20世纪80年代至20世纪90年代中期，我国学前教育事业处于大发展时期。幼儿园的整体结构和服务性质相对合理，具有就近、方便、低价的特点，企事业办园和集体

①虞永平.“幼有所育”是民生事项国家大业[N].中国教育报，2017-11-26(1).

②谢天.“幼有所育”是公平概念也是质量概念[N].湖北日报，2017-11-22(15).

③李燕.共生教育论纲[D].济南：山东师范大学，2005：62.

办园具有“公办”性质和福利性。[①]20世纪90年代后期，学前教育进入大滑坡时期，迫使学前教育偏离服务性、公益性的轨道。随着我国经济体制改革的深化，企业剥离社会功能，事业单位精简机构，“关、转、改、让”导致带有“公办”性质的企事业单位以及集体办园急速萎缩，以盈利为目的的民办幼儿园异军突起，无法保障低保家庭和其他各种社会处境不利人群的幼儿接受普惠性、有质量保证的学前教育服务，“入园难、入园贵”由此产生。政府在学前教育事业中逐渐回归主导权的产物，促使学前教育回归公益性和福利性。《国家中长期教育改革和发展规划纲要(2010—2020年)》明确提出了基本普及学前教育的目标，建立政府主导、社会参与、公办民办并举的办园体制。2010年《国务院关于当前发展学前教育的若干意见》首次正式提出“普惠性民办幼儿园”概念，“积极扶持民办幼儿园特别是面向大众、收费较低的普惠性民办幼儿园发展。采取政府购买服务、减免租金、以奖代补、派驻公办教师等方式，引导和支持民办幼儿园提供普惠性服务”。随后，按中央政府的统一部署，各地纷纷制订“学前教育三年行动计划”：第一期行动计划(2010—2013年)，以扩大教育资源为主，首先缓解“入园难”；第二期行动计划(2014—2016年)，强化政府职责，坚持公益普惠，实现“上得起”；第三期行动计划(2017—2020年)，完善体制机制，在全国基本普及有质量的学前教育。2014年《关于实施第二期学前教育三年行动计划的意见》提出政府“积极扶持普惠性民办幼儿园”，“通过政府购买服务、减免租金、派驻公办教师、培训教师等方式，支持民办园提供普惠性服务，有条件的地区可参照公办园生均公用经费标准，对普惠性民办园给予适当补贴”。从以上政策的颁布及实施中可以看出，学前教育持续健康长效发展的功能定位在于普及——面向大众，惠民——收费合适，保证一定质量——质量合格，实际上是政府向有资质的民办园购买学前教育公共服务的一种形式，[②]其目的在于解决我国在学前教育持续健康长效发展进程中遗留的“入园难、入园贵”等历史问题，恢复学前教育普惠性、公益性。

学前教育发展必须认真落实立德树人的根本任务，遵循幼儿身心发展规律、实施科学保教。然而由于我国学前教育发展中存在着政府主导性发挥不足、系统活力开发不足、教学科研专业引领不足等现实问题，致使不同的办园机构在课程资源开发与利用、课程规制与安排、保教活动组织与实施、保教质量与评价等方面形成价值多元、种类繁多、质量参差不齐的现实样态。部分民办园为追求经济利益，盲目追求招生数量而忽视保教过程及保教质量的维护，部分乡村地区幼儿园由于缺失专业教师，致使

①冯晓霞.大力发展普惠性幼儿园是解决入园难入园贵的根本[J].学前教育研究，2010(5)：4-6.

②王声平，皮军功.我国普惠性民办幼儿园内部教育质量保障体系构建[J].教育评论，2017(10)：12-15，152.

其保教活动中存在严重的小学化倾向，严重侵害幼儿的健康成长。因此，学前教育持续健康长效发展模型强调优化与整合地方教研力量，强调打破行政性的教育督导的垄断，建立多元的、持续性的区域教研。区域教研即一定区域范围内的所有幼儿园联合开展教育教学研究的教研活动，以提高幼儿教师的工作热情及专业素养，促进区域内不同幼儿园保教质量的均衡发展，帮助不同层级幼儿园形成具有特色的教研制度和教研文化。区域教研以共生理念为指导，需要确立发展的基本方向、目标，构建各层次专业发展共同体，以发挥共同体的引领，开展深度教研为目标，形成区域教研工作体系，构建区域上下联动教研工作机制。因此，开展区域教研活动是提高区域学前教育质量，实现区域学前教育均衡发展的重要手段。①

园际的合作与联动对构建"普及、惠民、基本有质量"的学前教育公共服务体系具有重要的支撑作用。园际合作是指合作者从个体化、孤岛式的工作走向群体合作性的活动，即以园为本的合作活动，由两所或两所以上地域相邻、性质相同的园所构成，有多种力量（教师与园长、教研员与专家）介入的合作共同体。②互助合作的园际交流与协调，有助于区域所有幼儿园之间的交流合作，形成良性的竞争关系。以互助合作的园际关系着眼于区域实际需求，组建不同层次的园际学习共同体，创建不同层次的园际合作平台，实施合作模式，不仅提升了幼儿教师自身的专业能力和素养，也有助于营造良好的教研氛围，使幼儿园教育教学质量有了较为迅速的提高。因此，在园际合作中，幼儿园之间形成了平等交流合作、互相学习与指导、互相帮扶与发展等的共生模式，双方利益一体，互惠互利，共同追求一体化共生和对称互惠共生等优化的共生模式。③

对于教育机构来说，既要与其他教育机构接合（engagement）、联动（linkage），又要有自己的议程（agenda），后者的目的在于保持自身的完整与平衡。④如厦门市思明区以各类活动项目为契机，要求各片区积极组织本片区内各类幼儿园参加，统一布置，协商完成，如此必然促使各片区强化目标，协调督促，层层落实任务和责任，充分发挥片区管理的职能。⑤

①黄俏甜，黄虹坚．创新学前教育区域教研的实践探索[J]．学前教育研究，2018(3)：67-69.

②汤佩丽．园际学习共同体合作模式的实践研究[J]．宁波大学学报（教育科学版），2013(3)：128-130.

③王文乔，于泽元．地方应用型本科院校幼儿师范专业与幼儿园的共生发展[J]．学前教育研究，2018(10)：60-63.

④范国睿．美英教育生态学研究述评[J]．华东师范大学学报（教育科学版），1995(2)：83-89.

⑤何佩芳．教育均衡发展与学前教育资源的区域共享——思明区学前教育片区管理的实践与反思[J]．学前教育研究，2005(10)：13-15.

## 二、学前教育持续健康长效发展模型的要素及其相互关系

学前教育持续健康长效发展是在学前教育均衡发展的现实场域下，基于系统决策理论、教育生态学理论、教育均衡发展理论、共生理论，以质量公平与幼有所育为价值本位，以经费支持与服务为资源保障机制，以专业与督导为专业保障机制，以教师专业发展与共生联动为载体机制，以幼儿园保教质量评价为驱动机制，以区域学前教育共生发展为旨归的本土化均衡发展模型（如图2-1所示）。该模式是充分调动区域内多种学前教育资源并协同发挥其内在均衡功能的系统工程，是改变当前注重条件性公平因素而忽视过程性公平因素，注重外援性资源供给而忽视内生性活力开发，注重政府单一主体的管理方式而忽视多元主体共同治理的均衡发展路径。

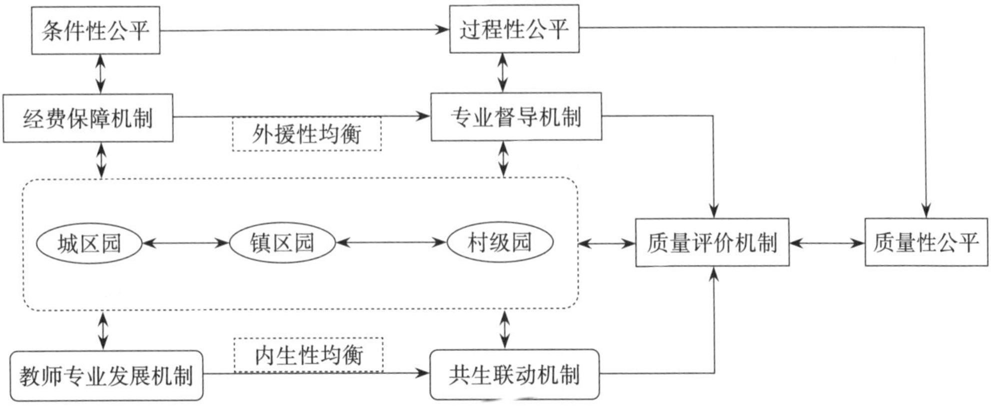


图2-1　学前教育持续健康长效发展模型图

### （一）价值要素及其奠基：幼有所育

党的十九大报告中首次把“幼有所育”列为民生工程的重要内容。这意味着我国学前教育当前面临的不均衡不充分的发展现实不仅是影响人民福祉的核心利益问题，还是影响新时代我国全面建成小康社会的短板问题。因此，幼有所育是党和国家坚持以习近平新时代中国特色社会主义思想为指引，深刻理解我国学前教育发展主要矛盾变化，着力破解学前教育发展不平衡、不充分的现实问题，奋力决胜全面建成小康社会的重要攻坚内容。党的民生工程也是暖心工程，幼有所育是指所有的0~6岁的儿童都能够享受到科学而优质的保教过程与服务，这意味着我国不同地区（包括广大农村地区、少数民族地区等）的学前教育机构，以及同一个地区内所有类型的教育机构（包括公办园、民办园、普惠性幼儿园等）都应该向每一个幼儿提供相对优质与均

衡的保教服务。然而,要实现幼有所育并非只是广大学前教育机构的事,还需要积极践行坚持发展为了人民、发展依靠人民、发展成果由人民共享的发展理念,在区域学前教育发展共同体中形成人人参与、人人尽力的共建共治氛围,才能实现人人享有的幼有所育。因此,幼有所育集中彰显了党和国家对我国0~6岁儿童早期教育的高度重视与深切关怀,是全民建成小康社会的重要内容,是新时代我国学前教育改革与发展的重要指导思想与行动纲领。

### (二)资源要素及其提供:经费保障机制

当前,我国学前教育事业快速发展,但随着改革发展的深入,根本性、深层次问题进一步凸现,学前教育事业面临发展与深层矛盾交织的现实。[①]其中,在我国学前教育财政投入严重不足和学前教育资源配置明显不均的现实背景下,学前教育呈现出较为显著的非均衡发展态势,主要表现在区域、城乡、园际三个层面的非均衡发展。因此,实现区域学前教育持续健康长效发展需要外在政策的支持,特别需要争取在普惠性政策保障和专业支持上取得根本性突破,以保障和促进我国区域学前教育事业更加科学、均衡与可持续健康长效发展。由于我国学前教育事业基础比较薄弱,当前我国的学前教育政策主要以财政性经费政策为主,如“学前教育三年行动计划”“普惠性幼儿园建设工程”,这些政策主要偏重幼儿园园舍条件、教学资源、日常运行维护、人员经费等方面的“标准化”建设。对于广大幼儿园来说,这些条件性政策是其存在与发展的物质前提。普惠性政策可以解决“入园难”的问题,普惠弱势群体。促进教育公平是学前教育持续健康长效发展模型的价值体现。普惠性政策符合教育公平性和公益性原则,强调对弱势群体的扶助是学前教育持续健康长效发展模型的合法性体现。

公益普惠性是世界各国学前教育发展的共同价值趋向。持续加大学前教育经费投入,着力推进“广覆盖、保基本、有质量”的公益普惠性办园体系的建设与完善是当前我国学前教育发展的重要任务。《中共中央 国务院关于学前教育深化改革规范发展的若干意见》明确提出:到2020年,全国学前三年毛入园率达到85%,普惠性幼儿园覆盖率(公办园和普惠性民办园在园幼儿占比)达到80%。因此,全力构建以公益普惠性资源为主体的办园体系是学前教育公共服务体系建设的核心任务,要继续加强与推进第三期“学前教育三年行动计划”的深入开展,着力提高公益普惠性资源供给水

①庞丽娟,洪秀敏,孙美红.高位入手　顶层设计我国学前教育政策[J].教育研究,2012(10):104-107.

平，提高公益普惠性资源覆盖面。其次，优化经费资源使用结构，提高学前教育经费使用配置效率，新时期学前教育经费投入需要继续推进普惠性幼儿园改建、新建工程，重点加强脱贫攻坚地区、两孩政策新增人口集中地区和城乡接合部幼儿园建设；积极鼓励与支持各类政府机关、企事业单位及其他社会力量举办幼儿园，建构与完善分类管理体制机制；积极扶持民办园提供普惠性服务，通过购买服务、综合奖补、减免租金、派驻公办教师、培训教师、教研指导等方式，全力支持普惠性民办幼儿园发展；优先发展农村学前教育，着力建构与完善县、乡、村的一体化公益普惠性学前教育办园体系。

### （三）专业要素及其保障：专业督导机制

在我国，学前教育学科的滞后发展，再加之学前教育教学的双重特性，致使学前教育在课程规划与建设、课程设计与开发、课程组织与实施、课程观察与评价等方面缺失统一性与规范性的标准建制，由此导致一线实践中出现价值多元、种类繁多、质量参差不齐的课程形态，因此，广大园所急切需要相应的专业支持与引领来应对现实保教过程中的诸多困惑与问题。然而，现实的学前教育管理中对专业与技术支持的重视程度及供给能力有限，致使教育督导出现形式化、碎片化、行政化及低效化等问题。新教育公平强调保教过程的规范性与科学性，强调保教过程对幼儿发展的贡献潜能，因此，学前教育持续健康长效发展模型强调优化与整合地方教研力量，强调打破行政性的教育督导的垄断，建立多元的、持续性的教研指导和教学督导制度。

### （四）载体要素及其运行：教师专业发展与共生联动机制

当前我国学前教育领域在培养目标、课程标准、课程规划、课程建设、课程资源开发、课程实施与评价等方面没有统一的标准和规范，使得不同类型、不同地区的幼儿园的办园理念、办园过程、办园质量水平等方面呈现出不同程度的问题。因此，广大幼儿园园长及教师急切需要专业性的支持与帮助。因此，建立与完善过程性、持续性的专业指导是提高幼儿园园长及教师专业发展的有效路径，也是幼儿园提高教育质量的重要保障。陪伴式的专业支持不仅需要完善幼儿园教师培训机制，建立多样化的培训途径与方式，如外出脱产培训、园本培训等，保证园长和教师都有机会参与培训，促进其专业发展，还需要依据不同幼儿教师的发展程度，分阶段分层次提供支持。对于处于适应阶段的幼儿园教师，应提供平台让教师间多交流，开展园本教研，在交流互助中解决问题，提升能力；对于处于发展阶段的教师，应尽量提供机会使其走出去，接受新的教育理念和教育信息，参加各种教育活动和科研活动，提升幼儿园教师专业发展水平。①幼儿教师具备良好的专业能力是提升幼儿园教育质量、促进幼儿健康成长的重要保障，而有效的同盟联动是提升幼儿教师专业发展水平、提升幼儿园保教质量、促进幼儿健康成长的重要途径之一。幼儿教师的专业能力参差不齐，也是制约学前教育均衡发展的重要因素之一。为了实现城乡学前教育均衡发展，在政策支持和专业支持下，在园际良好的同盟氛围中，为增强办园过程规范性和办园质量标准性，各幼儿园积极开展常态性的园本课程开发与设计、幼儿园环境创设、班级主题文化创设、园本教研等方面的同盟联动。每个教研员发挥责任督学的作用，走进各幼儿园的教学活动，贴近各幼儿园的真实教学情况，发现其存在的问题，提供相应的意见，与幼儿园合作解决问题，改善幼儿园的教学活动。每个幼儿园教师都能够在相互观摩、学习、交流、借鉴的同盟联动中学习先进的理念与经验，并内化到自身的教学过程中，从而提升专业水平，帮助幼儿园增强办园的规范性和质量性，实现有质量有特色发展。这样的外部专业支持能真正满足园长及教师的需求，做到有针对性和实效性，是实现学前教育均衡发展的专业保障。

异质共存是区域学前教育现实存在方式。然而市场因素引起的生源压力、收费压力、质量压力，使得园所之间形成相互敌对与排斥的恶性竞争关系，这种恶性竞争关系不但影响区域学前教育发展的环境氛围还直接危害幼儿的发展利益。因此，幼有所育取向的区域发展倡导的是共生发展路径，强调在尊重现实差异的基础上通过开发与利用、整合与优化园所间的共生性资源，通过结对帮扶、合作联动等方式实现从差异悬殊走向合作共生。在缩小区域园所差异的过程中，新教育公平理论倡导充分开发与利用园所间的共生性资源，充分调动园所的积极性与主动性，通过区域性的合作联动增进园所之间的交流与学习，在相互借鉴与模仿，共同行动与改进的共同体联动中获得发展与进步。这种内助型的发展路径切合了广大园所的民主性需求，尤其是实践取向的共同体联动高度契合了广大幼儿教师的学习需求及特点。因此在缩小区域性园所差异的过程中，学前教育持续健康长效发展模型选取了内助型的发展路径，强调在政府及地方教研力量的支持引领下，在区域内推行教研联动项目，广泛动员区域园所共同参与，在联动项目中“边学、边做、边领悟”，从而获得多元化的发展与进步，进而改变区域学前教育的发展氛围，提高园所保教行为的规范性与科学性，缩小区域园所间的差异，促进区域学前教育的共生发展。

①马雪琴，马富成．教师专业化视角下的幼儿园教师教育问题探析[J].天津师范大学学报(基础教育版)，2013(3):69-72.

### (五)评价要素及其驱动:幼儿园保教质量评价机制

幼儿园保教质量评价是在一定的教育价值观的指导下,依据一定的标准与程序,对幼教机构的保育和教育工作进行科学调查,做出价值判断的活动过程。《幼儿园教育指导纲要(试行)》明确提出:“教育评价是幼儿园教育工作的重要组成部分,是了解教育的适宜性、有效性,调整和改进工作,促进每一个幼儿发展,提高教育质量的必要手段。”幼儿园保教质量评价是幼儿园保教工作中的重要内容,其可以诊断与促进幼儿园保教工作中各项要素之间协作关系及其质量,增强幼儿园保教工作的科学性与适宜性,促进幼儿教师的专业发展,最终落脚在幼儿的全面发展。因此,“以评促建、以评促改、以评促强”是幼儿园保教质量评价工作的核心原则,同时也是维持与促进学前教育持续健康长效发展的活力源泉。在学前教育持续健康长效发展模型中,幼儿园保教质量评价是诊断与促进其价值要素、资源要素、专业要素、载体要素、效益要素之间协作关系及评价联动过程的重要依据,同时也是驱动各要素之间孕育共生效益,实现幼有所育的重要机制。

## 三、学前教育持续健康长效发展模型的运行机理

学前教育持续健康长效发展模型在区域学前教育现实境域下,基于系统决策理论、教育生态学理论、教育均衡发展理论、共生理论,为实现区域学前教育均衡发展而构建的一种教育发展模型。该模型是以幼有所育为根本价值追求,充分调动学前教育系统多种资源并协同发挥其均衡功能的系统工程,其中包括外援型均衡资源及其作用过程与内生型均衡资源及其作用过程,其中外援型均衡资源及其作用过程包括由外而内的、自上而下的资源要素、专业要素、评价要素,内生型均衡资源及其作用过程包括由内而外、自下而上的载体要素。学前教育持续健康长效发展模型的运行以实现幼有所育取向下的均衡发展为根本指向,以政府的普惠性经费保障为重要前提,以教研机构提供的专业支持为重要保障,以保教质量评价为重要驱动,基于内生型的教师专业发展与共生联动机制为载体,以实现幼有所育为发展目标的综合效应聚合工程。本研究采用三角锥形立体图来阐述该模型的内在机理,如图2-2所示,底面为各种因素共同作用的载体要素及其作用过程,是自下而上、由内而外的内生型均衡资源及其作用过程,本研究中是指以教师专业发展与共生联动为依托的机制与载体;其余三个锥面则是自上而下、由外而内的外援型均衡资源及其作用过程,其中面$OAB$代

表以经费支持为主导的资源要素及其保障机制，面*OBC*代表以专业督导为主导的专业要素及其保障机制，面*OAC*代表以幼儿园保教质量评价为主导的评价要素及其保障机制，最终形成以经费保障机制与专业督导机制为重要保障，以保教质量评价为驱动，依托教师专业发展与共生联动机制而形成的协同关系及其作用过程，共同推动学前教育实现幼有所育的根本价值与目标。

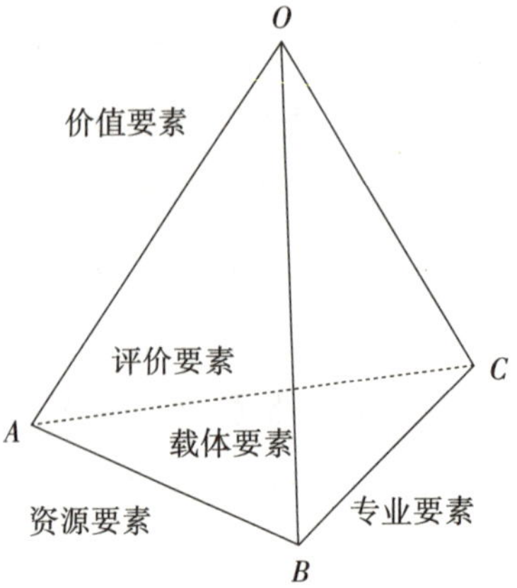


图2-2　学前教育持续健康长效发展模型的内在要素与结构关系逻辑图

## (一)发展目标

教育公平是人们依据一定的平等标准对当时当地的平等状态所做的主观判断，是一个动态的、历史的和区域的概念。[①]学前教育持续健康长效发展坚决反对绝对化、标准化的公平主义，强调教育要适应幼儿的身心发展特点及规律，尊重学前教育发展现实的层次性与差异性。对于学前教育而言，减小园所差异并不是追求“标准化”与“整齐化”，学前教育均衡发展的目标绝不是“千园一律、千园一面”，而是把以幼儿发展为本位的幼有所育作为根本出发点，在充分尊重现实差异的基础上，调动区域外援型和内生型的学前教育共生性资源，整合与优化不同层次与不同内容的共生界面，寻求区域内不同园所的多样性、特色化发展。[②③]因此，学前教育持续健康长效发展模型的终极指向是基于幼儿全面发展的根本立场，尊重各幼儿园间的现实差异性，通过外援型与内生型共生联动实现每一个幼儿园都有特色有质量地发展，从而促进区域学前教育“百家争鸣、百花齐放”的共生发展态势。

①钱志亮.社会转型时期的教育公平问题——中国教育学会中青年教育理论工作者专业委员会第十次年会综述[J].高等教育研究.2001(1):104-105.

②蔡东霞.公平与质量:对学前教育“质量话语”的反思[J].教育发展研究，2009(20): 11-14.

③翟博.树立科学的教育均衡发展观[J].教育研究，2008,(1):3-9.

### (二)外援型均衡资源及其运行路径

以幼儿发展为本位的幼有所育是学前教育公益普惠性的集中体现,同时也是学前教育持续健康长效发展模型的核心出发点。对于学前教育发展而言,要实现幼有所育就需要积极发挥政府的主导作用,大力加强普惠性幼儿园建设。[①]然而当前各级政府对公益普惠性资源的供给力比较有限,由此导致区域性学前教育资源配置的不均衡与不充分。充足的办园资源与条件是幼儿园保教质量的物质前提,是缩小园所差异的重要砝码。因此,学前教育持续健康长效发展模型强调各级政府重视公益普惠性学前教育的发展,继续贯彻落实"学前教育三年行动计划",大力推进普惠性幼儿园建设,多渠道筹措资金,逐步提高学前教育经费投入水平,提高普惠性学前教育资源的覆盖率,深化普惠性学前教育资源对保教过程的保障与维护功能,逐步缩小区域园所在办园条件与资源的现实差异,为促进区域学前教育均衡发展奠定物质与资源保障。

较高的幼儿园保教质量是普及学前教育的意义前提,只有高质量的学前教育才能促进幼儿的良好发展,才能真正意义上实现人民满意的幼有所育。因此,加强保教质量的过程性监测与维护也是学前教育持续健康长效发展的重要建设内容。《中共中央国务院关于学前教育深化改革规范发展的若干意见》中明确指出:国家制定幼儿园保教质量评估指南,各省(自治区、直辖市)完善幼儿园质量评估标准,健全分级分类评估体系,建立一支立足实践、熟悉业务的专业化质量评估队伍,将各类幼儿园全部纳入质量评估范畴,定期向社会公布评估结果,加强幼儿园保育教育资源监管等。因此,幼儿园保教质量是学前教育发展的生命线,在建构学前教育保教质量动态评估监测体系时要处理好条件性因素、过程性因素和质量性因素的标准性与差异性、统一性与相对性,广泛动员幼儿家长、学前教育专家、第三方专业力量等多元力量共同参与,采用多样化的方法与技术科学开展动态评估监测工作,积极发挥学前教育保教质量动态评估监测体系的"以评促建、以评促改、以评促强"的核心作用,推进学前教育保教工作的规范发展与优质发展。

此外,现实学前教育管理中政府对教研支持与专业督导的供给能力有限,部分地区的学前教育专业督导呈现出形式化、碎片化、行政化及低效化等问题,难以满足广大园所对专业支持与引领的现实需求。因此,学前教育持续健康长效发展模型高度重视保教过程的专业性引领与支持,强调整合与优化地方教研力量,破除当前学前教

①虞永平,刘 颖.学前教育体制机制的主要问题与改革思路[J].学前教育研究,2017(12):3-11.

育专业督导的体制机制障碍,建立区域性多元主体参与的、持续健康长效的陪伴式专业支持与服务体系。

### (三)内生型均衡资源及其运行路径

异质共存是学前教育发展的客观现实,不同类型的办园机构在办学资源、保教过程与质量方面存在诸多差异,而广大园所间不恰当的竞争关系不仅是增大园所间保教质量差异的罪魁祸首,还是阻挠区域学前教育均衡发展的绊脚石。学前教育持续健康长效发展模型倡导充分开发与利用园所间的共生性资源,充分调动园所的积极性与主动性,通过区域性的合作联动增进园所之间的交流与学习,使各园所在相互借鉴与模仿的同盟联动中获得发展与进步。因此在缩小区域性园所差异的过程中,学前教育持续健康长效发展模型倡导通过共享互助、结对帮扶、合作联动等方式构建区域学前教育共生发展共同体,强调在政府及地方教研力量的支持引领下,在区域内推行项目式教研联动,广泛动员各园所积极参与,使其在项目联动中"边学、边做、边领悟",从而获得多元化与个性化的实践智慧,进而转化为幼儿园保教工作改革与发展的行动力,为提高保教行为的规范性与科学性,提高保教质量进而缩小园所差异,促进区域学前教育的共生发展奠定基础。

综上所述,学前教育本身是一个开放的、复杂的、涨落的非线性发展系统,同时也是政府行政性权力、市场竞争性权力和社会志愿性权力动态博弈的平衡过程。依据耗散结构理论,学前教育市场的多样性、开放性和竞争性不仅是其优质性与多元性的活力源泉,同时也是推动学前教育共生联动发展的重要基础。因此要营造和维持学前教育系统有序而持续的发展活力,就需要充分尊重其现实多样性与差异性。基于学前教育公共服务体系的系统关联性、整合联动性,积极探索与实施灵活多样的发展机制,坚定不移地走创新发展之路。此外,由于我国城市化进程加速了社会生产、生活和人际交往方式的急剧变化,传统的公共服务和社会保障供给方式难以适应日益复杂的城市人口结构及其变动,而纵向、单一的治理手段和机制也难以顺应社会结构扁平化的发展趋势。因此,学前教育持续健康长效发展模型需要政府在履行主导职责的同时,积极协调政府与其他供给主体的关系,在尊重不同供给主体的价值立场、资源交换方式、约束机制的基础上,基于共建共享的科学发展理念,充分整合不同供给主体间的共生性资源,建构形式多样、充满活力的共生联动机制,推进学前教育的共生型治理与发展。因此,建构学前教育持续健康长效发展体系需要运用科学的世界观和方法论,以积极主动的态度、高瞻远瞩的战略思维和机敏的判断,应对急剧变化的教育发展现实，坚持走内涵发展、特色发展、创新发展的理念与路径，积极开发与利用学前教育共生型资源，创新共生联动机制。从生态学的视角来看，区域学前教育发展本身就是一个生态系统，它是通过学前教育内部各组成元素之间，以及学前教育与社会之间的矛盾运动，从一种状态向另一种状态演进，从而在动态发展中实现相对的生态平衡。[①]均衡发展是指通过对人类有限的资源进行合理的配置，来达到一个供给与需求相对均衡的状态。[②]因而，学前教育均衡发展并不是低水平的、重复性的、静止性的发展，而是在不均衡—相对均衡—不均衡不断往复中螺旋上升的动态发展。共生是以竞争、冲突为前提，基于某些共同的价值、规范和目标向异质者开放的一种结合方式与关系，它体现了创生、发现、保持异质者的生命进程。[③]学前教育均衡共生即区域内所有幼儿园在经费投入、园舍建设、教学设施配备等达到均衡，以及幼儿园师资队伍在专业发展方面共同实现良性的可持续的发展。由于我国学前教育办学主体的多元性，不同办学主体的幼儿园在办园规范及办园质量水平上存在差异性，再加上不同地区的教育资源分配不均衡，使得不同地区的幼儿园在办园条件方面也呈现出差异。因此，学前教育持续健康长效发展模型倡导要立足于不同类型与不同地区的园所差异，在政策保障和专业支持下，在互助与共享的同盟氛围中相互学习，相互借鉴，使得每一个幼儿园都能够获得发展，最大程度缩小园际的办园条件、办学过程与质量的现实差异。因此，该模式以追求学前教育均衡发展为根本目标。然而，减小园所差异并不是追求“标准化”与“整齐化”，因为不同属性的园所的办学历史、办学理念、办学条件等都不一样，因此，区域学前教育共生发展的目标绝不是“千篇一律、千人一面”，而是在尊重个性与差异的基础上，寻求区域学前教育多样性、特色化的内涵发展。因此，学前教育持续健康长效发展模型的根本取向是在充分尊重各幼儿园间的现实差异性的基础上，基于各幼儿园既有基础，通过内生型共生联动实现有特色有质量的发展，实现区域学前教育“百家争鸣、百花齐放”的共生发展态势。

①王彦峰．区域学前教育均衡发展：概念释义、问题归因与实现路径[J]．湖南师范大学教育科学学报，2015(6)：91-96.

②唐荷花．乡镇中心园对村办园示范作用发挥研究——基于教育均衡发展的视野[D]．重庆：西南大学，2012：11.

③彭婷．共生理论视域下教师学习共同体分析[D]．重庆：西南大学，2016：2.

## 第三节　学前教育持续健康长效发展模型的现实运行

通过对学前教育持续健康长效发展的逻辑解析，基本形成了学前教育持续健康长效发展模型在终极目标“区域学前教育共生发展”引领下的价值取向、要素、关系的解释框架和理想愿景。下面通过对区域学前教育持续健康长效发展的外部共生环境及内在共生联动进行深描，以获得学前教育持续健康长效发展模型运行路径的解释性理解。

W区3~6岁学前儿童人口总数2014年为7089人，2015年为7272人，2016年7595人，幼儿总数一直保持上升的趋势。3~6岁幼儿入学率大幅提升，其中2016年学前一年入园率达100%，学前三年入园率达98%。2016年该区共有56所幼教机构，其中52所为普惠性幼儿园；其中公办园37所，民办园19所；城区幼儿园27所，乡镇幼儿园16所，村级幼儿园13所。[①]从上述数据可以看出，W区的3~6岁幼儿学前教育发展体现出两个特点：一是幼儿入园率高，二是幼儿园普惠性程度高。这主要取决于W区采取的如下举措：

### (一)强化经费投入与保障，提高普惠性资源的覆盖率

2007年重庆市成为全国统筹城乡综合配套改革试验区，2008年成为教育部直属的国家统筹城乡教育综合改革试验区，这两大平台的建立为其全面推进学前教育城乡均衡发展提供了良好契机。[②]在追求“统筹城乡教育，提高入学率”的同时，重庆市确立了“统筹城乡教育，绝非削峰填谷，而是要整体提质”的政策共识，出台了一系列旨在缩小城乡、公办与民办、学前教育与义务教育差距的地方性强劲政策，如出台逐年提高投入比重并优先倾斜农村学前教育的财政政策、实行家庭经济困难幼儿免费制度、加强乡镇中心园规范化建设、重点倾斜农村幼儿园建设等。[③]W区积极响应重庆市出台的系列政策，并结合区域实际情况出台了系列政策：

1.稳固财政性学前教育经费占比，规范普惠性幼儿园建设经费的使用

在获取中央财政和省级财政经费支持的同时，W区高度重视地方性学前教育的发展并建立了富有弹性的地方性财政投入制度。为保证财政性学前教育经费的稳

①数据由W区教师进修学校整理提供。

②夏婧，张芬.重庆市大力推进城乡学前教育均衡普及的改革探索[J].学前教育研究，2011(10):10-15.

③夏婧，张芬.重庆市大力推进城乡学前教育均衡普及的改革探索[J].学前教育研究，2011(10):10-15.

定，W区结合中央财政、省级财政的年度实际投入情况，保持地方性的财政投入的张力并适时调整地方性的财政投入力度。其中地方财政2014年投入2492万元，2015年投入2904万元，2016年投入954万元，详见表2-3。

表2-3　W区2013—2016年财政性学前教育经费投入情况　　单位：万元

| | 总数 | 中央财政 | 省级财政 | 地方财政 | 其中用于普惠性幼儿园建设的经费（占比） |
|---|---|---|---|---|---|
| 2013年 | 1075 | 521 | 311 | 243 | 635（59.07%） |
| 2014年 | 2710 | 0 | 218 | 2492 | 650（23.99%） |
| 2015年 | 3768 | 0 | 864 | 2904 | 716（19.00%） |
| 2016年 | 2262 | 410 | 898 | 954 | 1076（47.57%） |

此外，在经费使用方面，从表2-4可以看出，财政性学前教育经费主要用于人员经费（含幼儿生均公用经费和教师津贴费用）、园舍标准化建设、教师培训和幼儿园日常运营与维护等方面。其中人员经费在2015—2016年保持在38%左右的稳定性水平值，这将较好地保障幼儿园的正常运转，尤其是保证幼儿教师队伍的稳定；园舍标准化建设的经费主要用于该地区乡镇中心幼儿园的建设，W区积极推进乡镇中心园和附属村级园的建设，2015年改建和扩建3所幼儿园，2016年改建和扩建6所幼儿园。在经费得以支持的前提下，不同地区的幼儿园在园舍条件方面都按照国家规定标准建设，这将最大程度缩小园际在园舍条件方面的差异。除此之外，投入幼儿园日常运行与维护的经费主要用于教学材料的更新与维护、游戏材料与设备的更新与维护、幼儿园办公经费等，2014年和2015年W区在此方面投入的经费占比超过30%，较大程度地改善了辖域内各幼儿园的日常运营条件，提高幼儿园的教学信息化水平和游戏材料化水平，增强了幼儿学习的可玩性和乐玩性，缩小园际在教学资源方面的差异的同时也为保教质量提供了相应的物质保障。

表2-4　W区2013—2016年财政性学前教育经费使用情况

| 总数（万元） | | 财政性学前教育经费占比 | | | | |
|---|---|---|---|---|---|---|
| | | 人员经费 | 园舍标准化建设 | 教师培训 | 幼儿园日常运营与维护 | 其他 |
| 2013年 | 1075 | 19.3% | 61.5% | 0 | 19.2% | 0 |
| 2014年 | 2710 | 57.5% | 4% | 0 | 38.5% | 0 |
| 2015年 | 3768 | 38.2% | 24.32% | 1.46% | 35.94% | 0.08% |
| 2016年 | 2262 | 37.67% | 47.57% | 1.99% | 12.77% | 0 |

2. 加强普惠性幼儿园建设，重视普惠性幼儿园的管理

W区高度重视普惠性幼儿园建设，一方面积极加大普惠性幼儿园工程相关政策精神宣传工作，另一方面积极建立和完善普惠性幼儿园建设的相关管理制度。如《W区普惠性幼儿园管理办法（试行）》《W区普惠性幼儿园评定评分细则》等政策性文件，其内容包括园舍条件、办学条件、普惠性经费、员工待遇、教育质量等方面的指标化管理，还有办园理念、课程开发与设计、课程实施与评价、教学管理等方面的过程化管理。W区大力加强普惠性幼儿园经费的管理和监督，使得每一笔普惠性经费都精准地落到实处，出台《关于进一步规范公办幼儿园财务管理的通知》《关于进一步加强普惠性幼儿园生均公用经费规范管理使用的通知》，该政策客观保障了幼儿园园舍条件、教学设备、校园环境、游戏材料、饮食健康等方面的相对优质性，进而为幼儿在园生活和学习的优质性提供物质载体。此外，W区加强对普惠性幼儿园的保教和保育工作的动态式管理和监督，《幼儿园督导评估考核办法》要求组建地方性的园长督导团，专门对幼儿园的办园过程与办园质量进行监督与指导。高占比的普惠性幼儿园建设工程能够最大程度缩小城乡教育资源的差异。因此，推动普惠性幼儿园建设工程，既是推动和普及学前教育的重要手段，同时也是实现城乡均衡的重要方式。

### （二）加强学前教育专业督导，建立健全区域性专业陪伴服务体系

为加强辖域内学前教育事业的管理和督导工作，特别是为了满足辖域内不同类型幼儿园对专业性知识的现实需求，W区对教育局和教师进修学校进行了资源统筹，把教研支持与督导功能转移给教师进修学校，并在教师进修学校建立相对完备的学前教育教研指导与教学督导制度。W区教师进修学校实行教研员与服务片区“一对一”督导制度，每一位教研员负责一个片区的幼儿园专业指导与教学督查工作。W区对教研员的工作内容与角色定位淡化“督查”，强调提供具有专业性和持续性的指导服务，要求深入幼儿园的常规保教与保育工作进行持续性的观察与跟踪，对幼儿园的日常教学进行全面观察与诊断并提出专业化的指导，建立一种幼儿园发展成长的专业陪伴制度。如某教研员M长期奔走于各幼儿园之间，W区所有幼儿园的发展几乎都有她的影子，并且各幼儿园园长和教师都由衷地信服与信赖她的专业指导。教研员M深入幼儿园的常规保教与保育工作进行持续性的观察与跟踪、指导，积极组织与推动区域性幼儿园办园理念与文化创建、本土游戏开发等主题的同盟联动，如教研员M帮助辖域内的幼儿园确定了“让好习惯在这里生根”“自然的教育，自由的成长”等办园理念，帮助N幼儿园开发了本土游戏滚坦克、挂圆环等。正是这种在专业指导陪伴

下的同盟联动，逐步缩小了W区各幼儿园间在保教过程中的差异，每个幼儿园都在专业办园的轨道上朝着特色化、内涵式方向发展。正是地方教研员的专业陪伴使得辖域内各幼儿园在办园过程中的规范性和科学性得以提升，进而促进保教质量的提升。

### （三）打造区域学前教育共生联盟，促进幼儿教师专业发展

1. 建立与巩固“城镇示范园+乡镇中心园+村级园”牵引辐射机制

为了缩小园际办园质量方面的差异，实现园际优势互补，W区建立了城镇示范园辐射乡镇园和村级园的学区同盟制度。为充分发挥城镇示范园在办园特色与办园质量方面的示范引领作用，W区定期组织乡镇园与村级园的教师进入示范园观摩与学习、挂职与实习，并通过公开课、现场教学与研讨会等方式把示范园的优质经验传播给区域内各幼儿园。值得注意的是，每个幼儿园都可能成为同盟的中心而成为其他幼儿园学习的榜样。如W区辖域内某村级园充分利用地理优势创建了本土游戏爬绳梯、小汽车，成为全区的典型，该幼儿园因此召开现场研讨会吸引其他幼儿园前来参观和学习，也因此引发了各幼儿园本土游戏开发的热潮。

2. 建立与巩固优质园对薄弱园的示范引领机制及结对帮扶机制

为缩小各幼儿园在办学条件与办学过程方面的差异，W区在大力提高普惠性教育资源覆盖率的同时，还积极调动同盟内部的力量来缩小园际差异。在国家“精准扶贫”和“结对子扶贫”的政策理念影响下，W区积极动员区域园所，建立了优质园与薄弱园“一对一”的结对帮扶机制。在结对帮扶过程中，各优质园积极对薄弱园展开办学设施、教学设备、幼儿游戏材料、师资力量等方面的支援，还在办园理念、课程开发、办园文化、园本教研等方面给予专业支持与帮助。如W区某民办园A在与村级园F的结对中，A园把替换下来的塑胶跑道、大型滑梯和各班积累下来的各种各样的游戏材料、学习材料包等都赠送给F园。此外，A园还建立了优秀教师顶岗支教制度，定期外派教师去F园顶岗，把F园的老师引入A园进行代课，使其全方位参与A园的保教与保育活动，在观察、模仿与实践中全方位学习与领悟先进的理念与经验并带回F园，从而增强F园办园过程的规范性，提高保教质量。

3. 建立与巩固村级园依托乡镇中心园的挂靠机制

由于W区海拔高、山地多，W区广大民众呈现“大散居、小聚居”的特点，即在乡镇层面，广大民众居住相对分散，建立一个乡镇中心园不足以满足整个乡镇的幼儿入学需求，而在村级层面，广大民众居住相对集中却没有配套的幼儿园。受“撤点并校”政策的影响，部分村小已经撤并不再具有教学功能。W区借鉴和引用“中心校辐射教学

点”的办学模式，在每一个乡镇建立了中心园辐射村级园，村级园挂靠中心园的管理制度。乡镇中心园与每一个村级园具有行政隶属关系，中心园直接管理村级园的教师资源、办园经费、园舍建设等事项，在保教与保育方面实行全面监督和指导。如W区乡镇中心园B在辐射与引领其四个村级园发展过程中，每个村级园都继承和发展中心园的办园理念，在办园理念、办园模式、课程设计、园本文化创建、教学管理与评价、教师考核等方面都执行同样的标准。中心园园长积极寻求多种资源，逐渐改善村级园的办园条件，同时中心园安排优秀教师在每一个村级园进行顶岗支教，并积极鼓励其开展园本课程与园本游戏的开发，使其有特色有内涵地发展。

### （四）积极发挥内源性活力，践行区域教研项目共生联动机制

W区93%的幼儿园都是普惠性幼儿园，每个普惠性幼儿园都享受同样的经费支持，都按相关规定收取同等标准的保教费和保育费，使得保教质量成为各幼儿园的生存之本。W区确立了规范办园过程，推进园本课程与园本文化开发工程，优先打造村级园亮点工程的发展思路，并得到了各幼儿园的积极响应。在教育主管部门的引领下，在教研员专业服务的陪伴下，该地区有序地开展了各种主题活动，每一个幼儿园都积极参与常态性的课程开发、课程实施、文化创建、校本教研等主题教研活动，各幼儿园都在同盟联动中进行借鉴与学习，把先进的经验内化到自身的办园过程中，实现在模仿学习中进行园本化教研，最终实现质化与超越。如2014年出台的《W区教师进修学校充分开发利用幼儿园本土资源切实提高幼儿园保教质量的指导意见（讨论稿）》引领了辖域内幼儿园通过同盟联动的方式开展本土资源课程化、游戏化、特色化的开发活动，如滚坦克、投挂环、走悬梯等本土化游戏，大大提高了该地区幼儿园课程本土化与特色化、游戏本土化与特色化的水平，使得每一个幼儿园都能够有内涵地自主发展。

自2013年以来，W区大力推行学前教育的持续健康长效发展理念，涌现了大批特色园和优质园。截至2016年，W区具有省级示范园1所，一类园9所，特色村级园7所（如表2-5所示）。研究组对该区的13所幼儿园（其中城区幼儿园4所，镇区幼儿园5所，村级园4所）的保教质量进行了系统调查，发现其在保育事项操作标准化、幼儿在园生活质量、教师教学活动适宜性等方面的差异程度小，这充分说明了W区学前教育发展态势良好，乡镇地区学前教育发展成效显著，区域均衡化程度较高。

表2-5 W区市级示范园和一类园的情况

| | 重庆市级示范园(所) | 重庆市级一类园(所) |
|---|---|---|
| 2013年 | 1 | 4 |
| 2014年 | 1 | 7 |
| 2015年 | 1 | 9 |
| 2016年 | 1 | 9 |

# 第三章

# 学前教育<br>持续健康长效发展的<br>经费保障机制

CHAPTER 3

## 第一节　学前教育经费保障机制的基本理论

### 一、学前教育经费投入机制

#### (一)学前教育经费投入的内涵

教育经费服务于教育目的的实现,是各级政府部门为促进教育事业发展而支出的必要费用,其构成包括两个层面:各级政府层面、社会和个人层面,前者主要是财政预算中用于教育事业的实际费用,后者是社会或个人力量直接投入。[①]因此,学前教育经费是由多方力量为幼教事业发展所支出的费用。财政补助、事业和其他的收入是学前教育发展总的经费来源。在多元化的学前教育经费来源中,学前教育经费的主要来源是三种收入中的财政补助收入,也就是政府的财政性拨款,即通过制定每年的财政预算对学前教育机构、儿童和家庭进行有计划的经费资助。只有政府在公共经费上坚实而稳健地投入,才能有效保障学前教育质量、保证学前教育的发展水平、保护儿童受教育的权利公平。[②]从国际范围看,主要有两种学前教育公共经费投入来源,包括:需求方导向的和供给方导向的。前者投入方式主要是减免学费、发放家庭津贴或者幼儿教育券、带薪育儿假,而后者投入的主要有现金或实物,同时包含税收优惠的方式。[③]财政性学前教育经费投入中的供方经费投入主要是政府对社会专门

①睢国余,麻勇爱.中国教育经费合理配置研究[M].北京:北京大学出版社,2009:57.

②李召存,姜勇,史亚军.国际学前教育公共经费投入方式的比较研究[J].全球教育展望,2009(11):80-85,64.

③李召存,姜勇,史亚军.国际学前教育公共经费投入方式的比较研究[J].全球教育展望,2009(11):80-85,64.

托幼机构的财政投入,需方经费投入则是政府对儿童及其家庭提供补助。[1]政府对学前教育财政投入规模的衡量指标有三个:国家财政性学前教育经费占学前教育经费的比例、占 GDP 的比例、占各级各类财政性教育经费总额的比例,如图 3-1 所示。

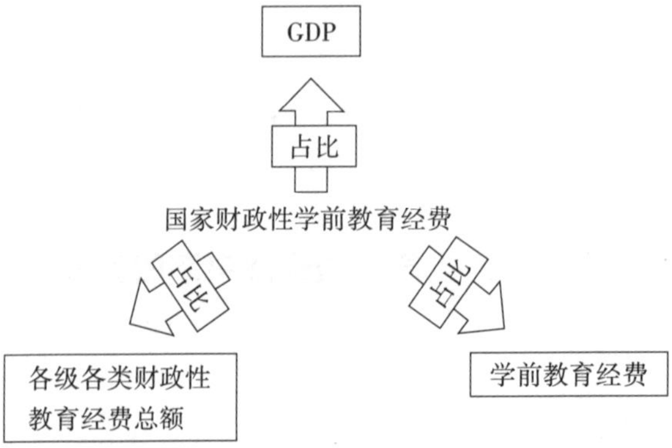


图 3-1 政府对学前教育财政投入规模的衡量指标

本研究中关注的学前教育经费投入主体是县级政府,经费构成是财政性学前教育经费投入和用于学前教育的教育附加费[2],分配主体是教育行政部门,分配方式是自上而下,即一般由财政或税务部门转拨给教育主管部门,然后由教育行政部门根据需要按照一定的比例划出,并把这些经费分配给各个幼儿园和学前教育部门。

### (二)学前教育经费投入的特性

1. 公共性

公共性是一种公有性而非私有性,例如生产的物品中存在的公共产品;公共性是一种共享性而非排他性,表现为所做的决策中公共决策和运作的权力(利)中的公共权力(利);公共性是一种共同性而非差异性,体现在社会公共性领域内活动中的公共主体。[3]斯皮里奇梳理的公共性概念中与教育密切相关的至少有三个层面:一是作为某种活动和空间属性的公共性(publicness),二是作为准则代表了人类普遍权力的公共性(publicity),三是作为国家和市民社会的公共领域(public sphere)的公共性。[4]

《中华人民共和国教育法》明确规定"教育必须符合国家和社会公共利益",即公共性是教育的基本特性,具体表现在以下三个方面:第一,服务对象的广泛性。教育属于公共服务体系,是一种超越个人利益的公共利益之所,教育服务可以被每个社会

①李慧.新西兰财政性学前教育经费投入研究[D].重庆:西南大学,2013:22.

②桂磊.关于财政性学前教育经费在幼儿园之间的分配问题[J].学前教育研究,2004(3):48-50.

③王保树,邱本.经济法与社会公共性论纲[J].法律科学,2000(3):62-74.

④吕苹.论学前教育的公共性[J].教育发展研究,2014(4):30-34,40.

成员消费，是政府提供给全社会成员的最基本的教育服务，[①]而不是仅仅服务少数人或特权阶层。第二，人类价值的共同性。教育的公共性内在于人类共同体的公共性追求和教育的公共性价值之间的深刻关联性。[②]人类得以延续和发展的根源之一就是教育从培育到形成，最后继承、传播、拓展人类公共追求或价值功能的实践活动得以展开。第三，法律法规等的确定性。教育的公共性也得到了法律的确认。《中华人民共和国教育法》和《儿童权利公约》体现了教育面向全体成员的强制性。

学前教育作为基础教育的重要组成部分，其公共性体现在三个层面：第一，“普及”的社会责任和义务。学前教育不是个人或部分人的局部活动，而是以普及为根本目的，面向群体的，深入社区和家庭的社会活动。学前教育面向全体学前儿童，能有效提高人口素质和生活水平；深入社区与家庭，能帮助社区与家庭建立良好的人际关系。教育是从根本上促进城乡融合的重要手段，对推进人类命运共同体的进程具有重要意义。第二，“均衡”的儿童权利保障。学前教育是不具有排他性的公共教育的开端，其均衡发展是对每个孩子获得公平、有质量教育的重要保障。第三，“参与”的社区公共服务职能。社区提供公民公共生活活动空间，作为履行公共服务的基层公共生活载体，需要最基础的教育和医疗服务的共同参与，是实现公共服务职能的重要场所。[③]进入现代社会，学前教育不仅是家庭或幼儿园的职责，更是社区公共生活的纽带和重要内容，是培养现代社会合格公民的重要途径。因此，学前教育在现代新型社区的建构中发挥着公共服务的重要职能。

学前教育经费投入的根本目的就是促进学前教育长效、健康、快速发展。学前教育属于准公共产品的范畴，其公共性决定了学前教育经费投入的公共性。学前教育经费的公共性意味着投入权不能完全下放给市场，否则市场的利益性将使公共性随之消失。从国家利益的视角出发，承认学前教育具有多元的社会价值，将发展学前教育的行动计划上升到国家层面，通过公共财政投入予以推行。[④]

2. 长效性

从投入的效益角度分析，学前教育经费投入具有长效性，对人的成长发展的作用表现出隐藏其中、见效缓慢的特点。学前教育经费投入的效益表现有两个特性。第一，间接隐蔽性。学前教育投入的效益主要体现在为个体全面发展打下良好基础的

①[日]筑波大学教育学研究会.现代教育学基础[M].2版.钟启泉，译.上海：上海教育出版社，2003：214.

②邵泽斌.从“义务教育是公共物品”到“公共物品实行义务教育”——对教育公共性的一种教育学辩护[J].广西师范大学学报(哲学社会科学版)，2010(3)：10-13.

③吕苹.论学前教育的公共性[J].教育发展研究，2014(4)：30-34，40.

④柳倩，钱雨.国际学前教育公共投入的国家行动计划比较研究[J].全球教育展望，2009(11)：73-79.

基础性，体现在为人口素质提高奠定基础的个体效益和社会效益，与生产领域的投资不同的是并不直接体现为可量、可比的经济效益，无法直接获得产品的增值或收益，而是通过成人之后，其与物质生产相结合的过程以及参与社会生活，为社会带来良好的社会效益和经济效益等间接反映出来，所以难被公众和社会所认识。第二，长期滞后性。学前教育经费投入效果的最终显现不像物质生产领域的投入，从投资到获得收益是在一个相对较短的周期内，它是一个长期的过程，需要个体完成全部教育，走上社会之后，才能产生效益。

3.生产和消费的双重性

马克思将教育看作是享受性和发展性的消费活动，而我国消费经济学的创始人尹世杰认为"文化教育是第一消费力"，从而把属于精神性消费的教育列为消费部门，是社会总消费的重要组成部分。学前教育经费投入是对人力、物力和财力的大量消耗，其中国家、社会、企业对学前教育的经费投入属于生产消费范围，家庭对学前教育的经费投入属于生活消费范围，主要用于购买学前教育服务，显而易见，学前教育经费投入具有消费性。同时，其消费性决定了学前教育经费的投入以增强学前教育的供给能力为前提，以满足社会和个人的需求为目的，以适应经济发展水平以及国家和个人的消费能力为准则，合理确定学前教育的发展速度和规模。

教育的生产属性决定了学前教育经费投入的生产性。马克思认为教育是"直接把劳动能力本身生产、训练、发展、维持、再生产出来的劳动"，①因此，教育投入的作用包含培养和提高劳动力质量，间接促进生产发展。学前教育对提升劳动者能力的作用是显而易见的，一个接受过良好学前教育的人，良好素质的养成和良好习惯的培养是其受学前教育的影响成果之一，对未来生产技能的提高有明显促进作用。因此，生产性也是学前教育经费投入的明显特性，是学前教育投入的潜在价值的体现。

### （三）学前教育经费投入的原则

原则，是指带有本源性、概括性和普适性的准则。通过对上述学前教育经费投入的公共性、长效性、生产和消费双重性的特性分析，基于学前教育的属性，概括出以下几个原则：

1.公平原则

当前我国城乡之间享有的资源存在显著差异，同时不同区域或群体之间在资源

①中共中央马克思恩格斯列宁斯大林著作编译局.马克思恩格斯全集第二十六卷·第一册[M].北京：人民出版社，1972：164.

的享有上也存在显著差异。教育资源的合理配置是教育公平的重要保障。学前教育经费投入应该规范财政支出,保证待遇相等、资源平等,缩小区域之间因经济发展水平的差异而导致的学前教育发展方面的差距,更多地从人权基本保障、经济发展和社会公平的角度,完善财政支出的方向、标准和程序,确保向所有社会成员平等、公正地提供学前教育公共服务。

2.公开原则

学前教育经费投入主体是国家各级政府部门,是属于政府财政收支行为内容中的重要部分,而其信息公开是属于财政公开的范畴,更是政府信息公开内容中的组成部分,所以公开于社会和公众正是学前教育经费投入的必然要求。遵循公开原则是国家财政公开、信息公开程度的重要展现窗口,是保障公民权利的重要途径,在保障公众对公共事务和与个人利益相关的信息的知情权基础上,行使参与权,全面、有效发挥公众的监督职能,有效保护公民在学前教育方面的利益,使政府的财政行为受到约束。同时,学前教育经费投入的信息公开能够更好地发挥政府公共管理职能,即在充分供给信息下,与社会主体良性互动,使政府对学前教育的经费投入更加符合公众的需求,资金的效益才能得到最大限度的发挥。

3.法定原则

在学前教育经费投入职责划分上,政府的职责主要是如何管钱和如何花钱。但是政府对学前教育经费的投入,例如投入多少、投向哪里、如何投入等问题,都必须规范在法律授权范围中,对政府财政支出方面的行为进行规范和约束,按照法定程序确定的预算进行,接受法律监督。我国学前教育的财政投入总量占财政支出的比例一直低于世界平均水平,其原因之一就是缺少法律的规定,使得对学前教育的经费投入缺少稳定性和确定性。因此,对学前教育经费投入立法迫在眉睫,用以将政府行为的着眼点限定在公众普遍的、共同的利益上,弥补政府失灵。

同时,在市场或私人提供学前教育产品的行为上,其准入准则和监管原则都应该有相关法律规范。不仅可以确保良好投入秩序,同时可以保护投入者和受教育者的利益,体现逐利性和公益性的有效结合,使学前教育经费投入更加凸显公共利益性。

## 二、学前教育成本分担机制

### (一)学前教育成本的内涵、构成和成本核算

1.学前教育成本的内涵

成本,既属于一个经济学概念,又包含了管理学的相关要义。教育成本的概念在最初就引申于经济学的概念,对其认识大致分为成本耗费观和成本支出观两派。受教育者必然付出相应的支出才能享受教育服务;教育服务的提供者在提供服务的同时,必然对资源有一定的消耗,产生教育成本。

(1)教育成本

教育成本并没有一个统一不变的概念。1958年,约翰·维泽把教育成本等同于教育经费,1962年,他又主张教育成本应该包括教育经费和间接成本两个部分。[①]王善边认为,教育成本是用于培养学生所消耗的教育资源的价值,或者说是以货币形式表现的、培养学生所需的、由社会和受教育者个人或家庭直接或间接支付的全部费用。[②]从研究者对教育成本内涵的界定分析可以发现,教育成本的构成为以货币形态表现的直接成本和社会、受教育者个人间接支付的间接成本。前者支付主体由社会和家庭、受教育者个人构成。成本构成为各级政府通过财政支付的教育费用,社会团体和个人通过集资、捐赠方式支付的教育费用,以及受教育者为接受教育而直接支付的教育费用。间接成本的支付主体为社会和受教育者个人,成本构成为:社会间接成本和个人间接成本。教育的社会间接成本包括用于教育的土地、建筑物、设备等若不用于教育而用于其他领域可能获得的利息、租金收入等,或者是因为用于教育而免除的税收,也包括达到法定劳动年龄的学生若不上学而去就业使国家可能获得的收入、利息等。教育的个人间接成本是指达到法定劳动年龄的学生因上学而未就业可能放弃的收入。间接成本又被称为机会成本。[③]

(2)学前教育成本

从教育成本的梳理中可以看出,学前教育成本,即学前教育机构在学前儿童受教育活动中所耗费的物化劳动和人力劳动的价值总和,包括间接成本和直接成本两部

①范先佐.教育财务与成本管理[M].上海:华东师范大学出版社,2004:178.

②袁连生.教育成本计量探讨[M].北京:北京师范大学出版社,2000:12.

③王海英.学前教育成本内涵、直接成本核算要素及其影响因素探析[J].幼儿教育(教育科学),2013(6):6-27.

分。[1]前者主要关注社会间接成本,即幼儿园所使用的土地、建筑物、设备等不用于教育而用于其他领域可能获得的利息、租金收入等。后者包括社会直接成本和个人直接成本两部分。通常情况下,学前教育成本核算时因为教育活动是非典型的生产活动,投入为消费性投入,不以获取直接经济利益为目的,同时间接成本也难以计量,所以往往不考虑学前教育的间接成本,只计量学前教育的直接成本。

2.学前教育成本的构成

学前教育成本的构成可分为两个部分:直接成本和间接成本。学前教育的直接成本包括人员经费支出、公共经费支出和基本建设支出。政府为了提供学前教育服务,家庭和社会为了享受学前教育服务,必定会进行相应的投资,而这些用于学前教育的投资如果用于其他领域也会产生相应的价值,为了提供和享受学前教育服务所必须舍弃的相应投资的最大价值就是学前教育的机会成本,也是我们所说的学前教育的间接成本。由于学前儿童没有劳动能力,学前教育的间接成本主要是指社会间接成本,忽略个人间接成本。

(1)直接成本构成

学前教育的直接成本主要体现在幼儿园的各种支出方面,其主要由三部分构成:第一,幼儿园的人员经费支出。支付对象是幼儿园的教职工,支出构成为基本工资、绩效工资及奖金、津贴。第二,公共经费支出。主要用于除教职工工资外,幼儿园日常运行所需的其他费用,例如幼儿园业务运作所需费用或者公务所需费用。第三,基本建设支出。基本建设支出是指基本建设范围内的基本建设有偿使用、拨款、资金支持,经国家批准的对专项和政策性基建的投资贷款,以及各部门在基本建设投资额中统筹支付的贴息支出。[2]这部分成本在核算时通常用固定资产折旧计算。

(2)间接成本构成

学前教育间接成本主要指学前教育的社会间接成本,主要是将投资于学前教育的园所、土地等投资于其他领域所获得的利息、租金收入等。在实际的学前教育成本核算中,学前教育的间接成本很少被列入核算范围内。

①王海英.学前教育成本内涵、直接成本核算要素及其影响因素探析[J].幼儿教育(教育科学),2013(6):6-9,27.

②王海英.学前教育成本内涵、直接成本核算要素及其影响因素探析[J].幼儿教育(教育科学),2013(9):6-9,27.

3.学前教育的成本核算

(1)学前教育成本核算的主要方法

在理论研究和实践中,袁连生提出的统计调查法、会计调整法、会计核算法三种教育成本计量方法得到普遍认可。统计调查法是利用现有的教育经费统计资料或抽样调查获得的资料,经过适当调整后获取学生培养成本数据的方法;会计调整法是利用学校现有收付实现制基础上的会计资料,按成本计算原则进行调整,将教育经费支出数据转换成学生培养成本数据的方法;会计核算法是根据成本会计的基本理论和基本技术,利用会计系统,通过设置、登记账簿,记录教育资源的耗费,计算培养成本的方法。①分析上述定义发现,利用统计调查法容易获得宏观层面的学前教育成本信息,但是如果无法甄别处理具体成本项目,计算出的成本数据将会不准确;会计调整法是一种相对准确的方法,但该方法的缺点是计算工作量大、无法大规模应用,只适合对少量幼儿园进行成本核算;会计核算法是最为系统、准确的方法,但其前提是国家建立统一的幼儿园成本核算制度。在我国尚未建立幼儿园成本核算制度的情况下,结合统计调查和会计调整两种方法,按照成本计量的原则,通过调整现有经费统计和会计资料来计量学前教育成本,是较为现实可行的方法。

(2)学前教育成本核算的基本原则

目前,学前教育机构通常为非营利性组织。在学前教育成本核算时,除按照2013年我国颁布实施的《事业单位会计准则》规定,遵循客观性、可比性(口径一致)、明晰性等一般原则外,还要参考《企业会计准则——基本准则》。

第一,权责发生制原则。权责发生制又称“应计制”“应收应付制”,确定本期收入和费用以应收应付作为标准的一种会计处理方法。②也就是说,不论款项是否收到或付出,只要在核算期内发生就会计入本期收入或费用。

第二,相关性原则。计入学前教育成本的前提是支出项目必须与收益项目相关。例如,与幼儿园保育教育服务无关的费用就不能计入成本,包括幼儿补助费、员工离休费等。

第三,区分收益性支出与资本性支出的原则。③收益性支出是指为了取得本期收益的支出,如学前教育机构当年支付的教职工工资、水电费、暖气费等。资本性支出是指受益期超过了一年或者一个产品生产周期的成本,如幼儿园的大型修缮费,虽然

①袁连生,王善迈,崔邦焱.高等学校学生培养成本计量的案例研究[J].教育研究,2005(6):6-12.
②于光远.经济大辞典[M].上海:上海辞书出版社,1991:657.
③袁连生.教育成本计量探讨[M].北京:北京师范大学出版社,2000:56.

属于当年支出，但是幼儿园多年受益。在学前教育成本核算时，收益性支出计入当年成本，资本性支出按受益年数，平均分摊到每个年度。

### （二）学前教育成本分担的内涵、主体和基本原则

1.学前教育成本分担的内涵

成本分担理论主要来自经济学家布鲁斯·约翰斯通提出的“高等教育成本分担”理论。他认为教育是一种有投资、有收益的活动，能够满足多个主体的需要，其受益人主要包括国家、受教育者个人、纳税人等。他主张高等教育全部成本主要由政府或纳税人、家长、学生、捐赠人四方承担。[①]将布鲁斯·约翰斯通的成本分担理论引入学前教育，学前教育成本分担就可以理解为学前教育的受益者对成本的分担，即将一个幼儿在园耗费的成本合理分担为政府、社会和家庭。

2.学前教育成本分担的主体

《国务院关于当前发展学前教育的若干意见》中提出“办好学前教育，关系亿万儿童的健康成长，关系千家万户的切身利益，关系国家和民族的未来”，用三个“关系”规划了在发展学前教育中的责任主体：政府、家庭和社会，所以根据经济学“谁受益，谁分担”的原则，学前教育的成本由政府、家庭、社会三方共担。

（1）政府

政府分担就是政府在学前教育中财政投入责任的实现。这里的政府分担是从中央到地方到部门的全面分担。政府责任边界的清晰、政府上下关系的和谐是政府能够履行学前教育成本分担责任的重要前提和保障。

（2）家庭

家庭作为重要的受益主体，自然承担着成本分担的责任。我国学前教育发展进程中，家庭其实一直承担着成本分担的责任，因为学前教育没有实行过完全免费。只是家庭的分担比例会因不同历史时期政府投入的变化而发生变化。

（3）社会

社会有责任和义务支持学前教育发展，特别是工商企业作为直接受益者和教育成果的直接享用者，更应成为教育成本的分担主体。社会作为受益者，其受益具有隐蔽性和缓慢性的特点。社会主要通过社会捐赠和直接投入对学前教育成本进行分担。社会捐赠主要是指学前教育实业所获得的社会各方的自愿捐赠。直接投入则是

---

①[美]布鲁斯·约翰斯通，帕玛拉·马库齐.高等教育财政：国际视野中的成本分担[M].武汉：华中科技大学出版社，2014：77.

自然人或法人实体直接开办、投资学前教育，或者是以第三方的角色介入幼儿园的管理和评价。

3.学前教育成本分担的基本原则

学前教育成本分担的理论基础是从高等教育成本分担而来，高等教育在成本分担原则上主要遵循受益原则和公平原则。学前教育的性质和作用比较特殊，它作为终身教育的起点，它的公平关乎教育的起点公平问题。因此，在进行学前教育的成本分担时必须综合考虑收益结构原则、支付能力原则和弱势补偿原则。

(1)收益结构原则

收益结构原则是指按照学前教育各成本分担主体的收益比来确定各自分担的比例和数额。简单来说，就是谁收益、谁承担，收益多、多承担，收益少、少承担，这是市场经济条件下的经济公平的内在客观要求。①学前教育作为一种准公共产品，具有公共产品的特征。学前教育的正外部效应明显，学前教育同时兼有社会收益和个人收益，学前教育的成本分担一定要遵守收益结构原则。根据投资收益对称原则，政府应该承担大部分学前教育成本。

(2)支付能力原则

学前教育的成本分担以货币为最终形式体现，各自的财力是各分担主体的学前教育成本分担能力的前提或基础。政府的财力主要表现为税费等一般财政收入和基金收益；家庭的财力主要表现为家庭的年收入。在既定的经济发展水平下，社会财富总量是一定的。支付能力原则就是学前教育成本分担的数额和比例与分担能力成正相关，即能力强多分担，反之亦然。在进行学前教育成本分担的时候，应充分考虑成本分担主体的分担能力，制订学前教育成本分担的比例。

(3)弱势补偿原则

学前教育作为教育的起点，它的公平问题关乎整个教育公平。政府作为发展学前教育的责任主体，应该将弱势群体作为政府促进学前教育公平的着力点，特别关注和解决处境不利儿童的学前教育问题，在学前教育成本分担中遵循弱势补偿原则，使处境不利的儿童也能平等地接受学前教育。

①王序坤.教育成本的分担原则及其选择[J].教育发展研究，1999(5):57-60.

## 第二节　学前教育经费保障机制的现实考察

学前教育是新时期中国教育发展最快的一部分，也是当前中国教育最大的短板之一。2017年适龄儿童的毛入园率达到79.6%，单纯从毛入园率来看，达到中高收入国家的平均水平。教育部部长陈宝生表示中国在幼儿教育发展方面也面临巨大挑战，幼儿教育发展不平衡、不充分，充分反映出幼儿教育市场方面供求关系的巨大变化，人们育儿行为和观念的巨大变化，这种挑战是革命性的。以毛入园率79.6%举例说，既要继续解决有没有的问题，更要下大力气解决好不好的问题。同时，陈宝生认为，普惠性幼儿园不足，财政保障和成本分担机制没有建立起来，保教人员数量不足、水平不高等问题，都是下一步要解决的。可见，学前教育财政经费保障及建立合理的学前教育经费分担机制是我国学前教育事业发展的重要任务之一。

充足的经费投入是学前教育事业发展的重要保障。进入新世纪以来，我国政府加大了对学前教育的经费投入，2000年全国财政预算内学前教育经费支出总额为28.86亿元，约占全国预算内教育经费支出总量的1.38%，到2013年全国财政预算内学前教育经费支出总额增长至675.54亿元，约为2000年的23.4倍，约占全国预算内教育经费支出总量的3.42%，可见政府预算内学前教育经费无论是绝对投入量还是相对投入量都呈现出大幅度增长趋势。

2011年以来，随着《关于加大财政投入支持学前教育发展的通知》的落实及“学前教育三年行动计划”的实施，我国学前教育事业开始蓬勃发展。但学前教育经费短缺依然是制约学前教育发展的主要瓶颈，构建合理的学前教育成本分担机制已迫在眉睫。实际上，目前我国政府对学前教育的投资力度仍然不足，家庭承担了很大一部分学前教育成本，幼儿的“入园难、入园贵”问题已转化为“入公办园难、入好园贵”问题。

### 一、我国学前教育经费投入的内涵

成本原是经济学的概念，后来被逐渐应用到教育领域。教育成本主要包括以下两层含义：一是指国家用于教育过程的一切直接和间接劳动（活劳动和物化劳动）消耗的总和；二是指培养每一个学生消耗的全部费用，即单位产出的消耗量。因此，学前教育成本可以定义为幼儿在幼儿园的学习期间内所消耗的价值总和①,即一定学习期间内培养幼儿所需要的各种资源耗费,包括教育机会成本、教育变动成本和教育固定成本。

教育成本分担理论最早由美国的学者布鲁斯·约翰斯通提出,起初应用于高等教育领域。布鲁斯·约翰斯通认为,教育是一种有投资、有收益的活动,能够满足多个主体的需要,其受益人主要包括国家、受教育者个人、纳税人、企业、家庭、学校。这些主体应根据所获利益的多少来分担相应的教育费用比例,同时还要考虑主体的支付能力。②因而,教育成本分担指的是教育费用在各个受益主体之间的分摊。而教育成本分担的主体是谁、每个主体各自分担的比例是多少、各主体采用何种方式分担等是教育成本分担的三个关键问题。

对于上述问题,我国多个政策文本均有所涉及。如2010年出台的《国家中长期教育改革和发展规划纲要(2010—2020年)》曾明确提出:“学前教育建立政府投入、社会举办者投入、家庭合理负担的投入机制。”“对家庭经济困难幼儿入园给予补助。”《国务院关于当前发展学前教育的若干意见》进一步提出:“发展学前教育,必须坚持公益性和普惠性,努力构建覆盖城乡、布局合理的学前教育公共服务体系,保障适龄儿童接受基本的、有质量的学前教育;必须坚持政府主导,社会参与,公办民办并举,落实各级政府责任,充分调动各方面积极性。”从中可见,学前教育成本分担的主体为政府、家庭及社会三方,且政府是学前教育成本最主要的分担者。此外,如同高等教育一样,学前教育在成本分担中亦遵循收益结构原则与支付能力原则,即受益多者多支付,受益少者少支付;能力强者多支付,能力弱者少支付。但鉴于学前教育具有极强的公益性与普惠性,弱势补偿原则是学前教育成本分担中应遵循的另一个基本原则。

## 二、我国学前教育成本分担的现状分析

### (一)政府的财政投入规模偏小,且成本分担比例偏低

客观地说,近二十年来的教育改革实践显著提高了教育效率,然而大量的浪费、低效仍存在于不多的学前教育资源使用中。我国学前教育的经费长期处于严重不足的状态,在整个教育经费中学前教育经费的占比过低。虽然教育经费拨款逐年增加,

①王彬.广州市幼儿教育成本与收费标准的实证研究[D].广州:华南师范大学,2004:10.

②王彩凤.教育公平视阈下学前教育成本分担的合理性分析[J].学前教育研究,2013(11):50-53.

但长期以来学前教育经费始终保持在教育总经费1.3%左右的水平，总量仍严重不足。[①]直到2010年之后，我国开始加大学前教育的经费投入，这一状况才有所改善。到了2011年，我国学前教育经费占教育总经费的比例达到了4.27%，有了较大幅度的提高。[②]

“八五”期间，我国学前教育事业快速发展，1995年幼儿入园人数为2711万人，是1985年的2.34倍，达到历史最高水平。但是从1996年开始，我国幼儿在园人数逐年减少，幼儿园数、学前班数在2001年出现大幅度减少。

“九五”期间，农村入园率低，在园幼儿数减少情况最严重。我国“九五”期间幼教事业发展的目标是：2000年全国学前三年幼儿入园率达到45%以上，农村学前一年入园率达到60%以上。与同年段农村小学一年级学生数比较，农村幼儿入园人数减幅远远大于人口下降幅度。这说明了农村发展学前教育的艰难性与紧迫性。

虽然在“九五”期间，教育部门办园和民办园有所增加，但是2006年的数据显示，全国幼儿中入园数仅为2179万人，入园率仅为36.3%。[③]2007年幼儿园总数比2000年减少了近30%，由2000年的17.6万人降到了12.9万人，其中幼儿园总数中近60%为社会力量办园。[④]而到2012年我国幼儿园总数达到了16.67万所，其中民办幼儿园就有11.54万所，占全国总园数的69.20%，与2010年相比，新增加幼儿园中有80.64%为民办幼儿园。[⑤]同时，按照联合国教科文组织《全民教育全球监测报告》公布的数字，2006年发达国家学前教育平均毛入园率为79%，转型期国家学前教育毛入园率为62%[⑥]，而我国2014年底，全国学前教育毛入园率为70.5%[⑦]，也就是说，我国学前教育平均毛入园率在2014年时仍低于发达国家在2006年时的水平。

2011年第一轮“学前教育三年行动计划”的实施使财政性学前教育投入驶入超车道。《中国教育经费统计年鉴》数据显示，在2010年，即第一轮“学前教育三年行动计划”实施前，学前教育财政性投入总额为244.35亿元，2012年国家学前教育财政性经费投入上涨到748亿元，比2008年增长了5倍，而在2001—2010年的10年间，学前教育财政性投入从36.39亿元增长到了244.35亿元，十年间增加了近6倍，增加了200多亿元。（见表3-1）。

①顾微微，姚静．农村学前教育发展中的政府责任研究[J]．教育评论，2014(6)：42-45.

②邬平川．学前教育投入的财政法保障研究[D]．合肥：安徽大学，2014：75.

③郭巧丽．幼儿教育发展中的政府财政投入问题研究[D]．长春：东北师范大学，2009：1.

④高云霞．幼儿园教育成本与收费改革的调查研究：以C地区为例[D]．长沙：湖南师范大学，2014：4.

⑤曹莹．发展学前教育的财政政策研究：以济南市为例[D]．济南：山东大学，2013：1.

⑥王敬．我国幼儿教育财政投入优化研究[D]．北京：首都经济贸易大学，2012：1.

⑦《中国教育年鉴》编辑部．中国教育年鉴2015[M]．北京：人民教育出版社，2015：219.

表3-1　2008-2013年我国幼儿园教育经费投入状况

| 年份 | 学前教育经费总额（亿元） | 财政性学前教育经费 | | | | 社会捐赠（亿元） | 学杂费（亿元） |
|---|---|---|---|---|---|---|---|
| | | 总额（亿元） | 占学前教育经费的比重(%) | 占GDP的比重(%) | 占总财政性教育经费的比重(%) | | |
| 2008 | 198.84 | 132.94 | 66.86 | 0.04 | 1.27 | 1.45 | 48.92 |
| 2009 | 244.79 | 166.27 | 67.92 | 0.05 | 1.36 | 1.84 | 63.57 |
| 2010 | 728.01 | 244.35 | 33.56 | 0.06 | 1.67 | 5.02 | 384.20 |
| 2011 | 1018.58 | 415.70 | 40.81 | 0.09 | 2.24 | 5.01 | 492.73 |

数据来源：根据《中国教育经费统计年鉴》(2009—2012)各相关年度数据整理计算而来。

首先，国家财政性学前教育经费占GDP的比例偏低。如表3-1所示：2008—2013年，我国幼儿园的财政性教育经费由2008年的132.94亿元增长至2013年的862.37亿元，呈逐年增长态势。但其占GDP的比例最高仅达到0.15%，远远未达到20世纪90年代欧盟委员会保育协作组织提出的1%的目标，而OECD国家这一比例的平均值早在2008年就已达到0.52%。与此同时，我国还远远低于巴西（0.4%）、墨西哥（0.7%）等发展中国家[①]。

其次，国家财政性学前教育经费占总财政性教育经费的比重偏低。财政性学前教育投入额虽高速增长，但与其他教育层次的财政性投入水平相比仍然处于短板。如表2-1所示：2008—2013年，我国幼儿园财政性教育经费占各级各类财政性教育经费总额的比例逐年上升，至2013年已达到3. 52%。但当年幼儿园的在园人数却到了各级各类学校在校生总和的11. 3%，意味着国家用不到4%的教育财政投入负担11. 3%的在校学生教育费用。而同期普通小学、普通中学、普通高校的占比却分别为31. 21%、30. 14%和19. 6%。

此外，生均幼儿财政性教育经费仍偏低。2013年财政性学前教育投入为862.37亿元，生均幼儿财政性教育经费为2128元，同期农村小学、普通小学、农村初中、普通初中的生均财政性教育经费为6855元、6902元、9196元、9258元。幼儿生均财政性教育经费仅为义务教育、普通高中、中等职业学校和普通高等学校生均财政性经费的23.57%、25.19%、24.22%和13.31%（见表3-2）。

①张萌. OECD国家学前教育财政投入水平及其国际比较[D]. 南京：南京师范大学，2013：14.

表3-2　2013年教育经费总投入与国家财政新教育经费在各级各类教育中的分配

| 各类教育 | 生均财政性教育经费（元） | 占教育经费总投入分配(%)① | 国家财政性教育经费(%)② | ②-①(%) |
|---|---|---|---|---|
| 幼儿园 | 2128 | 5.79 | 3.52 | -2.27 |
| 义务教育 | 16160 | 43.48 | 51.52 | 8.04 |
| 普通高中 | 8448 | 10.63 | 10.21 | -0.42 |
| 中等职业学校 | 8785 | 6.65 | 7.02 | 0.37 |
| 高等职业学校 | - | 4.78 | 3.36 | -1.42 |
| 普通高等学校 | 15992 | 21.48 | 16.22 | -5.26 |
| 其他类教育 | - | 7.26 | 8.14 | 0.88 |

数据来源：根据《中国教育经费统计年鉴》(2014)相关数据整理计算而来。

同时，各级各类教育经费投入结构与财政性经费投入结构之差，可从另一角度验证政府在学前教育上的投入不足。从表3-2可以看出，幼儿园、普通高中、高等职业学校和普通本科学校享有的经费投入比例高于其享有的财政性经费比例。这表明在这些教育层次的经费来源中，对非财政性资金(主要是个人学费)的依赖程度要高于全国平均水平。其中，普通本科学校的总投入对国家财政性教育经费的依赖程度最低，紧跟其后的是学前教育。换句话说，除普通本科学校外，学费在学前教育总投入上的贡献程度是所有教育层次中最高的。

增加财政性学前教育投入是解决“入公办园难、入好园贵”问题的根本途径。加大公办幼儿园的建设力度[①]，把企事业单位办园和集体办园全部纳入教育部门公办园的建设和管理，进一步提高学前教育公共服务的公益普惠程度；加大公办园生均财政拨款标准，财政核定幼儿园的运行成本；同时，财政完善普惠性民办园的扶持办法。而这些均需加大财政性学前教育投入力度。

需要指出的是，上述提及的需要加大的财政性学前教育投入是假定幼儿数量基本稳定，并不适用于在园幼儿数量大幅变化的情况。而目前我国学前教育事业即将面临此巨大挑战。2016年1月1日起实施的《中华人民共和国人口与计划生育法》将“提倡一对夫妻生育一个子女”政策调整为“提倡一对夫妻生育两个子女”政策。“全面

① 2015年11月发布的《〈国家中长期教育改革和发展规划纲要(2010—2020年)〉中期评估学前教育专题报告》。数据显示，2014年，教育部门办的幼儿园，所占比例才刚刚超过一半。据世界银行的一项研究发现，绝大多数的民办幼儿园，无法达到最低质量标准。

二孩”政策的实施将对教育特别是学前教育政策带来很大挑战。据教育部门预测，“全面二孩”政策实施后，全国每年将新增幼儿300多万人，按照现在的学制，3年将增加幼儿900多万人[①]，相当于2014年幼儿园在园幼儿数的22%左右(2014年我国幼儿园在园幼儿数为4050.7万人)。要保证这些新增幼儿的学前教育需求，需要在补足财政性学前教育经费投入短板的基础上，至少额外增加22%的经费投入(此处的22%经费仅是日常经费，并没有考虑幼儿园建造所需的资本性投入)。尽管“全面二孩”政策带动的教育需求具有滞后性，但客观现实要求教育部门应提前规划布局，以应对未来的学前教育压力。

不仅如此，从我国城、镇、村学前教育发展水平的差异上可以看出，学前教育投资的结构性问题仍然存在。

在这不多的学前教育经费中，又存在着严重的结构性问题：学前教育在不同的地方、不同的群体中，发展的程度严重不同，不仅存在城市与农村间，沿海地方与内地间，还存在于不同层次的家长间，学前教育发展不均衡。长期以来，学前教育的发展重城市，轻农村；重公立园，轻私立园；重强势群体，轻弱势群体。

在这不多的学前教育经费中，又涉及效率和公平的问题：长期以来，我国“效率优先”发展，对教育公平重视程度不够，教育公平没有成为教育公共政策的基本价值。各种名义的“市场化”改革在很大程度上损害了教育的公共性、公益性和公平性，更使学前教育的城乡差距、地区差距和阶层差距不断加大。

相关资料显示，发达国家学前教育经费占同级财政性教育经费比例的平均值达到或已超过了7%，特别是与我国国情较为接近的巴西、墨西哥、蒙古等发展中国家，占同级财政性教育经费比例均达到或超过了8%，其中巴西为8%，墨西哥为8.9%，蒙古更是达到了18%。[②]可见，目前我国政府的财政投入偏重义务教育，学前教育阶段在整个教育系统中不被政府所重视，政府对学前教育的财政投入程度不够，致使其投入经费明显偏低。

与此同时，国家财政性学前教育经费占学前教育经费总量的比例偏低。如表3-1所示：2008—2013年幼儿园教育经费总额保持增长趋势，其中学杂费年均增长率为72.89%，而期间幼儿园财政性学前教育经费的年均增长率高达45.35%，但仍低于学杂费涨幅。这表明财政性学前教育经费并非学前教育经费增长的主推力，学前教育经费主要增长原因源于家庭投入的不断增加，本该由政府层面承担的学前教育公共责

①虽“全面二孩”政策实施所带来的学龄人口增长，可能没有预期的多，但增长是一个必然趋势。

②庞丽娟.学前教育经费占同级财政性教育经费比例应不低于7%[N].人民政协报，2011-03-02.

任转嫁到了家庭层面。

数据显示，2013年OECD国家财政性学前教育经费占学前教育经费比例的平均值就已达到77. 55%，其中欧盟国家的平均水平达到了80% 。而我国虽然从2010年起这一占比有所回升，但在2013年也仅达到49. 05%。

可见，为维护学前教育的公益性和普惠性①，未来我国学前教育普及和发展过程中，政府需要担负起更大的责任，不断加大对学前教育投入力度，逐渐提高学前教育财政性投入的比例。

### (二)作为学前教育投入主体的县级政府供给能力不足

从以上分析可以看到，未来学前教育的健康发展对财政性学前教育投入提出了较高要求，但是，作为财政性学前教育经费投入主体的县级政府的收入增速不容乐观。而调研数据也同时显示，县级地方财政学前教育经费投入严重不足，以Y县为例，2014年该县地方财政学前教育经费投入仅占学前教育经费来源的0.24%，2015年这一比例有所提升，但也仅占比1.25%。

表3-3　Y县学前教育经费来源

| | 2013年 | | 2014年 | | 2015年 | |
|---|---|---|---|---|---|---|
| | 数量 | 占比 | 数量 | 占比 | 数量 | 占比 |
| 总数 | 5701.30 | 100 | 6872.3 | 100 | 8518.29 | 100 |
| 中央财政 | 520 | 9.12 | 1314 | 19.12 | 684 | 8.03 |
| 市财政 | 1574 | 27.61 | 740 | 10.77 | 2092 | 24.56 |
| 地方财政 | – | – | 16.68 | 0.24 | 106.62 | 1.25 |
| 其他(学前教育保育教育费) | 3607.30 | 63.27 | 4801.62 | 69.87 | 5635.67 | 66.16 |

注：表中数据“数量”栏单位为万元，“占比”栏单位为%。

国家统计局数据显示：2019年国家一般公共预算收入达到19万亿元，比2018年增长5.6%，地方财政一般预算收入为101076.82亿元，比上年增长3.2%。地方财政一般预算收入的增幅小于国家一般公共预算收入，地方财政收紧。这对财政性学前教育投入主体——县级政府来说无疑是雪上加霜。

①邬平川.我国学前教育投入的政府责任探究[J].教育学报，2014(3)：94-99.

### (三)家庭承担大部分学前教育成本

学前教育是兼顾公共产品与私人产品属性的准公共产品,但由于其公共收益率远大于私人收益率,因而学前教育在性质上更加接近于公共产品。若家庭分担的成本比例偏高,则明显有违其公益性。而同时伴随着政府分担比例的滑落,家庭的分担比例必然会有所提升。2010年是具有分水岭意义的一年,在这以前家庭分担学前教育成本的比例均低30%①,到了2010年,这一比例攀升至53.45%,达到历史最高水平。其后呈下滑趋势,但到2013年最低水平仍然达到43.9%。据计算,2008—2013年,家庭年均负担学前教育成本的比例为39.32%。而同期家庭对普通小学、普通中学教育成本的年均分担比例分别为2%、7.54%,即使是更加接近于私人产品的高等教育,家庭年均负担成本的比例仅为31.85%,相对于国内其他教育阶段,家庭负担学前教育成本的比例明显偏高。②以Y县为例,2013—2015年,该县其他学前教育经费来源(保育教育费)主要是家庭,即家庭层面承担比例均超过了60%(详见表3-3)。

近年来,随着国民收入分配向个人倾斜,我国居民的人均收入及储蓄率都有了大幅增长,幼儿家长对子女接受学前教育的需求普遍很高。但受诸多因素的制约,目前我国家庭的学前教育支付能力存在巨大差异,从而影响了家长对子女接受学前教育的实际需求。到了2011年,幼儿园生均学杂费占城市居民人均可支配收入的比例仅为6.71% ,但占到农村居民人均纯收入的19.5% 。二者的差异极为悬殊,表明幼儿园生均学杂费较之农村居民收入而言已有了实质性增长,这必然对普通农村家庭造成一定程度的经济压力。(见表3-4)

表3-4 2011年城乡居民家庭的学前教育支付能力比较

| 城镇 | 人均可支配收(元) | 占比(%) | 农村 | 人均纯收入(元) | 占比(%) |
|---|---|---|---|---|---|
| 最低收入户 | 6876.1 | 20.9 | 最低收入户 | 2000.5 | 71.9 |
| 困难户 | 5398.2 | 26.7 | | | |
| 中等偏下收入户 | 14498.3 | 9.9 | 中等偏下收入户 | 4255.7 | 33.8 |
| 中等收入户 | 19544.9 | 7.4 | 中等收入户 | 6207.7 | 23.2 |
| 中等偏上收入户 | 26420.0 | 5.4 | 中等偏上收入户 | 8893.6 | 16.2 |
| 较高收入户 | 36679.2 | 3.9 | 高收入户 | 16783.1 | 8.6 |
| 高收入户 | 58841.9 | 2.4 | | | |

数据来源:国家统计局相关数据整理计算而来。

①家庭分担学前教育成本比例= 幼儿园年学杂费收入×100%/幼儿园年教育经费支出。

②倪嘉敏.关于构建我国学前教育成本分担机制的研究[J].教育财会研究,2016(5):73-80.

如表3-5可以看出，我国农村家庭对幼儿园学费的支付能力明显弱于城镇家庭，且城乡不同收入阶层间的学前教育支付能力差异巨大，城市最高收入户的支付能力是最低收入户的13.07倍[①]。比照当年幼儿园2198.86元[②]的生均学杂费标准，可以发现农村最低收入户缺乏学前教育支付能力，农村中等偏下收入户和城市最低收入户支付幼儿园学费后已所剩无几，勉强具备学前教育支付能力。而学前教育需求是家庭对学前教育有支付能力的需要，当家庭缺乏支付能力或支付能力不强时，会直接影响到其学前教育需求。这意味着当年有将近40%的农村家庭与10%的城市家庭的幼儿将被迫失去入园就读的机会，或被迫选择质量较为低劣的幼儿园就读，这将有违于学前教育的公平性和普惠性，不利于教育公平的实现，更不利于消除贫富之间的差距。

### （四）社会力量参与不足

社会分担的学前教育成本主要有三种形式：一是缴纳教育附加税；二是直接向幼儿园提供各种资助和捐赠；三是对幼儿园的培训合同支付费用。[③]由于企业缴纳的附加税最终以财政转移支付的形式成为政府拨款的一部分，幼儿园的各类培训合同支付费用很难准确计量，故在此仅对第二种形式即社会资助和捐赠经费予以分析。

由表3-5可知，我国幼儿园教育社会捐赠经费由2008年的1.52亿元增长至2013年的5.02亿元，但其占学前教育经费总额的比例从未超过0.76%，甚至占比越来越低，社会分担学前教育成本的比例微乎其微。这表明目前我国社会捐资助学的氛围仍没有形成，企业、个人、基金组织向幼儿园捐资助学的热情普遍不高，致使社会分担学前教育成本的比例微不足道。

---

①家庭学前教育支付能力的计算方法：首先，计算家庭年收入。即家庭年收入=户均人口数×城乡居民人均年收入。其次，以每年城乡居民的人均食品消费支出、人均衣着消费支出、人均居住消费支出、人均交通通信消费支出这四项之和作为人均必要消费性支出。即家庭年必要消费支出=人均必要消费性支出×户均人数。再次，计算出家庭每年的学前教育支付能力。即家庭的学前教育支付能力=家庭年收入—家庭年必要消费支出。实际上，目前我国许多家庭负担的不止一个孩子的学费，故本文的估算比较保守，家庭的实际学前教育支付能力低于本文所列数据。

②幼儿园生均学杂费的计算方法：首先，计算幼儿园的年平均学生数。即幼儿园年平均学生数=幼儿园年经费支出/幼儿园年生均经费支出。其次，计算幼儿园每年的生均学杂费。即幼儿园年生均学杂费=幼儿园学杂费年收入/幼儿园年平均学生数。

③张曾莲．我国学前教育成本分担研究［J］．价格理论与实践，2012(6)：51-52.

表3-5　2008-2013年我国幼儿园教育经费社会捐赠状况

| 年份 | 2008年 | 2009年 | 2010年 | 2011年 | 2013年 |
| --- | --- | --- | --- | --- | --- |
| 学前教育经费总额(亿元) | 198.84 | 244.79 | 728.01 | 1018.58 | 1758.05 |
| 社会捐赠(亿元) | 1.45 | 1.84 | 5.02 | 5.01 | 5.02 |
| 社会捐赠占比(%) | 0.73 | 0.75 | 0.69 | 0.49 | 0.29 |

数据来源:根据《中国教育经费统计年鉴》(2009—2014年)各相关年度数据整理计算而来,其中2012年数据缺失。

## 第三节　学前教育经费保障机制的健全与完善

近年来,发展和投入学前教育所带来的社会影响和经济效益已逐渐被大量研究证实。在各国教育经费投入有限的情况下,如何保障学前教育投入的有效性,用有限的经费发展有质量的学前教育仍是世界各国需要解决的难题。

以"政府主导、家庭合理分担、社会参与"为指导思想,构建公平、普惠的学前教育成本分担机制已迫在眉睫,具体举措如下:

### 一、加大政府在财政性学前教育经费上的投入力度

首先,仍将县级政府作为财政性学前教育投入主体,但改由中央政府承担缩小各省(自治区、直辖市)之间财政性学前教育投入差距的责任;同时,由省级政府承担财政性学前教育投入在各级政府间的责任分工,担负起缩小省内各县(市、区)之间、城乡之间财政性学前教育投入差距的责任。

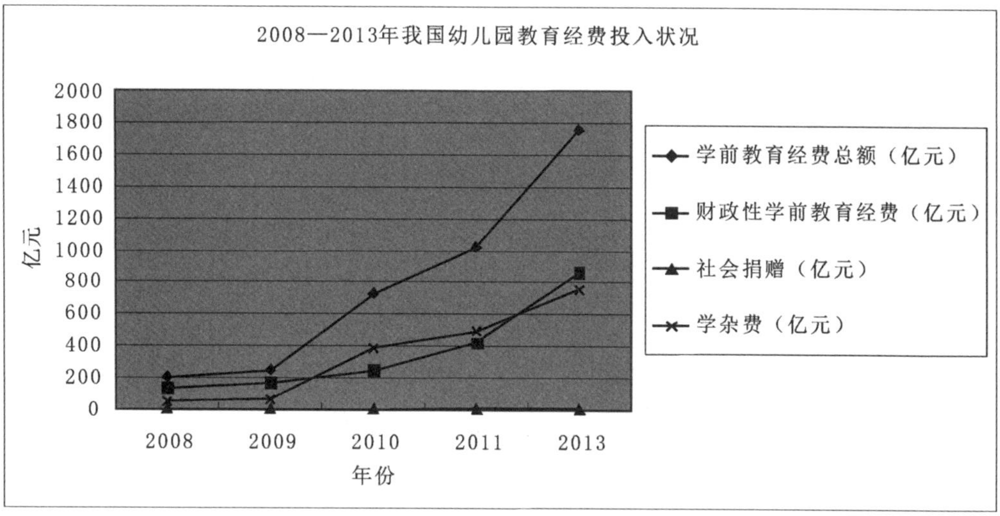


图3-2　2008—2013年我国幼儿园教育经费投入状况

由于我国经济发展水平在地区间、城乡间存在巨大差异，①虽然将学前教育投入归入层级较高的省级政府或中央政府，有助于促进教育公平，但这种公平是以抑制部分经济发达地区的学前教育需求为代价的，是一种低水平的公平。为兼顾效率和公平，学前教育投入应仍以县级政府投入为主，中央政府则承担起缩小各省（自治区、直辖市）之间财政性学前教育投入差距的责任，省级政府承担缩小省内各县（市、区）之间、城乡之间财政性学前教育投入差距的责任。除此之外，中央政府（省级政府），还应对努力增加财政性学前教育投入的省级政府（县级政府）采取适当的奖励性补助措施，激励县级政府重视学前教育，保障学前教育投入有效增长。

## 二、合理划分各级政府在学前教育上的事权和财权

目前我国政府间事权和财权的划分，是由分税制改革确定下来的。在事权和支出责任方面，中央财政主要承担三个方面的经费支出：一是国家安全、外交和中央国家机关运转所需经费；二是调整国民经济结构、协调地区发展、实施宏观调控所必需的支出；三是由中央直接管理的事业发展支出。至于教育经费，中央财政只负责中央

①根据2014年《中国教育经费统计年鉴》数据，2013年全国31个省市幼儿园生均教育经费支出和生均公共财政预算教育经费支出的变异系数分别为0.68和0.79，31个省市农村幼儿园生均教育经费支出和生均公共财政预算教育经费支出的变异系数分别为1.02和1.19，财政性教育支出的地区差距高于教育经费支出的地区差距；在很多省份农村幼儿园生均财政性投入低于幼儿园生均财政性投入全省平均值。其中广东农村幼儿园生均公共财政预算教育经费支出仅为幼儿园生均公共财政预算教育经费支出的44%；各省间幼儿园生均公共预算支出差距明显，生均公共财政预算教育经费支出最高的北京市，一个幼儿的投入水平相对于6.13个广西幼儿的投入。

本级负担的教育事业费支出。地方财政则主要承担两个方面的财政支出:一是本地区政权机关运转所需支出;二是本地区经济、事业发展所需支出。教育支出主要由地方政府承担。在财政收入方面,主要分为中央税、地方税和共享税,较大幅度地提高了中央财政收入所占比例,增强了中央财政宏观调控的能力。目前,我国共划分为中央、省、市、县(区)、乡镇五级政府、五级财政,各级政府承担相应的事权,具有相应的财权。

分税制改革所确定的上述模式,较好地处理了政府与市场、政府间的关系,适应了我国市场经济体制改革的需要。有学者将中国改革开放以来所取得的巨大经济成就,归结为分权形成的地方政府间的竞争机制。①地方政府通过投资、运营、管理和竞争等各种方式,内生于整个经济和社会改革之中,是改革开放以来我国取得巨大成就的最主要原因和动力之一。②但是,现行的政府间事权和财权划分也还存在很多问题。图3-3为Y县学前教育经费来源状况。数据显示,Y县学前教育财政经费主要来源于中央财政支出,而Y县地方财政支出极为有限。

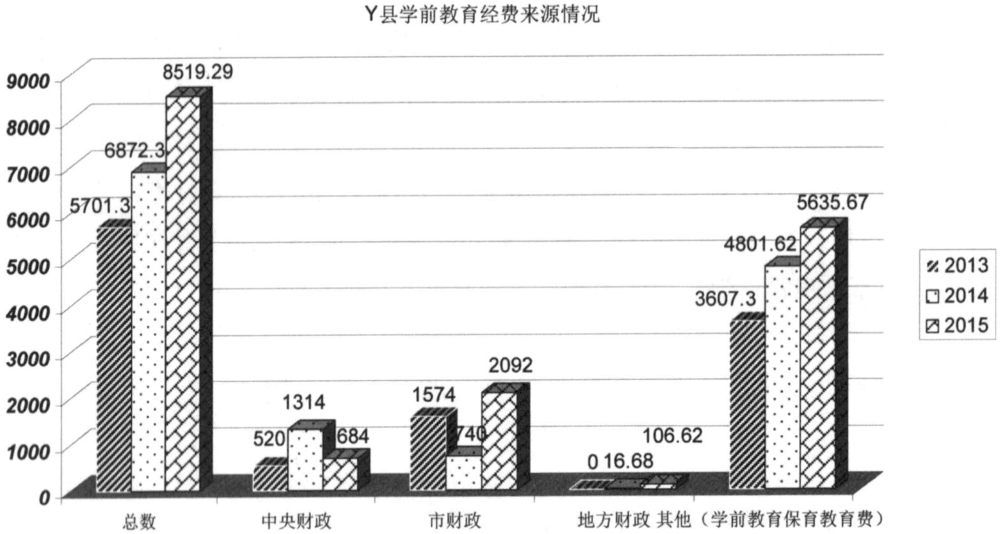


图3-3 Y县学前教育经费来源情况

合理划分各级政府在学前教育方面的事权和财权,首先要在各级政府提供学前教育服务的职责上进行合理划分。目前,我国基础教育实行的是“地方负责,分级管理”的管理体制。《国务院办公厅转发国家教委等部门关于明确幼儿教育事业领导管理职责分工的请示的通知》中规定“幼儿教育事业主要由地方负责”。根据我国目前

①冯辉.论经济国家——以经济法学为语境的研究[M].北京:中国政法大学出版社,2011:179-180.

②史际春.论地方政府在经济和社会发展中的权与责[J].广东社会科学,2011(4):227-232.

五级管理体制，中央、省、市、县、乡镇各级政府应该承担起相应的发展学前教育的职责。

第一，中央政府应制定有关学前教育的法律法规，安排专项资金对贫困地区学前教育经费予以补助，对家庭贫困幼儿接受学前教育进行资助。第二，省级政府的职责主要为：制定全省学前教育发展规划；制定全省学前教育发展质量的评价标准；制定学前教育机构的收费标准、经费开支定额，制定公用经费开支标准、教职工编制标准和校舍建设、图书资料、玩教具、仪器设备配置标准；确定学前教育机构设置标准；安排专项对贫困地区学前教育经费进行补助，对家庭贫困幼儿接受学前教育进行资助；组织实施学前教育教师的培养、培训和选聘工作。第三，市级政府应制定学前教育发展规划；对本区域学前教育发展进行监督、评估和管理。第四，县级政府（含省辖市的区）的职责应为：制定学前教育发展规划；审批县域范围内学前教育机构的设置、停办；具体指导学前教育的保教工作；学前教育教师的培训、管理和调配；安排和管理学前教育事业费和公用经费，使用于学前教育财政拨款的增长比例高于财政经常性收入增长比例，并使接受学前教育的幼儿人均教育费用逐步增长；管理学前教育机构的收费。第五，乡镇政府的职责主要包括：组织学前教育适龄儿童入学；协调落实本区域学前教育机构的建设用地；为本区域学前教育机构组织教育教学活动提供便利；保证学前教育机构周边环境安全、卫生。

自我国设置县郡历史以来，县级政府一直是我国政府设置中学前教育投入最为稳定的一级政府，同时在我国经济发展和社会管理中占据十分重要的地位。为增加县级政府自主权，提升县级政府发展经济和社会管理的能力，我国开始试点“扩权强县”，并且取得了初步成效，可以扩大试点范围，适时推广之。

以往“中央请客，地方买单”的社会保险支出，不仅负面影响劳动力自由流动，也令很多经济欠发达地区的县级政府苦不堪言，削弱了本应县级政府承担的地方公共产品供给能力。转移县级政府部分事权，一是把社会能够自主解决、行业组织能够自律管理和自我服务的事项，逐步转移给符合条件的社会组织、机构等承担；二是将促进社会公平的主要事权特别是社会保障（含社会保险）事权，逐渐上移给省级政府和中央政府。

此外，省级政府在我国行政管理体制中处于承上启下的关键位置，与市县政府相比，省级政府具有更强的财政能力和行政能力，能够发挥宏观调控作用；与中央政府相比，省级政府则更加接近基层、熟悉本地的实际情况。因此，在处理各级政府的事权和财权过程中，省级政府应进一步发挥统筹权，以县为主，省级统筹。

## 三、建立学前教育经费投入监督机制

监督在社会生活的各个领域广泛存在。宪法监督在整个监督系统中处于核心地位。[①]监督，即为保证权力的正常有序运行，对其进行监视、检查、督促、控制、反馈和调整的各种活动之总称。学前教育投入监督即对学前教育投入主体的行为进行检查、控制，确保学前教育投入的相关法律法规得到有效落实。学前教育投入监督机制是政府财政监督机制的重要组成部分。建立学前教育投入监督机制，是财政监督向公共服务领域的延伸，有助于解决财政监督机制存在的问题，进一步适应市场经济体制的特点和规律。以权力制约权力，以公民权利制约政府权力，以社会权力制约国家权力是现代监督制度的核心。[②]构建学前教育投入监督机制，从本质上讲是对政府财政权力的监督与制约。

第一，健全投入监督法律体系。制定财政法，明确规定在中央和地方各级财政性教育预算中，应单项列支学前教育事业的财政投入，并设立专项经费用于支持和发展学前教育；确定城市和农村学前教育事业发展不同的投入体制；城市与县城地区实行政府投入、社会支持及家长分担教育成本的投入体制；农村地区实行以政府投入为主的发展体制；明确规定逐步加大各级政府教育财政性投入中学前教育经费的比例。[③]同时，就财政国库监督、财政收入监督、财政支出监督等问题，完善相关法律制度，抓紧制定财政监督管理法。特别是针对财政转移制度、财政补贴、财政专项资金、行政补偿等制定专门法规，以加强对相关财政行为的约束和规范。[④]

第二，充分发挥多元监督主体的作用。当前我国财政监督主体单一，主要局限于财政部门的内部监督，监督机制并不完善。要充分发挥权力机关的监督、民主监督、政府监督、司法监督、舆论监督、社会监督和舆论监督的作用，理顺监督主体的关系。同时，监督职责明确，充分确定人大监督、财政监督、审计监督、社会监督和自我监督的职责，各监督主体的监督内容互有侧重，相互监督、相互制约、相互促进。

第三，建立覆盖学前教育经费运行全过程的监督机制。事前、事中和事后监督相结合，充分发挥不同阶段监督的作用，使学前教育经费运行的全过程都在监督之中。事前对学前教育资金分配过程进行监督，包括对资金分配的各项规定执行情况以及

①蔡定剑.国家监督制度[M].北京:中国法制出版社,1991:26-27.

②李旭章.中国财政变革与基本公共服务均等化[M].北京:中共中央党校出版社,2012:237.

③庞丽娟,韩小雨.中国学前教育立法:思考与进程[J].北京师范大学学报(社会科学版),2010(5):14-20.

④徐孟洲,等.财税法律制度改革与完善[M].北京:法律出版社,2009:372.

对资金分配程序的监督，最大限度地弱化人为因素的干扰，使资金分配更具合理性与科学性。事中对整个监督体系的中心环节进行监督，重点监督预算执行和财政管理的日常，确保监督工作与资金运行同步进行，确保资金运行的安全性和规范性。事中重点监督预算的执行、调整和资金拨付等方面，以保证审批程序和操作规程执行到位。事后则对资金使用的结果进行监督，对经费的运行进行审查、总结和纠正。

第四，加大信息公开力度。建立相关制度，增强学前教育资金申请、分配、使用和调整公开度和透明度，明确学前教育投入相关信息的公开范围、时限、方式和途径，并进一步建立信息反馈和预警系统，及时将监督过程中所获得的信息反馈给监督客体，以便能够及时纠正资金使用过程中存在的问题。

## 四、鼓励企业和社会捐赠助学，多渠道筹措教育经费

社会捐赠在西方发达国家是学前教育经费的重要来源。例如美国犹他州优质学前教育项目（The Utah High Quality Preschool Program）采用社会影响力投资（Social Impact Bond，简称 SIB）模式，运用市场规则并借助社会资本投入干预处境不利儿童的学前教育。该项目由企业进行投资，向最有可能受益的处境不利幼儿提供已被研究证实有效的学前教育服务，通过独立第三方机构评估项目效果，以判断投资方是否获得项目经济效益，填补了政府财政投入缺口，同时降低了政府财政投入的风险与成本，转变了政府财政投资思路，为政府购买学前教育服务提供了新的思路和做法。①

而社会捐赠的氛围在我国尚未形成，有限的社会捐赠经费也主要流向东南沿海地区或一些拥有较高社会声望的高校，幼儿园获得的社会捐资屈指可数。政府应采取多种举措，鼓励企业、个人和基金组织向幼儿园捐资。其根本途径在于立法，虽然我国已正式颁布与实施了《中华人民共和国公益事业捐赠法》，但其针对性不强，对一些具体事宜如捐赠经费的使用和监管，捐资企业的税收减免等问题鲜有提及。建议政府从国内实际出发，以此法的精神要领为指导思想，借鉴西方立法，制定专门的教育捐赠法。同时，也可通过减免捐赠企业税收、授予捐赠者个人名誉性职务、赋予捐赠个人或团体对幼教机构的冠名权、放宽教育基金会与儿童基金会的审批权等举措，调动社会各界捐资助学的积极性。也可将捐资助学纳入企业的社会信用评价考核之中，作为评估企业社会公信力的重要依据。

①武欣，潘懿．教育投入的社会影响力投资模式——美国犹他州优质学前教育项目述评[J]．上海教育科研，2016(9)：25-27，83.

## 五、吸引更多民间资本加入学前教育领域，间接扩大财政性学前教育投入

民办幼儿园是我国现今提供学前教育服务的主要机构，数量占到全国幼儿园总数的2/3，接收的幼儿数量占全部在园幼儿数量的52.5%。2013年，民办学前教育机构共获得公共财政预算教育经费41.87亿元，占民办学前教育经费总投入685.95亿元的6.10%，是各级各类民办教育机构享有财政性资金比例数值最低的（见表3–6）。民办学前教育机构享有的41.87亿元公共财政资金，相当于财政性学前教育总投入的4.85%，这意味着占整个幼儿园总数2/3的民办幼儿园只享受了不足5%的财政补贴，而95%的公共财政资金流向了政府办的公办园。

表3–6 2013年各级各类民办教育机构获得财政性资金情况①

| 学校类别 | 教育经费总投入（亿元） | 财政性教育经费投入（亿元） | 财政性经费投入占总投入比（%） |
|---|---|---|---|
| 幼儿园 | 685.95 | 41.87 | 6.10 |
| 小学 | 280.94 | 38.34 | 13.65 |
| 中学 | 498.08 | 46.96 | 9.43 |
| 中等职业学校 | 94.48 | 31.74 | 33.59 |
| 高等学校 | 780.51 | 68.10 | 8.73 |
| 总计 | 2339.96 | 227.01 | 9.70 |

资料来源：根据《2014全国教育经费统计年鉴》整理计算而来。

财政性学前教育资金应面向所有公益普惠性幼儿园，并非仅面向公办园，应在不改变财政性学前教育投入总量的情况下，更好地发挥财政资金的示范效应，吸引更多资金加入学前教育领域，间接扩大财政性学前教育投入。

国内外大量的理论及实践表明，民办教育的发展壮大不仅可以更好地满足人们多样化的教育需求，降低政府财政资金压力，同时有助于竞争，提高教育质量。民办教育的发展离不开政府的资助。从部分OECD国家公共教育经费的分配情况来看，OECD国家平均将15%~16%的公共教育经费分派给私立学校，例如德国19.3%、芬兰14.2%、法国14.5%、新西兰20.6%、瑞典18.6%、韩国19.7%、比利时的分派比例甚至达到了56.2%。而我国民办幼儿园只分享了5%的财政性学前教育资金，整个民办教育分享的227.51亿元财政性资金仅仅相当于财政性教育经费24488.22亿元的0.9%。

①赵海利．构建财政性学前教育投入增长的保障机制——基于经济学需求与供给的视角[J]．教育发展研究，2016(20)：21–26，40.

# 第四章

# 学前教育<br>持续健康长效发展的<br>专业督导机制

CHAPTER 4

教育督导在我国发展可追溯至周朝，根据《礼记》中的记载，在周朝，我国已建立了天子视学制度。我国“视学”和教育评价，实际上就是世界教育督导的萌芽。[①]

近年来，学前教育迎来蓬勃发展，随着第一期和第二期“学前教育三年行动计划”的完成，到2016年，我国学前教育毛入园率已经达到77.4%，2017年，我国第三轮“学前教育三年行动计划”已经开始，要求到2020年，全国学前三年毛入园率要达到85%。在保障入园机会的同时，提升质量是我国加快发展学前教育事业的基本价值追求，也是世界各国的共同趋势。教育督导具有监督与指导并重的双重职能，是保障和提升学前教育机构质量水平的重要手段。学前教育是一种准公共产品，政府必须对学前教育发展进行管理，学前教育专业督导是政府管理学前教育事业的重要途径。进行学前教育专业督导也是政府保障学前教育公共服务质量的重要手段。

2012年，我国正式颁布实施《教育督导条例》，使得教育督导工作整体步入法制化轨道。该条例明确了督政与督学相结合、监督与指导相结合等基本原则，界定了教育督导的实施主体和督导对象及工作内容，并将督学的范围从过去的以中小学为主扩大到所有教育机构，进而使得对学前教育机构的督导有了相应的法律基础。那么，学前教育专业督导如何实现学前教育机构质量的有效提升，如何科学地对学前教育机构进行指导？新形势下学前教育专业督导的主体和客体的关系又如何转向？用什么样的理论来支持学前教育机构质量督导实践？基于以上问题本章节将从三个方面进行剖析回应。

① 向宏业.现代教育督导学[M].长沙：湖南教育出版社，1995：29.

## 第一节　学前教育专业督导机制的基本理论

学前教育专业督导是教育督导下位衍生概念，是教育督导在学前教育领域中的具体体现。明晰学前教育专业督导的概念范畴，厘清学前教育专业督导的原理、内容，是对学前教育进行有效督导的前提和基础。因此，追根溯源，本章节通过对学前教育专业督导本体内涵的挖掘，基于对学前教育专业督导概念范畴的确定，明确基本的学前教育专业督导价值取向，在深入探讨学前教育专业督导主客体及其相互关系的基础上，找寻学前教育专业督导运行方式的实然，为进一步的现状考察及努力方向提供指引。

### 一、学前教育专业督导的本体含义

学前教育专业督导这一概念范畴中包含着众多概念，如“督导”“教育督导”“专业督导”等，对其概念范畴的把握可以尝试通过层层聚焦、概念澄清的方式进行。同时，厘清“督导”“教育督导”等概念，也是深刻把握“学前教育专业督导”要义的必然过程。

#### （一）督导

现代意义上的“督导”一词最早来源于家电行业，顾名思义，督导就是监督与指导。督导最早是指对制造产品、提供服务的人或组织进行监督、管理的拥有特定职权的人。督导者必须对组织尽义务，并处于一种承上启下的地位。“督”的本义是监管、查看。“导”的本义是引领、教育、激发。《说文解字》称：“督，察也”，译为有洞察力的师长去监管、查看。“导，引也”，更多的是疏导、激发、教育的意思。常见的督导有教育部门派驻学校的教育督导、商业组织派驻生产场所的生产督导等。

#### （二）教育督导

不同的学者根据其研究背景、价值取向、研究目的及教育理念对教育督导的概念有不同的阐释。刘淑兰认为：教育督导是教育督导机关的人员依据党和国家的教育方针、政策，按照督导的原则和标准，使用科学的方法，对教育行政工作和学校工作通过精密的观察、调查和考核，进而做出审慎的分析和评价，指出成绩和缺点，并提出积极的改进意见，使教育工作质量不断得到提高的活动。[①]孙绵涛则认为教育督导就是教育督导部门根据党和国家的教育方针、政策、有关法律法规和教育本身的规律、原理，按照一定的程序和方法对所属教育行政部门和学校工作进行视察和考查，做出实事求是的分析与评估，肯定其成绩，指出其存在的问题，并对其今后的工作提出积极性的建议，以加强对教育工作的领导，保证教育方针政策的有效贯彻，改进教育工作，提高教育质量的活动。[②]黄葳认为教育督导是由教育督导组织及其成员根据教育的科学理论和国家的教育法规政策，运用科学的方法和手段，对教育工作进行视察、评估、监督和指导，以期促进教育效率和教育质量提高的过程。[③]可见，这些学者更多的是从功能性的角度去理解教育督导，通过监督和指导，对教育工作做出分析与评价，从而提高教育的公平和质量。

1991年颁布的《教育督导暂行规定》中明确规定了教育督导的任务是：对下级人民政府的教育工作、下级教育行政部门和学校的工作进行监督、检查、评估、指导，保证国家有关教育的方针、政策、法规的贯彻执行和教育目标的实现。其实施的范围现阶段主要是中小学教育、幼儿教育及其有关工作。2012年颁布的《教育督导条例》中指出教育督导的主要内容是县级以上人民政府对下级人民政府落实教育法律、法规、规章和国家教育方针、政策的督导；县级以上地方人民政府对本行政区域内的学校和其他教育机构（以下统称学校）教育教学工作的督导。可见，我国的政策法规明确指出教育督导包括两个方面，即督学和督政。督学指的是对学校教育机构进行的监督与指导，主体是教育督导机构，客体是学校教育机构；督政指的是对政府部门的教育工作进行的监督与指导，主体是教育督导机构，客体是政府。

根据以上对教育督导的概念、内容、目标等方面的分析，在此将其定义为：根据国家相应的政策法规，教育督导机构采取多种方法相结合的原则对政府部门和学校教育机构的教育工作进行定期监督、检查、评估、指导的过程，从而促进教育公平和提升教育质量。

### （三）学前教育专业督导

学前教育专业督导即针对学前教育专业领域进行的督导，是教育督导的下位概念，也包括督学和督政两个部分。学前教育专业督导是学校教育督导的重要组成部

①刘淑兰．教育督导制度的两个基本职能[J]．北京师范大学学报（社会科学版），1993（6）：68-75.

②孙绵涛．教育行政学[M]．3版．武汉：华中师范大学出版社，2009：225.

③黄崴．教育督导学[M]．北京：中国人民大学出版社，2011：4.

分，但也有所区别，学前教育专业督导的核心是促进学前教育的公平和提升质量。《学前教育督导评分细则》中明确规定了学前教育专业督导机构对学前教育机构的设施设备、人员配备、教育教学、安全卫生这几个方面来进行监督、检查、评估以及指导。

因此，学前教育专业督导即通过对学前教育机构及相关职能部门进行监督、检查、评估和指导，保证学前教育的政策法规能够得到最大限度的贯彻，从而促使学前教育机构实施的保育和教育能够帮助每一个学前儿童发展与学习，尤其是处境不利的儿童。学前教育专业督导的实施主体是学前教育专业督导机构，实施对象是学前教育机构及相关行政部门。

## 二、学前教育专业督导的价值取向

基于对学前教育专业督导本体含义的考察，明确学前教育专业督导的价值取向亦为重要，即学前教育专业督导价值何在，在具体的督导实践过程中应着重关注谁的利益，如何达成多元主体之间利益协调、融合共生，最终指向学前教育专业督导机制的完善健全及有效运行，实现学前教育事业的长效发展。

### （一）学前教育专业督导的核心是提升学前教育的公平与质量

教育是培养人的活动，其公平与质量更加受到社会各界的关注。《国家中长期教育改革和发展规划纲要（2010—2020年）》颁布实施之后，我国对学前教育的关注提升到了公平与质量两大主题。党的十九大把教育放在优先发展的战略地位，明确提出要“办好学前教育”“幼有所育、学有所教”“努力让每个孩子都能享有公平而有质量的教育”。[①]公平与质量成为学前教育专业督导的核心。

就公平而言，政府推动实施“学前教育三年行动计划”，投入了大量财力，为不同背景的儿童，尤其是低收入家庭儿童、处境不利的儿童提供接受正规学前教育的机会，极大缓解了民众高度关注的“入园难、入园贵”等急迫问题，保障了学前教育机会的公平，但是公平不仅仅只是机会的公平，机会和质量的公平才是真正的公平，公平和质量存在交织的部分。

就质量而言，它不是一个静态的过程，而是一个动态的过程，它包括教育起点、教育过程和教育结果的质量。学前教育专业督导是对学前教育专业质量进行的督导，

①中国教育报.2017中国学前教育热点事件盘点[EB/OL]. http://www.jyb.cn/zgjyb/201712/t20171231_915193.html，2017-12-31.

其评估的主要内容包括落实政府的职责、完善其管理体制、扩大学前教育资源、加大学前教育经费投入、完善学前教育师资队伍建设、加强教育教学的管理等几个方面。此外学前教育质量并不等同于师资、经费和课程等要素的总和,这些只是影响学前教育质量的因素,除了这些外,幼儿在园的一日生活的品质和幼儿的学习与发展状态都是影响学前教育质量的重要因素。

可见,学前教育专业督导不仅强调学前教育的公平,而且也强调学前教育的质量。公平与质量贯穿于学前教育专业督导的始终,是其发展的核心。就这一价值观念而言,学前教育专业督导机构在对学前教育机构及相关行政部门进行监督、评估、检查与指导的时候,要充分考虑到学前教育的公平与质量。

### (二)学前教育专业督导能够促使幼儿教师专业发展

国家颁布的一系列文件政策都在强调幼儿教师师资队伍的质量建设。《幼儿园工作规程》和《幼儿园教师专业标准(试行)》中都规定了幼儿园工作人员应热爱幼儿教育事业,爱护幼儿,努力学习专业知识和技能,提高文化和专业水平,品德良好,为人师表,忠于职守,身体健康。学前教育专业督导旨在提升学前教育的公平与质量,完善幼儿园师资队伍建设是学前教育专业督导的主要内容之一,师资队伍的规模及质量都对学前教育的质量产生重要的影响。高质量的师资队伍能够确保学前教育机构在开展教育教学的过程中,更大限度地保证幼儿在园一日生活的品质。学前教育专业督导机构在对学前教育机构及相关行政部门进行监督、检查、评估与指导的时候,能够对教师的行为进行监督、指导和答疑,帮助幼儿教师调整自己的行为,弥补教师专业知识的空白。除此之外,在学前教育专业督导的督促下,幼儿教师积极参加幼儿园组织的各种培训以学习更多的专业知识,提升自己的专业技能,通过网络理解和分析关于学前教育方面的政策法规,为职后发展提供动力,从而提升专业素养,增强专业性。

### (三)学前教育专业督导通能够促使幼儿生命力的发展

学前教育专业督导具有监督、检查、评估与指导的职能。学前教育专业督导机构不仅能够对学前教育机构及相关行政部门进行监督,而且能够对幼儿教师进行监督。在学前教育专业督导过程中,督导者会向幼儿教育工作者传达并引导其理解国家颁布的学前教育政策法规;帮助学前教育机构工作者掌握不同年龄阶段幼儿的生理、心理发展特点及促进其发展的方法和策略。除此之外,还要求幼儿教师掌握相应保教技能，树立科学的幼儿观。学前教育专业督导不仅能促进幼儿教师的专业发展，而且能够促进幼儿在园的一日生活品质和幼儿学习与发展状态的提高，从而帮助幼儿在学前教育机构中自由、自主地建构经验，发展幼儿的生命力。

### （四）学前教育专业督导能够促进社会和谐稳定

学前教育是教育的重要组成部分，是基础教育的基础。学前教育关系到亿万儿童的健康成长和千家万户的切身利益，关系到国家和民族的未来。接受科学的学前教育，对幼儿习惯养成、身心健康和全面发展具有重要的意义，对人的一生起着至关重要的作用，大力发展学前教育，是保障和改善民生、促进社会和谐稳定的重要举措。二孩政策的全面放开，加剧了“入园难、入园贵”的问题。扩大学前教育资源、加大学前教育经费投入、完善学前教育师资队伍建设、加强教育教学的管理等是学前教育专业督导的主要内容，这不仅能够缓解“入园难、入园贵”这一问题，还能够保证处境不利的儿童接受教育，改善和保障民生。此外，学前教育的购买者和消费者不是同一人，幼儿无法对其享受的学前教育直接进行良好的反馈，学前教育专业督导承载着家长的监督职能，是维护良好的家园关系和家园合作的重要助力，是家庭和学前教育机构和谐相处的重要保障。

## 三、学前教育专业督导主客体及其相互关系

主体与客体是实践—认识活动中一对不可分割的关系范畴，[①]厘清主客体内容和作用机理是充分发挥实践—认识活动的价值和实现活动目的的重要保证。在学前教育专业督导的实施过程中，何为专业督导的主体和客体？专业的督导主体如何建立，督导客体的聚焦是在结果还是问题，主客体的关系如何？应该建立何种主客体关系？这些都是本章主要论述的内容。

### （一）专业督导的主体及其专业性建设

根据认识论的意义，主体是指有目的的认识活动和实践活动的承担者、行为者；[②]依据主客体理论，主体是指实践活动和认识活动的人，是有头脑能思维的，从事对象

①李德顺，等．马克思主义哲学范畴研究[M]．北京：中国社会科学出版社，2010：93.

②李德顺，等．马克思主义哲学范畴研究[M]．北京：中国社会科学出版社，2010：93.

性活动的个人或社会集团,[①]不仅包括个人,还包括团队。由此推断,专业督导的主体是实施专业督导的人和督导团体,专业督导本身是一种权力的执行活动,从概念分析,专业督导的主体应该是指督导者和由督导者构成的督导机构。

1.专业督导机构的发展

在发展之初,教育督导是作为一种国家行使教育管理权力的意志表现出来的,[②]是国家在教育行政管理方面的重要内容和手段,随着教育督导机制的不断完善和职能的不断增强,教育督导逐渐从教育行政管理中分离出来,由单一的"督学"身份发展为"督学"和"督政"双重身份,由隶属于教育管理发展成对教育管理的管理。专业的督导机构应该具有相对的独立性、权威性和专业性。

相对的独立性是督导机构相对独立于教育行政管理机构,教育行政管理由相应的机构执行,同理,学前教育专业督导也必须由相应的督导机构执行,因此区分学前教育专业督导机构同教育行政管理机构的关系十分重要。在国际范围内,对教育督导机构和教育管理部门的关系没有统一的定势,只有英国等少数国家将教育督导机构独立于政府部门。2012年我国务院颁布的《教育督导条例》明确规定教育督导机构在本级人民政府领导下独立行使督导职能,明确了专业督导机构的权力来源,将教育督导机构与其他的教育行政机构分而管之,实现学前教育专业督导机构的相对独立,保证了学前教育专业督导机构的地位和实施效能,为学前教育专业督导机构的独立提供了政策保障。这是我国教育督导双重职能的必然要求。

权威性直接反映督导机构的地位和执行力。根据马克思·韦伯(Max Weber)的三权威论,结合教育督导权威的内涵,一般可以把教育督导权威来源分为:法律权威、行政权威、学术权威,这三种权威并非截然分离、互不涉及,而是相辅相成、密切关联。[③]关于法律权威,学前教育法仍在起草阶段,在过去较长的一段时间,学前教育领域没有属于自己的专门法律文件,更何况学前教育专业督导。2012年颁布的《学前教育督导评估暂行办法》是目前学前教育领域唯一的关于教育督导的实施政策文件,但是该文件是为"学前教育三年行动计划"服务的,是对政府工作效果的一种督导,并不具有普适性。法律权威的缺失会影响行政权威和学术权威,此三者是密不可分的。

专业性是学前教育专业督导的指导职能的前提,是机构服务质量的保证,也是对

①赖辉煌.简论主客体理论视角下的教育督导工作[J].福建教育学院学报,2011(5):1-3.

②石灯明.关于教育督导若干关系的思考[J].求索,2016(10):123-127.

③阮李全.中国教育督导机构的法律地位与模式选择——以教育督导行为性质为视角[J].教育理论与实践,2016(25):16-19

督导机构权威性的保障。学前教育专业督导机构的专业性应该表现为机构人员的专业性和机构管理的专业性。人员的专业性在后面论述。管理的专业性表现为机构制度的科学性,首先是人员招聘制度的科学性,学前教育专业督导人员招聘应该严格把关,提高待遇,科学任用和分工,加强培训。在教育督导过程中,要建立回避制度,外部监督和内部监督严格分开。要建立完善的工作制度,确保工作的进行。此外,学术研究对保障学前教育专业督导同样具有重要的意义。学前教育专业督导的顶层设计、评价指标,以及实践问题的理论指导和解决策略都离不开学术研究。我国现有学前教育评价指标和本土化的学前教育专业督导都迫切需要学术研究给予支持,通过相关学术成果指导实践,保证学前教育专业督导的专业性。

2.学前教育专业督导人员的发展

人是学前教育专业督导的主体的核心,在专业督导的过程中,督导者是督导机构的组成者,是督导行为的实施者。督导者的专业素养直接影响专业督导的效能和督导对象的发展。在以幼儿生命力发展为价值取向的学前教育专业督导中,学前教育专业督导者应该具备以下特征。

多元性:教育系统是一个复杂的系统,学前教育发展不仅需要教育类的知识,同时也需要经济学、卫生学等诸多领域的知识,此外,学前教育专业督导不仅是一种国家行政管理手段,更是一种促进学前教育专业发展的工具,因此,单一的公务员或者国家行政人员不能胜任学前教育专业督导的工作。在学前教育专业督导的过程中,专业的学前教育人员必不可少。学前教育专业督导不仅要依靠机构的人员,也要充分利用幼儿园教师的力量。幼儿园教师是实践研究者,他们是学前教育实践的最大主体,应充分利用优秀幼儿园教师的实践经验来丰富学前教育专业督导知识,引导专业实践。因此,兼职专家型学前教育专业督导工作人员应该是督导队伍的重要组成部分。

以幼儿为主体,学前教育专业督导的直接目的是促进学前教育的发展和学前教育质量的提升,学前教育质量的根本落脚点是幼儿的生命发展。因此,开展学前教育专业督导的根本目的是促进幼儿生命的发展。[①]以幼儿为主体,意味着尊重幼儿发展规律和以发展为目的。督导者在督导过程中不是以数据为目标,而是以幼儿发展为目标,不是以结果为对象,而是以对话为对象。秉持幼儿生命发展的督导观,尊重幼儿的发展特点和规律,尊重并保障幼儿的基本权利;允许幼儿主动建构,以幼儿健康

①虞永平,等.现象·立场·视角:学前教育体制机制现状研究[M].南京:南京师范大学出版社,2015:3.

和谐发展和终身学习奠基为目的。

专业性:专业性是学前教育专业督导价值所在。督导人员的专业性体现为知识的专业性。教育督导人员必须具有较高的政策理论水平,良好的思想品德修养和心理素养,较高的文化水平和较强的业务能力,扎实的现代教育理论,强烈的事业心和务实的工作作风等基本职业素养。此外,知识需要外化,专业性还表现为工作能力。2012年,颁布的《教育督导条例》中提出了督学应当熟悉教育法律、法规、规章和国家教育方针、政策,具有相应的专业知识和业务能力,并具有较强的组织协调能力和表达能力,明确了能力需求。

### (二)专业督导客体

学前教育专业督导的客体是指学前教育专业督导主体的行为对象,依据不同的标准,可以将专业督导客体分为以下几类。

1.学前教育机构和学前教育管理部门

学前教育的两大职能分别是“督学”和“督政”,学前教育机构是学前教育的发生和发展的主要场域,是学前教育专业发展各个影响要素的整合,是承担学前教育职能的主体。学前教育机构的组成要素以及活动都是学前教育专业督导的重要内容。学前教育的发展依靠园所自身的力量,同时需要依靠政府的力量,在复杂的学前教育系统中,学前教育受到政府多个管理部门管辖。因此,与学前教育相关的政府部门也是学前教育专业督导的重要对象。对管理学前教育机构的相关政府部门的督导包括学前教育工作制度的制定与运行,教育政策的落实情况,以及工作的执行情况,以及下级学前教育专业督导机构的工作执行。

2.学前教育的条件、过程和结果

学前教育专业督导是为提升学前教育质量服务的。针对学前教育质量建设的监督和指导也是学前教育专业督导的重要内容。在学前教育机构内部,学前教育质量分为条件性质量、过程性质量和结果性质量。因此,条件性质量是指教育机构的财政投入、园所建设等内容;过程性质量是指教育过程中的质量要素,如师幼互动、机构管理等;结果性质量是指学前教育结果,即幼儿发展表现。因此,学前教育质量中的条件、过程以及结果都是学前教育专业督导的重要客体。[①]

①王声平,皮军功.我国普惠性民办幼儿园内部教育质量保障体系构建[J].教育评论,2017(10):12-15,152.

## (三)学前教育专业督导主客体关系

教育督导主客体的基本关系是督导与被督导的关系,学前教育专业督导的主客体基本关系则应该是学前教育专业督导者对学前教育机构及其相关政府部门的关系。监督意味着服从规则,督导主体和督导客体是服从与被服从的关系,在指导职能不断超越监督职能的背景下,学前教育专业督导的主客体关系也需要相应的调整来给予回应。

1.真正共同体

依据马克思的共同体观点,当主体和客体的利益相悖,且主体将自身利益视为共同利益的时候,主客体之间建立的共同体本身是一种虚假的共同体,客体依附于主体。[①]马克思提出要建立一种真正共同体,即关注人的生活本身,[②]每个人在自己的联合中并通过这种联合获得自己的自由,彼此之间相互尊重,形成平等且自由的对话关系,各自承担自己的责任,共同合作,实现自身的发展。

督导机构属于国家的行政管理部门,被赋予一定的权力,在督导机构行使权力的最初,学前教育机构与督导机构是一种“家长式”关系,学前教育机构在双方关系中处于弱势地位。督导机构刻板地按照标准对学前教育机构进行审判,“标尺式”工作,主体的意志变成主客体双方的意志,客体服从于主体,形成虚假的共同体。当主体和客体的关系由不平等变成平等时,督导者依据学前教育机构的特点、实际情况开展适宜的指导;机构积极反馈自身信息,根据督导者的指导开展实践,不拘束于刻板标准和指导,实现自己最大的发展。在这个过程中,学前教育机构得到发展,督导主体根据机构的实际情况学习并提升自身素养,双方都实现了发展,建立了真正的共同体。

2.主客体相互转换

根据马克思认识论,事物的主体和客体是对立且统一的,二者相互制约,又相互生成。主体与客体,只是在实践对象化活动中才失去它们彼此间的对立。[③]主体和客体的关系受到实践中双方交往方式的影响,在指导大于监督的学前教育专业督导过程中,学前教育机构和督导者的交流对话不断增加,学前教育专业督导实践活动构成了主客体相互转换的场域。主体必须认识客体,才能感知客体,这要求主体具有与客体相关的知识储备。在督导过程中,主体对客体的指导,需要依据客体的需要和现实情况开展针对性的指导,尊重客体发展的客观规律,不断调整自己的行为和策略,完

①蔡家柱.马克思的人与共同体辩证关系思想研究[D].广州:广州大学,2012:35.

②中共中央马克思恩格斯列宁斯大林著作编译局.马克思恩格斯全集:第3卷[M].北京:人民出版社,2002:394.

③黄捷荣.论科学实践的主体和客体的双向对象化[J].现代哲学,1995(3):64-67.

善自己的专业技能和问题解决能力。相反,主体可以发现客体的规律和本质、发展的问题等,并改造客体,使客体可以按照主体的方向发展。学前教育机构的工作人员在督导者的指导下,积极改变自己的行为,调整机构内部的管理,主体的意志在客体的调整结构中表现出来,主体的愿景会在指导中外化,并表现在客体上。基于以上这种情况,在督导者和教育机构人员在信息、能量的相互传递中,学前教育专业督导的主客体关系则发生了转换,主体客体化,客体主体化。

## 四、学前教育专业督导运行方式

方式的本质是方法和形式的组合。方法的选择受到客体的实际情况和主客体关系的影响,形式的确立受到主体行为的影响。因此学前教育专业督导的运行方式需要按照督导客体的实际情况和督导主客体关系进行调整,表现在督导主体的方法选择和行为组成。

### (一)由命令转向对话

学前教育专业督导本身是一种保证公共利益的公共管理活动。依据公共管理理论,服务精神是管理部门的重要特质。督导机构对被督导者进行服务,必不可少地需要与学前教育机构进行沟通,才能更好地提供指导和服务。督导主体和督导客体达成真正共同体,需要双方积极交流,平等相处,建立共同愿景,达成身份认同。缘此,学前教育专业督导的运行方式不能依靠命令,需要由命令走向对话,对话不只是一种交往形式,绝不仅是达到认知结果的一种技巧与方法,它更意味着一种精神,即在关注他人的兴趣、需要、愿望和目标,并尊重他人的意愿的基础上参与双方分享、交流。[①]围绕“提升幼儿园质量,促进幼儿生命力生长”主题进行对话,保证多方的参与权和话语权,是学前教育专业督导专业性、民主性的需求,也是提高学前教育专业督导的服务水平的重要途径。

### (二)政府和市场合作运行

20世纪70年代末新公共管理理论盛行,西方各国开始批判“政府包办”形式的公共管理行为,认为政府不是全能性政府,是有限性的政府,并引入竞争机制,让市场的竞争机制提高效率,丰富服务形式。让政府作为掌舵者,不再是划桨者,通过制定制

①姜勇,庞丽娟.解读对话——论师生交往中的对话精神[J].现代教育论丛,2003(5):7-11.

度，进行监督来管理公共服务。该理论给我们的启示是学前教育专业督导的执行不能全部由政府机构执行，市场的引入可以减轻机构的工作压力，尤其是在机构人员不足，专家型教师缺乏的情况下，邀请专业的学前教育专业督导市场机构代替政府职能部门进行执行，利用竞争机制，提升工作效率；政府职能部门则需要制定出科学的工作制度，对市场机构的工作进行监督。

但是，值得注意的是，市场参与公共事业，受逐利观念的影响，容易出现“搭便车”“合约失灵”的情况，市场的恶性竞争会导致集体利益损失，使集体利益得不到保证。市场不能成为学前教育专业督导的主体，全权依托市场容易加剧学前教育发展的不均衡性。当市场机构为督导主体时，主客体关系就外化为“顾客”关系，机构则会忽视非顾客的利益，也容易忽视顾客的长远利益，不利于学前教育的长效均衡发展。针对新公共管理模式的弊端，以罗伯特·B.登哈特为代表的一批公共行政学者提出了新公共服务理论。新公共服务理论认为，政府的职能既不是“掌舵”，也不是“划桨”，而是“服务”。政府和其他社会组织依据民主和社会标准共同治理，这个过程涉及许多不同的集团和组织的互动，政府事实上就是个参与者，不再处于控制地位。[①] 因此在学前教育专业督导中，政府和非政府组织双主体共同参与学前教育专业督导，二者合理分工，相互协商互动，共同提供公共服务，达成统一的服务愿景。政府的参与保证公共利益居于首位，市场的参与保证效率，减轻政府压力。

### （三）有差别式倾斜和指导

督导者在对学前教育机构进行督导的时候，尤其是在进行指导的过程中，不能刻板地要求不同的机构按照相同的模式发展，不能用一套标准、一把尺子去衡量所有的幼儿园，园所间是有差异的。不同文化背景和现实境况的学前教育机构对发展的诉求是不同的，紧迫性也不同，因此督导者的回应也应该是不同的。[②]对于农村或者落后地区的幼儿园，督导者应该是国家政策的传递者和监督者，正确办园理论的传播者和实践者，把控学前教育质量的底线。对于新建幼儿园，督导者应该是办园规范的实践者和制度建设的引导者。对于实力较强的幼儿园，督导者应该侧重于质量提升和专业性发展，可以在科研和教研方面进行指导。对于不同文化地域的幼儿园，指导应该尊重文化传统，形成特色发展。

此外，地区差异也是进行学前教育专业督导时需要考虑的因素。由于经济发展

①石杰琳.反思与超越：从新公共管理到新公共服务[J].郑州大学学报（哲学社会科学版），2011（5）：9-12.

②胡雨洁.责任督学督导普惠性幼儿园发展的个案研究——以成都市A区为例[D].重庆：西南大学，2017：76.

水平的差距，经济落后地区学前教育质量相对不高，城乡和区域发展不均衡是我国学前教育发展的基本特征。根据罗尔斯的差别原则，社会和经济的不平等应该这样加以安排，以使它们适合于最不利者的最大利益；在公平的机会平等的条件下，使所有的职务和地位向所有的人开放。[①]缘此，在进行学前教育专业督导过程中，在保证督导机会对所有幼儿园开放的同时，建立优先级，不平均用力，对处境不利的幼儿园进行重点关注和指导，最大力度促进处境不利机构质量的提升。对于处境相对有利且发展水平较高的学前教育机构，可以适度扩大指导间隔，将相应的人力、物力和财力腾出来给相对落后的幼儿园。[②]

## 第二节　学前教育专业督导机制的现实考察

基于对学前教育专业督导的本体含义、价值取向、主体客体以及运行方式等基本原理的明晰，对学前教育专业督导的现实考察可以从以上分析框架着手。在具体的现状调查过程中发现，学前教育专业督导当前存在的问题主要表现在：理念认识的遮蔽、主体存在的异化、客体处境的差异以及运行机理的失范四方面。学前教育专业督导的现实困境、具体内容及表现方式是本章节阐述的重点内容。

### 一、学前教育专业督导理念认识的遮蔽

《教育督导条例》自2012年被我国正式颁布实施以来，虽然教育督导工作整体确实步入了一个法制化、科学化的轨道上，但是教育督导工作仍存异化现象，反复囿于窠臼中，学前教育专业督导工作亦如此。从历史的角度来说，以往的学前教育专业督导的理念认识是“以一把尺子衡量学前教育机构”，理念遮蔽，行为模糊，专业督导成效不显著，未能真正发挥学前教育专业督导的有效作用。从现实的角度来说，一方面是仍有学前教育专业督导理念认识的遮蔽，另一方面是在如何将国家相关教育督导政策文件等理念和精神紧密联系实践且有效指导实践上，还有一段很长探索和实践之路。本研究也将在立足于实证调研的基础上，结合学前教育专业督导相关理论，从

①Rawls，J.*A Theory of Justice*. Cambridge，MA：The Belknap Press of Harvard University Press，1971：60.

②李敏.学前教育机构质量督导研究[D].重庆：西南大学，2016：80.

来自实践中有关学前教育专业督导本质、价值、内容、实施方式等几种声音，透辟地揭示实践中学前教育专业督导理念认识的遮蔽。

“专门的监管，专门的评估。”这是来自实践中对学前教育专业督导的基本认识，认为对学前教育机构的督导实际上就是专门化地进行质量监管和质量评估，只要有督导人员进行例行督导工作，便是对学前教育机构的一种标签化鉴定。从表4-1访谈数据中可以了解到，重庆市W区相关幼教管理干部相对较好地认识到学前教育专业督导的一些核心观点，认为学前教育专业督导是一种专项督导与综合督导相结合的且目的在于提升学前教育机构质量的工作。对幼儿园园长而言，一些园长认识到学前教育专业督导是要监督幼儿园，一些园长表示学前教育专业督导只是在评估。幼儿园一线教师发出的声音，主要集中在被动地接受学前教育专业督导工作，理念认识上有待提高等方面。然而，早在1991年教育部颁发的《教育督导暂行规定》中便明确教育督导任务为：对下级人民政府的教育工作、下级教育行政部门和学校的工作进行监督、检查、评估、指导，保证国家有关教育的方针、政策、法规的贯彻执行和教育目标的实现。”“教育督导的范围，现阶段主要是中小学教育、幼儿教育及其有关工作。也就是学前教育专业督导要落脚在“督”与“导”这对双重共生关系上，要“督”与“导”相结合，进而才能把学前教育专业督导科学理念落实到实践中去。总体而言，提高相关主体对学前教育专业督导理念的认识和认同，仍是实践中亟待解决的问题。

表4-1　重庆市W区相关主体的学前教育专业督导理念部分访谈录

| 样本地区 | 访谈对象 | 访谈内容 | 访谈编码[①] |
|---|---|---|---|
| 重庆市W区 | 幼教专干 | 规范幼儿园质量问题并对它进行监控，年终有个总结性督导，更多地指向孩子发展这一块；专项督导和综合督导相结合，成立督导管理制度；专业的督学对幼儿园的办园条件、办园环境、办园理念、教师培训等进行全方位的督查 | W-L-F |
| | 园长 | 起到监督作用嘛，我觉得有时候幼儿园需要这样一个监督机制，不然每个幼儿园自己管自己的不知道乱成什么样子了；有的督导人员不会对我们进行专业化课程方面的指导，专业化都是我们自己管，安全方面他才需要特别提醒注意一下；与幼儿园等级评比有关系 | W-Y-F |
| | 幼儿教师 | 我们还是会严格按照他们的要求来做，毕竟会有整体的评优评奖 | W-T-F |

①本研究的质性资料编码方式为：第一个字母代表地区，第二字母代表访谈对象（L表示幼教管理者，Y表示幼儿园园长，T表示幼儿园教师），第三个字母代表收集资料的方式（F表示访谈）。

“重评估，轻引导，标签化的考核结果。”这是来自实践中对学前教育专业督导价值的基本认识，比如“与幼儿园等级评比有关系”这样的声音，说明学前教育专业督导工作的实际开展将整个督导评估狭隘地定位于“标签化”地“评比评优”，重视评估结果，忽视引导过程，致使学前教育专业督导工作囿于“督”而不“导”现状，甚至带着“督导”的帽子，仍照旧进行学前教育机构的等级评优评比。

“督导内容头重脚轻，顾此失彼，偏重督导量化方式。”在实践调研中，一些民办幼儿园会认为“有的督导人员不会对我们进行专业化课程方面的指导，专业化都是我们自己管，安全方面他才需要特别提醒注意一下”。这表明学前教育相关上级管理人员甚至督导人员只片面关注园所内部的环境和物质条件，忽略了相关教育教学工作的督导。2012年10月1日正式施行的《教育督导条例》中所规定的教育督导包括：“县级以上人民政府对下级人民政府落实教育法律、法规、规章和国家教育方针、政策的督导；县级以上地方人民政府对本行政区域内的学校和其他教育机构（以下统称学校）教育教学工作的督导。”2017年《教育部关于印发〈幼儿园办园行为督导评估办法〉的通知》，就明确提到“内容重点包括办园条件、安全卫生、保育教育、教职工队伍、内部管理等五个方面”。所以实践中学前教育专业督导工作相关内容做得仍不够全面，未能合理地涉及上述五个方面的内容，存在头重脚轻、顾此失彼现象。当然，在调研过程中，还是可以看到重庆市W区相关督学会开展专项督导与综合督导，尤其对公办园整体督导工作相对做得好一点儿。

## 二、学前教育专业督导主体存在的异化

《教育督导条例》对督导主体即督学进行规定，“县级以上人民政府根据教育督导工作需要，为教育督导机构配备专职督学。教育督导机构可以根据教育督导工作需要聘任兼职督学。”也进一步规定相关督学要符合“从事教育管理、教学或者教育研究工作10年以上”等条件。这表明国家相关政策对教育督导主体的专业性进行了规定。究竟实践中的学前教育专业督导主体的现实境况如何？以下呈现几段访谈材料以供分析：

“我们通过管委会专门下了文件，聘请专门的教育督学，全区有21名督学，包括中小学的各个学科的专业人才。我们还有51名专门聘请的专家，成立了一个专家库，里面有幼教方面非常权威的专家……这51名里面有6名学前的督学……每一年我们有各个专项的督导，比如说安全，安全我们每一年有两次，还有其他各个方面的，综合的

督导在年检12月份左右。”(W-L1-F[①])

“对于普惠性幼儿园,每一年有一次年检,年检就是几家联合督导,有卫生,有消防,有教育等。我们区在督导这一方面有一个创新,对专职的督学有一个划片包干制,负责制。比如说每一个督学下挂2个学校,几个幼儿园,他可能是小学的专家,但也要进行这几个幼儿园的日常监管。作为督导,每个月要去幼儿园多次。督导是要做专项汇报的,因为我是督学所以对这方面的运作比较熟悉。这样的话,就可以从常规管理上去保证它的正规的东西。在督导的日常督导过程中经常性地去实地看,反馈信息给督导室,督导室也会反馈给相关教育部门,教育部门就会从行政的层面上给予幼儿园一些直接的反馈。”(W-L2-F[②])

“确实每年都会有相关督导人员来幼儿园进行督查和评估……会有我们区教委领导、幼教教研员和一些其他专业的督学过来,比如小学的……有些督学比较专业一点儿,会对我们幼儿园进行整体上的指导,比如课程、园所文化、教师专业发展,但是毕竟还是少数嘛,尤其是我们学前教育专业的。有些督导人员就是拿着相关的评估指标和评估表进行评估,然后稍微讲讲管理方面或者安全问题。”(W-Y1-F[③])

选取幼教专干、幼教督学和园长作为本研究的重要访谈对象,在于他们是直接与督学进行对话交流的人员,甚至就是督导队伍中的一员,能更好地呈现出学前教育专业督导主体的现实境况。从督学队伍的结构来看,重庆市W区的整体督导队伍结构相对合理,保证了各个领域各个专业或学科的教育督导人员的存在。从学前教育专业督学人员的专业性来看,保证一定数量的幼教督学,且能进行一定的专业指导,但是通过进一步的考察了解到,学前教育专业督学并非都是幼教领域,大部分仍是从小学或其他教育部门转岗过来。从学前教育专业督学本身职能来看,施行片区划分制度,分管相对区域学前教育机构的督学,实行负责制并专项督导。也就是跨出学前教育专业领域,从安全、卫生、教育等多领域进行专项督导。从这几方面来看,W区仍有值得鼓励和借鉴的经验。

但是既存的困境仍在,通过深入一线幼儿园进行观察交流,学前教育专业督导的评估人员构成仍表现出行政化、临时化和单向化。首先,学前教育专业督导主体的行政化主要表现在督导人员构成及其专业素质方面。从应然角度来说,学前教育专业督导人员应该多元化,涉及相关行政管理人员、幼儿园管理者、评估专业人员及其他

①W-L1-F:来自重庆市W区幼教管理专干的访谈记录。

②W-L2-F:来自重庆市W区幼教督学的访谈记录。

③W-Y1-F:来自重庆市W区某民办普惠性幼儿园园长的访谈记录。

评估人员。但是往往实践中会忽略这个方面，督导人员以行政人员和幼儿园管理者居多，导致学前教育专业督导人员缺少专业评估人员，尤其是懂得学前教育专业评估理论、技术方法且评估实践经验丰富的专业人士。其次，学前教育专业督导主体的临时化表现为一些兼职督导人员未经过或只经过短期培训便上岗，缺乏专业性，这导致学前教育专业督导工作的评估过程和评估结果缺乏信度。比如重庆市W区共有21名专业教育督学，另外聘请的51名兼职教育督导人员中仅有6名学前教育专业督学，数量小，督导辐射面不广且不容易深入。最后，学前教育专业督导主体的单向化表现在进行督导过程中，相关主体之间未能进行有效的对话与交流，扩大了专项督导的职能，忽视了各个主体间相互合作与沟通，容易造成并扩大督导过程和督导结果的差异性。

## 三、学前教育专业督导客体处境的差异

关于学前教育专业督导客体的界定，在《教育督导条例》中有所提及："县级以上地方人民政府对本行政区域内的学校和其他教育机构(以下统称学校)教育教学工作的督导。"虽然未直接提及幼儿园、早教机构等学前教育机构的名词，但是在实践调研中了解到，重庆市尤其下属的区县层面，在关于教育督导的相关文件和制度中会把幼儿园纳入教育督导的范畴内。在具体的教育督导实践工作中，学前教育专业督导客体处境的差异性，体现在三个方面：

首先，学前教育专业督导客体的区域差异。从大区域差异角度分析，重庆市作为中西部唯一的直辖市，各城区和区县之间的经济发展和教育发展存在内部差异。所以重庆市于2015年9月1日正式施行的《重庆市教育督导条例》中明确提到："市、区县(自治县)人民政府设立教育督导委员会，负责统筹、协调、指导本行政区域的教育督导工作，审议教育督导工作的重大事项，协调解决教育督导工作中的重大问题。"也就是说，从市级到各个区县都会成立教育督导委员会，这一点儿值得鼓励。但是在实际调研过程中，仍会发现不同区县的学前教育专业督导工作重视程度和开展深度不同，造成一些区县学前教育专业督导工作只是"空中楼阁"，缺乏实质性督导效果。在与重庆市教育科学研究院的幼教教研员进行交流中，她提出："我们去到区县进行交流考察中，发现有的区县学前教育专业督导工作开展还是蛮好的，但是有些就有点恼火，反正差异性很大。"进一步分析，也就是区域之间差异造成学前教育机构在接受专业督导时，所获得的督导力度和效果是不一样的。

其次，学前教育专业督导客体的等级差异。按照《重庆市幼儿园等级标准》的划分：重庆市幼儿园按办园水平分为一级、二级和三级……确实，被评定的等级越接近一级幼儿园，其办园条件、园务管理、保教工作等整体质量会更好。恰恰也是因为等级存在，学前教育专业督导人员的关注点会有所偏重。比如一级幼儿园甚至是示范幼儿园，在保证安全方面基础上，督学会重点关注幼儿园保教质量的提升，而等级更低的幼儿园，督学会偏重幼儿园整体安全环境打造和园务管理层面。虽然这些问题不是最严重的，却是值得深入思考和优化的方面。

最后，学前教育专业督导客体的职能差异。这里涉及两个层面内容：其一，在W区实践调研中，公力、民办幼儿园之间督导工作存在差异。2016年W区颁发的《重庆市W区教育督导室关于民办幼儿园安全暨环境卫生专项督导的通报》中重点强调："为强化对民办幼儿园安全和卫生保洁工作的监督和指导，确保幼儿园师生安全和卫生保洁工作，区教育督导室组织部分督学，于2016年9月7日—9月20日，对21所民办幼儿园开展安全、保洁工作专项督导。"不难看出，W区对民办幼儿园督导工作的重心放在安全和保育两个方面，且该区的幼教教研员也曾表示："我区民办幼儿园质量差异化比较大，也是近两年我们区教育局重点关注的问题，要保证民办幼儿园健康发展。"而对于公办幼儿园而言，督学工作会侧重于保教质量和教师专业发展上。所以公办、民办幼儿园之间督导工作重心是存在着差异的，值得进一步平衡和优化。其二，未曾了解到学前教育专业督导工作在早期教育机构中进行。W区幼教教研员反映："我区确实目前尚未进行早期教育机构质量的督导。"所以，作为有较大社会需求的早期教育机构，其质量督导仍是空白，有待将对早期教育机构进行专业化督导的工作提上日程。

## 四、学前教育专业督导运行机理的失范

学前教育专业督导工作的有序有效开展离不开内外部机制的共同作用，更有赖于其运行机理的合理性存在。然而实践中的学前教育专业督导工作的运行机理仍存失范现象。

督导前缺乏合理的可操作性的计划安排。《重庆市教育督导条例》中第三章"督导实施"中罗列了16条规定，涉及具体的督导事项。从横向来看，涉及内容虽然较多，但是容易给相关督学带来困惑，梳理不清具体该做什么，重难点在哪里。从纵向来看，又缺乏条理性和逻辑性，实践者不知先做什么后做什么。因此，需要在传递相关政策

文件和精神时，由具体实践部门进行重新梳理和整合。以W区作为例子，W区实行的“三举措强化三级责任督导制度”提到：一是重心下移，开展责任校（园）督导；二是权力下放，开展好责任片区督导；三是监测上报，开展好全区性督导评估。从具体文本材料可以看出督导工作确实更加具体化和本土化，但是相较于上海市虹口区的《虹口区教育督导规程》，仍然是可操作性不够强。以下是《虹口区教育督导规程》督导前的工作要点：

(1)制订督导工作计划，编制被督学校的“督导评估指标”及配套操作材料。

(2)排定“督导日程”，规划具体步骤，确定报告督学，组成相关的督导队伍。督导队伍主要由专职督学、兼职督学和特约督导员组成，必要时可邀请专门人员参加(包括社区有关人员)。

(3)向被督导单位下达“督导评估指标”或者督导提纲，并在前一个月用书面文件形式通知被督学校。书面文件的文号由督导室统一编排。《督导日程安排表》也随“督导通知”同时送达学校。

(4)学校进入自评时期，被督导单位根据要求进行自查自评，写出自评报告。督导前一周，学校完成自评报告送教育督导室。

(5)阅读学校送交的“督导自查报告”，充分熟悉校(园)情，认真分析该校情况。

(6)根据需要，对所确定的督导人员进行督导前培训。

(7)督导室与被督学校共同进行督导过程的具体安排。

(8)遇有特殊问题，一般应提请室务会议讨论。

上海市虹口区能够将具体督导事项以纵向进行梳理，且要点具有可操作性，保证了督导前工作的有序准备，为后续的督导过程奠定了基础，一定程度上能够提高督导的有效性。当然，每个地区的督导工作成熟度和督导经验存在差异。进行W区督导工作实践考察也发现，他们也在尽力地保证督导前相关制度和事项的科学性，以下来自W区幼教科管理人员的访谈：

“我们区督导式检查已经很多年了，这个标准最开始是参照示范幼儿园，依据幼儿园的管理标准，采用它们的质量管理标准做这个，然后陆陆续续地在这个管理的过程中，又通过督学的督查、园长和教师在督查过程中的反映，综合过后几经调整。同时，也考虑了民办幼儿园、公办幼儿园、城区幼儿园、农村幼儿园之间的差距，然后咱们进行了一个综合的修改，也听取了他们的意见。做这个东西，我们第一强调老师服不服，第二老师在执行过程中有没有困难，一句话就是接地气，还是听取大家的意见几经修改，最后看到的就是现在这个大家都比较认同的一个评价标准。”

能根据多方相关利益主体和具体幼儿园情况调整督导标准或评估指标，值得鼓励和借鉴。但是标准只是一个参考，也不能完全适用于不同性质不同等级的学前教育机构督导。

督导过程中重他评忽自评，量化测评方式至上，缺乏多元化动态机制。重视他评忽略自评主要体现在督政和督学两方面。督政上更多是更高一级的相关督导委员会或督导室对下级部门进行监督，未能看到被调研区域内部相互监管的案例，尤其是教育督导委员会或督导室究竟还有哪些同级部门进行相互监管，有待未来实现和发展。督学上便是由督导委员会或督导室自上而下地对幼儿园等学前教育机构进行督导，鲜有幼儿园自评，即使有，也走上“面子工程”道路，进行笼统的或归纳式的评测，可操作性仍不强，督导事项的“内源性”动力不足。同时，在对W区进行考察时发现，W区的幼儿园督导评估指标体系偏重机械化的量化测评。从表4-2指标体系可以看到，W区在进行幼儿园督导工作时，制定了7项A级指标，涉及办园思想、制度建设、保育保健、科学保教、规范办园、办园成效和一个加分项，另下附28项B级指标，共计总分值为110分。从这份指标体系不难看出，W区以具化且量化的方式对幼儿园质量进行督导评估。实践考察发现，一些督学人员有“走马观花式”督导和为完成任务的机械打分现象。一方面是W区重视量化测评方式，且指标体系中部分指标项赋值权重不够合理，缺乏科学的评估指标，如A级指标中的“科学保教”将B19资源开发赋值为10分，权重远远高于保教工作中幼儿园“一日活动”“活动环境”和“园本教研”等。而且每个B级指标分值具体在幼儿园实践中体现多少，会在极大程度上造成“应该是”“好像是这样”“还可以”“不够好”等主观式判断。如果按照量化方式进行计分评估，W区的幼儿园督导评估指标体系不够成熟。另一方面，淡化甚至忽略质性方法的督导评估方式。关于这点儿，幼儿园反馈，应该加强综合督导、发展性督导评估、专项督导和随访督导等。

表4-2　W区幼儿园督导评估指标体系（部分）

| A级指标 | B级指标 |
| --- | --- |
| 办园思想（8分） | B1办园理念（4分）；B2办园目标（4分） |
| 制度建设（19分） | B3发展规划（3分）；B4岗位职责和管理制度（4分）；B5落实安全主体责任（10分）；B6评价激励机制（2分） |
| 保育保健（20分） | B7卫生保健设施配置（3分）；B8幼儿卫生习惯养成（3分）；B9户外活动与体育锻炼（3分）；B10教职工和幼儿健康体检（4分）；B11膳食营养（2分）；B12严格消毒（2分）；B13传染病防控（3分） |

续表

| A级指标 | B级指标 |
| --- | --- |
| 科学保教(30分) | B14保教计划(4分);B15一日活动(4分);B16活动环境(4分);B17园本教研(4分);B18家长工作(4分);B19资源开发(10分) |
| 规范办园(12分) | B20班额控制(4分);B21保教人员配备(4分);B22规范收费(4分) |
| 办园成效(11分) | B23办园特色(2分);B24校园文化(2分);B25教师专业成长(5分);B26社会评价(2分) |
| 加分项(10分) | B27市、区级竞赛(6分);B28区级活动(4分) |

督导后鲜有回访与系列指导。通过实践调研和深度访谈了解到,督学根据指标体系等方式进行初步评估后,给出评估结果和一定的指导意见,存在着专业性指导意见和归纳式非专业性指导意见两极分化现象,这很大程度上源自督学队伍专业化问题。此外,督学人员也表示,由于督导事项太多,很少又基于上次督导情况进行回访或跟进一系列指导,即使会有回访也很难做到持续进行系列指导。

## 第三节　学前教育专业督导机制的健全与完善

提升质量是世界各国学前教育事业发展的共同趋势,也是近年来我国加快发展学前教育事业的基本价值追求。①学前教育专业督导作为评估监测、指导改善学前教育质量中重要的途径和手段,是提升和保障学前教育质量必不可少的环节和过程。面对当前学前教育专业督导中存在的理念遮蔽、主体异化、指导乏力、事项不明、职责模糊、效果不佳等诸多问题,需从学前教育专业督导机制的主体和客体两方面着手,力求通过主体完善、客体保障、主客体交互作用发挥学前教育专业督导的实际效用,进而健全和完善学前教育专业督导机制。

### 一、督导理念与专业素养:学前教育专业督导的主体之为

基于前一节中关于学前教育专业督导理念认识遮蔽的剖析,理念遮蔽、认识模糊最根本的原因是学前教育专业督导相关督导主体专业素养的缺位。因此,从学前教

①杨晓萍,李敏.焦点与转向:我国学前教育质量研究述评[J].教育研究,2016(4):74-80,104.

育专业督导主体的角度出发，明晰学前教育专业督导内涵、摆正科学督导观念、不断提升督导主体自身的专业素养、强化督导过程中的指导力，才是实现学前教育专业督导的主体之为。

### (一)明晰内涵，摆正观念

明晰学前教育专业督导的内涵、摆正科学督导观念，是解决学前教育专业督导理念认识遮蔽问题的重要方向。明晰内涵、摆正观念即学前教育专业督导在实践过程中要坚持三个“一”，即一个中心——儿童发展，一个方向——督导并重，一个目标——内生发展。

1.一个中心——儿童发展

教育是直面人的生命、通过人的生命、为了人的生命质量的提高而进行的社会活动，是以人为本的社会中最体现生命关怀的一种事业。[①]学前教育更不例外，作为基础教育的重要组成部分，作为人一生成长和发展的奠基阶段，其最终的目标和追求指向儿童身心发展的完整性以及生命意义的实现。对教育督导的过程和评价目的而言，评价和督导是为尽量实现教育的价值，通过评价、监测、督查、指导来提高学前教育机构的质量，更好实现对儿童生命和发展的尊重与保护。因此，学前教育专业督导的着眼点和中心任务在于儿童的发展，对学前教育机构各方面的督导是实现这一中心的具体方式和手段，儿童利益优先则是操作性的方向和原则。“儿童利益优先”是1989年联合国《儿童权利公约》中所确立的基本原则。1991年12月29日第七届全国人民代表大会常务委员会第23次会议决定批准中国加入《儿童权利公约》，使得这一原则成为我国在处理涉及儿童事务中的基本价值导向。学前教育机构作为致力于学前儿童身心发展的专业保教机构，更有责任和义务在各项工作当中充分体现这一原则，以求更好地服务、支持、促进、引导学前儿童健康成长。而这一督导事项尤为关注的是学前教育机构层面的公平和正义，即每一个儿童是否受到了公正的对待。平等享有接受学前教育的机会、享受有质量的学前教育服务是对儿童最基本权益的尊重和保障。

2.一个方向——督导并重

围绕着儿童发展的中心，为实现儿童的完整性发展和生命的意义，学前教育机构必须保证学前教育服务的质量和高效。据此，学前教育专业督导最直接、最现实的目

①本刊记者.为“生命·实践教育学派”的创建而努力——叶澜教授访谈录[J].教育研究，2004(2)：33-37.

的便是促进学前教育机构教育质量的提高。2010年，《国务院关于当前发展学前教育的若干意见》中明确指出：教育部门要完善政策，制定标准，充实管理、教研力量，加强学前教育的监督管理和科学指导。从这一文件政策精神的解读中，能够看出学前教育专业督导的定位和作用，即学前教育专业督导肩负着监督管理、科学指导的双重使命，因此，在践行专业督导的过程中必须督导并重，以监督评价作为前提，以管理引导实现促进，实现督的价值、导的升华。“建立督促地方政府依法履行教育职责的督政体制、指导各级各类学校规范办学提高教育质量的督学体制、科学评价教育教学质量的评估监测体系，形成督政、督学、评估监测三位一体的教育督导体系”是2014年《深化教育督导改革转变教育管理方式的意见》中明确指出的目标和方向。面对当前学前教育专业督导主体人员大多数是政府行政人员的现实，督政、督学对其当前所处的社会发展历史阶段具有一定的现实意义，但更重要的是指向教育机构教育质量的提高、教育事业的发展，无论是教育督导还是学前教育专业督导的内涵中都暗含着指导力的诉求，即通过对教育实践的干预、监管、指导，变革其行为方式，进而实现教育机构教育质量的提升，更好地支持儿童发展。

3.一个目标——内生发展

人的生命是教育的基石，生命是教育学思考的原点。①教育的目的在于培养人、实现人完整性的发展，对教育问题的探讨离不开对教育本身哲学性的思考。然而，要真正实现教育对人发展的支持性作用，实现哲学层面教育意义的完成，必须将理念转化为实际的、可操作的实体，而学前教育机构的教育质量便是关键，必须承认良好的教育能够促进儿童自身及行为实践方式向更好的方向转变。学前教育专业督导是幼儿园等学前教育机构提升教育质量的外在动力，更重要的是通过督导的方式可以促进幼儿园等提供学前教育服务的教育机构实现内生性的发展，获得提升教育质量的自我促进力。进一步而言，学前教育质量的提升也需要通过教育机构内部人员行为的转变产生具体的效益和价值。所以，通过督导的方式促进学前教育机构产生提升质量的内部动机，并通过教师教育实施方式的优化和转变，产生促进教育质量提升的内生性动力，最终实现有效支持儿童身心发展。当然，任何事物的发展不是一蹴而就的，教育督导根据其督导对象的特点应有所差别地突出重点，在整体性提升的同时应优先关注薄弱幼儿园。较高认证级别的幼儿园督导重点在于品牌和特色的打造，薄弱幼儿园则是梳理存在的问题、找到提升质量的路径。同时，也要加强对0~3岁早期教育机构的规范指导与监督管理。

①本刊记者.为“生命·实践教育学派”的创建而努力——叶澜教授访谈录[J].教育研究，2004(2)：33-37.

### (二)提升素养,强化指导

学前教育专业督导主体的素养能力是多重结构的有机体,通识素养、专业素养、能力素养是其具体表现的三个方面。提升学前教育专业督导主体的素养和指导力,必须夯实基本的通识知识能力,强化专业理解与知识能力储备,进而提升以指导力为关键能力的核心素养品质。

1.通识素养:学前教育专业督导力的基础

学前教育专业督导工作的成效很大程度上取决于督导队伍的素质与能力。就其特殊的工作性质而言,熟悉国家教育方针与政策,拥有良好的法律法规素养,了解教育的规律和特点,是充分发挥其自身督导能力的重要基础。换言之,学前教育专业督导主体不管是政府人员还是第三方社会人员,都必须具有良好的最基本的通识素养。这种素养至少包括两方面的内容,一方面是从业精神和素养,另一方面是学前教育的政策法规和教育素养。在国务院颁发的《教育督导条例》中对教育督导人员的从业素养和要求做出了基本的阐述:如坚持党的基本路线,热爱社会主义教育事业;坚持原则,办事公道,品行端正,廉洁自律;具有较强的组织协调能力和表达能力;身体健康,能胜任教育督导工作等。这些是包括学前教育在内的各个学段教育督导人员共同的基本素养。身体健康、热爱教育、德行端正、敬业务实,以及良好的社会沟通、交流表达能力等,是学前教育专业督导人员通识素养的坚实基础。《教育督导条例》中对教育督导人员的法律和教育素养做出规定和要求,如熟悉教育法律、法规、规章和国家教育方针、政策,具有相应的专业知识和业务能力,对教育管理、教学或教育研究工作有丰富的经验。有效的监督必然建立在对相关政策法规的熟悉基础之上,这意味着学前教育专业督导人员应当熟悉和掌握教育的基本规律、基本常识和基本特点,非常熟悉涉及学前教育机构的各项政策法规、规章制度,对各种政策变化要保持足够的敏感性。

2.专业素养:学前教育专业督导力的关键

学前教育专业督导遵循着"监督与指导并重"的基本原则和方向,要想通过专业督导实现学前教育机构质量的提升就必须在指导方面多做文章多下功夫,而这种指导力的根源在于学前教育专业督导人员的专业素养,即他们对学前教育现象的了解和熟悉程度,对学前教育中的问题、规律、特点等的理解和把握。学前教育虽是基础教育的重要组成部分,但学前儿童年龄身心的特点和个性差异,决定了学前教育的目标、内容、方法呈现出不同于小学、中学的特点。儿童是活泼的,这一发展特点就决定了幼儿园的学习方式必须是以游戏作为基本的学习和活动方式;儿童是直接的,这就要求幼儿园的课程是整合的,所提供的经验是鲜活的、直接的,学习的方式是可以操作的、直观的;儿童是发展的,换言之,儿童暂时是需要照顾引导的,这就决定了幼儿园的教育并不能纯粹地以学科的知识教育为主,而是要保教结合,一日生活皆教育;学前儿童相比中小学所呈现出的身体机能差异,决定了幼儿园的教育要保中有教、教中有保,课程、计划、安排等都必须有足够的弹性。而对这些细微差异的认识和把握,体现的是学前教育专业督导人员最基本的专业素养,即学前教育专业素养。在学前教育专业督导机制的现实考察中我们能够发现,对于接受督导的学前教育机构而言,它们最需要的是在课程建设、教师专业、质量提高等方面的指导,对学前教育专业督导这些"专业人员"的期盼,主要集中在如何通过改进保教工作提升幼儿园的教育质量,以便更加有效地支持儿童学习与发展。

3.能力素养:学前教育专业督导力的核心

教育督导要做出实事求是的分析与评估,肯定其成绩,指出其存在的问题,并对今后的工作提出积极性的建议,以改进教育工作,提高教育质量。[①]学前教育专业督导作用的发挥,在于通过督促切实提高幼儿园等教育机构教育质量的水平,适切性的、积极性的建议是学前教育专业督导人员专业素养的体现,更是专业知识转化为专业能力的具体标志。如何运用专业知识对学前教育问题做出适切的判断和适宜的支持,正是幼儿园等被督导机构在儿童保教方面对具有较高专业水平的督导人员的期待。因此,学前教育专业督导人员不仅应当具备学前儿童身心发展、保育教育、课程教学等的基本理论知识素养,更要能够将捕捉到的行为层面的问题拔高到理论层面,同时能够将抽象的理论原理通过举例、示范等方式具体到行为操作中来,就事论事,发挥更好的指导效果。同时,这种能力中也夹杂着沟通、协调、组织等社会性的能力,比如说在什么情境中采取什么样的沟通策略,让针对实际问题提出来的工作改进建议更加能够被园长、老师们接受和实施。换言之,这种能力是一种"教练技术"。教练的本质是激励,通过教练技巧使人保持一种不断追求、不断提高的心态,[②]进而采取适切性的策略激发潜能、提高效率。学前教育专业督导人员应通过有效的倾听、提问、激励等技巧,充分调动被督导人员(园长、教师)的内在动力和创造性,达到"循循善诱、欲罢不能"的境界,使得学前教育机构内生发展成为可能。

①孙绵涛.教育行政学[M].3版.武汉:华中师范大学出版社,2009:225.

②刘妙玲.人本管理与企业教练技术[D].广州:暨南大学,2004:摘要.

## 二、事项内容与机制建设:学前教育专业督导的客体保障

学前教育专业督导机制的健全与完善离不开督导主体的督导理念与专业素养的提升,同时需要相应事项内容的完善与机制建设作为外在保障。内在的素养及指导力是学前教育专业督导机制运行的关键,具体的事项内容和机制协调则是学前教育专业督导机制运行的外在条件。因此,学前教育专业督导在客体保障的建设方面,需根据督导主体理念与素养的更新,进一步规范事项、厘清思路,完善机制、增强保障。

### (一)规范事项,厘清思路

规范学前教育专业督导事项,厘清学前教育专业督导思路,是学前教育专业督导客体保障的第一步。具体而言,明确思路、专注过程、总结方法是规范学前教育专业督导事项、厘清学前教育专业督导思路的具体实践步骤。

1.明确思路

学前教育专业督导主体回答的是"谁能够进行督导"的问题,从其理念、素质进行剖析。事项内容与机制建设作为学前教育专业督导的客体,主要聚焦于"督什么""导什么"的问题。就具体督导事项而言,学前教育专业督导就是要回答在督导工作中应当关注谁的行为、关注哪些行为、[①]寻求什么样的行为改变。一般而言,督导事项首先应该集中在学前教育机构的日常工作,根据幼儿园等学前教育机构保育与生活活动、教育与课程管理活动、日常工作实施与组织管理三大板块,建立与规范理念—课程—实施—反思的督导事项体系。围绕幼儿园等学前教育机构的发展愿景和基本理念,通过访谈和追问了解学前教育机构是如何在基本理念当中反映出当地的文化传统与家长的价值诉求、以什么样的教育学和心理学理论作为基础、采用什么样的机制不断对其予以修正和完善等,同时也可以追问某个具体的工作细节(如晨接、家长会、早操活动等)是如何体现其基本理念等;围绕课程方案及其实施,关注并引导学前教育机构自身去反思关于课程的各种问题,包括学前教育机构试图传递给儿童什么样的知识、这些知识与儿童终身学习和发展之间存在何种关联等问题,引导反思每个儿童在学前教育机构当中到底经历了什么、收获了什么、在哪些领域获得了成长等。

2.专注过程

学前教育专业督导不仅要关注督导的目标与结果,更应关注幼儿园等学前教育

①李敏.学前教育机构质量督导研究[D].重庆:西南大学,2016:31.

机构开展各项工作的过程。学前教育专业督导应当引导学前教育机构采取有效的工作措施，从各个日常工作环节入手，通过对细节的关注去提升机构的质量水平。比如围绕保教实践，学前教育专业督导要积极关注和引导幼儿园等学前教育机构如何有效支持儿童的学习和发展，关注儿童参与活动的情绪状态（通过观察表情、与儿童交谈询问等方式实现）、活动场地设施和材料的投放、使用情况（为儿童创造支持性的学习环境）、各种与活动开展相关的过程性资料（如活动照片、视频、文本等）、教师与儿童的互动方式等。在某种程度上，学前教育专业督导的过程和管理学中"戴明环"理论有共性，通过策划、实施、检查、改进四个环节①去改善提高机构的质量水平。学前教育专业督导就其本身行为而言，是幼儿园等教育机构外部性行为。监测、检查、评估作为学前教育专业督导的重要内容，是教育督导工作开展必不可少的环节，也是教育督导人员指导教育机构提升质量的前提。在此基础上，教育督导人员根据实际工作中存在的问题，帮助教育机构分析具体的情形、做出判断、选择策略，这一过程表面上是最后一个环节，实际上是激发自我促进、自我提高潜能的暂时性行为，能够帮助幼儿园等学前教育机构根据自身愿景去判断当前教育情形，做出正确发展判断，选择相应整改措施，进而实现机构的内生性发展，实现学前教育专业督导的价值和目标。

3. 总结方法

有效性是学前教育专业督导工作成效的重要指标。幼儿园等学前教育机构教育质量的提高、学前教育专业督导作用的发挥是教育督导顺利有效实施的结果，因此必须对学前教育专业督导的有益尝试、教育督导实施的有效方法进行提炼总结。在规范督导工作流程方面，新西兰ERO的督导评估流程值得借鉴。ERO的学前教育机构督导评流程包含告知、自我评估、信息交换、方案设计、调查分析、讨论结果、报告公布七个步骤。虽然《教育督导条例》中也有类似的督导工作开展流程，但是通过比较能够发现ERO有充分深入的沟通与对话。如第三个环节"信息交换"和第四个环节"方案设计"中，督导人会对被督导机构进行充分的了解，根据不同机构的差异化背景讨论其评估的要点，形成个性化的评估方案。在这个过程中看到教育督导双方能够平等地交流商讨，根据共同的愿景努力呈现真实状态进而做出最大程度、最适宜的改善，提高机构的教育质量，而不是被动地被检查、被评估和被迫发展。这也是本研究一直倡导的通过学前教育专业督导工作的开展实现包括幼儿园等学前教育机构人员在内的内生性发展，通过内部的潜能和动力不断主动反思，提高机构的教育质量，最

①袁青.应用PDCA理论促进学校质量持续提升的思考与设计[J].上海教育科研，2007(7)：60-61.

终实现儿童的生命意义。

### (二)完善机制,增强保障

完善学前教育专业督导机制,增强学前教育专业督导保障是学前教育专业督导客体保障的第二步,是在明确思路、专注过程、总结方法的基础上进一步调整完善、激发活力、提升效能。多元参与、赋权增能,厘清权责、各司其职,完善机制、反思改进是再度巩固学前教育专业督导的客体保障,推动客体保障条件与督导主体协调配合发挥学前教育专业督导的最大效益。

1.多元参与,赋权增能

在学前教育专业督导实践当中,政府或教育行政机构往往是督导工作绝对的、唯一的主体,单一的主体虽然力求代表大多数相关主体的利益与需求,但在实践层面往往不能照顾到所有相关主体的需求与选择。因此,多元参与强调在督导过程中充分吸纳相关主体参与,保证各方的价值和需求能够尽可能多地反映在学前教育质量提升、儿童身心发展的过程中。面对相同的情形,不同主体的价值判断会营造一种百家争鸣的氛围,实现督导过程在妥协、调整中符合机构的实际情况和不同发展的需求。因此,教师、家长、有相关资质的社会第三方都可以参与到学前教育专业督导的过程中,充分发挥不同主体的主体性作用。学前教育机构的质量提升,最终是通过机构内部相关主体的行为改变而实现的,学前教育专业督导工作始终是外部的动力,无论督导动力多么强大,督导的频率多么大,不能充分调动机构内部相关人员的主动性,就不能从根本上解决机构质量提升的内生性发展问题。因此,应当高度重视学前教育机构内部主体的潜能,实现教师、家长等充分赋权。

2.厘清权责,各司其职

在我国教育督导机构普遍建立以前,庞大的教研机构就已经建立了,并且在实际上承担了评估指导等职能。更为关键的是,各级教研机构并不纯粹是学术机构,带有很强的行政色彩。因此,名义上独立的教育督导机构往往将办公室设置在教育行政部门,且多吸纳教研人员参与。基于我国实际情况,学前教育专业督导要厘清评估—教研—督导责权边界。教育行政机构(教育局)主要负责学前教育机构的准入审批和日常监管,教育评估机构负责认证评估和质量监测,教育研究机构负责业务指导和学术研究,教育督导机构负责监督和业务指导。其中教育行政机构和教育督导机构带有更多的行政色彩,代表国家行使教育管理权力,而教育研究机构和教育评估机构则更偏向学术性机构,必要时可以接受教育行政机构和教育督导机构的委托开展工作。

此外，现实中实力比较强大的教育研究机构也可能会内设教育评估机构。如果条件许可，市级及以上教育督导部门也可以下设专门的评估机构。当然，教育评估与质量监测工作也可以采取第三方服务的方式，由高校或知名专家团队等完成。

3.完善机制，反思改进

学前教育专业督导机制需要创新管理机制，那就需要从选拔、任用、培训、考核各个环节保障最能够胜任督导工作的人进入督导队伍中，同时能够在履职过程中不断提升专业水平。同时，要健全相关督导人员的回避制度。回避制度是为了避免因利益关系而影响相关职能主体履行职责的一种制度设计。就学前教育专业督导而言，尽管其根本指向在于提升质量，但是监督与指导并重的职能设计使得监督依然是一项基本职责。而监督工作又往往与学前教育机构及其相关人员的切身利益联系起来，因此就有必要考虑回避制度。此外，学前教育专业督导工作的重点在于激发幼儿园内生性发展的动力系统。反思改进是促进内生性发展的关键所在，围绕反思改进，学前教育机构是如何对自身各项工作予以反思的？反思的方式是什么？根据反思的结果，如何使这些工作得以改进？例如，针对幼儿园课程，可以追问幼儿园是如何不断对自身的课程体系进行反思和优化的；在办园理念的确定方面，也可以追问其是否经常性或周期性地进行自我评估，是否不断得到优化。

第五章

# 学前教育持续健康长效发展的幼儿教师专业发展机制

CHAPTER 5

“教育大计，教师为本。”重视教师专业发展已经成为当今世界教师教育变革的趋势，幼儿教师作为学前教育发展中的关键点，其专业发展水平直接影响整个学前教育和每位幼儿今后的发展。幼儿教师作为推进学前教育持续健康长效发展的重要主体，是决定学前教育质量的核心人物。关注幼儿教师专业发展将有利于突破学前教育持续健康长效发展的瓶颈，迎来学前教育新的曙光。

## 第一节　幼儿教师专业发展机制的基本理论

幼儿教师在学前教育中扮演着不可或缺的角色，其专业素质是幼儿教育事业发展的关键性影响因素。2012 年 2 月 10 日教育部印发了《幼儿园教师专业标准（试行）》，这是国家对合格幼儿园教师专业素质的基本要求，是幼儿园教师实施教育教学行为的基本规范，是引领幼儿园教师专业发展的基本准则，也是幼儿园教师培养、准入、培训、考核等工作的重要依据。幼儿教师专业发展日益成为教育领域的关注焦点和重要议题。幼儿教师专业发展既涉及政府层面的教师管理，也关涉幼儿园的教师队伍建设，同时受群体动力学因素和教师个体的自我选择等多个方面的影响。本节就幼儿教师专业发展的内涵展开界定，从幼儿教师专业发展的基本阶段进行分析，并对幼儿教师专业发展的相关理论进行了梳理。

## 一、幼儿教师专业发展的内涵

### (一)幼儿教师专业发展的含义

1.教师专业发展

自20世纪60年代以来,教师培养和发展成为社会热切关注的重要主题,对教师的关注经历了“专业化—专业成长—专业发展”的转变。随后国际上对教师专业发展的研究逐渐丰富起来。20世纪80年代至90年代,美国掀起教师专业化的浪潮,霍姆斯小组在1990年在《明日之教师》中提出“教师专业发展学校”,在促进教师专业发展方面取得了良好成效。《国家中长期教育改革和发展规划纲要(2010—2020年)》提出要加强教师队伍建设,明确指出“教育大计,教师为本。有好的教师,才有好的教育”,体现了国家对高素质专业化教师队伍的高度重视和追求。

长期以来国内外学者从不同的视角对“教师专业发展”进行了不同的解释。其中国外学者霍伊尔(Hoyle)认为教师专业发展是指在教学职业生涯的每一阶段,教师掌握良好专业实践所必备的知识与技能的过程。[①]富兰和哈格里夫斯(M.Fullan & A. Hargreaves)指出教师专业发展,既指通过在职教师教育或教师培训获得特定方面的发展,又指教师在目标意识、教学技能和与同事合作能力等方面的进步。[②]国内学者叶澜认为教师专业发展是指教师的专业成长或教师内在专业结构不断更新和丰富的过程。[③]总而言之,教师专业发展是一个多层次、多等级的发展过程。

2.幼儿教师专业发展

幼儿教师专业发展是教师专业化的重要组成部分,他们的专业发展水平直接影响学前教育和幼儿发展的质量。1903年,湖北巡抚端方根据张之洞所定章程在省城武昌阅马场创办幼稚园,这是中国第一所幼稚园,开创了我国幼儿教育的先河,湖北幼稚园还附设了我国最早的幼师学校女子学堂来培养幼儿教师,至今我国幼儿教师教育已经走过了一百余年的历史,幼儿教师的专业发展也获得了巨大的进步。近年来随着《幼儿园教育指导纲要(试行)》的颁布,更加明确了幼儿教师是对孩子一生发展具有深远影响的专业人员,充分肯定了幼儿教师的专业地位,幼儿教师专业发展日

①Hoyle, E.Professionalization and deprofessional ization in education. In Eric Hoyle &Jacquetta Megarry(Eds.), World .yearbook of education 1980: Professional development of teachers. London: Kogan Page,1980.P.42.

②郭海燕.农村幼儿教师专业发展的现状研究——以江西省万安县农村幼儿教师专业发展为例[D].重庆:西南大学,2006:10.

③叶澜,等.教师角色与教师发展新探[M].北京:教育科学出版社,2001:208.

益成为教育中的焦点问题。

依据对教师专业发展概念的理解，当前对幼儿教师专业发展的理解也颇为丰富。有学者认为教师专业化的实质内涵是指教学的品质和教师的主要行为表现。[①]有学者认为幼儿教师专业发展是幼儿教师在其专业生涯中，习得幼儿教学的专门知识与技能、内化幼教专业规范、形成幼教专业精神、表现专业自主性并实现专业责任的历程。[②]幼儿教师专业发展包含三种基本含义：一是指幼儿教师专业成长的过程；二是指推动幼儿教师专业发展的过程，也就是教师教育；三是兼具上述两种含义，认为幼儿教师专业发展既是一种过程，又是一种目的，是一个内涵丰富、动态持续的过程。

### （二）幼儿教师专业发展的内容

美国幼儿教育协会（National Association for the Education of Young Children，以下简称为NAEYC）作为一个民间组织，正式成立于1926年，发展至今已经是全球最大的致力于为0~8岁儿童教育与发展服务的综合性机构，NAEYC在1993年发表的《早期教育专业化发展的概念体系》中指出，幼儿教师的专业化应体现在：对儿童发展有着深刻的理解和体悟，将心理学、教育学知识运用于实践；善于观察和评量儿童的行为表现，以此作为课程计划的依据和设计个性化课程的依据；善于为儿童营造和保持安全、健康的氛围；计划并履行适宜儿童发展的课程，全面促进儿童的社会性、情感、智力和身体方面的发展；与儿童建立积极的互动关系，成为支持儿童发展的重要力量；与幼儿家庭建立积极的有效的关系；支持儿童个体的发展和学习，使儿童在家庭、文化、社会背景下得到充分的理解；对教师专业主义予以认同。[③]庞丽娟教授从《幼儿园教育指导纲要（试行）》对教师要求的新精神和教师专业化发展的一般趋势出发，较为具体地说明了教师实施素质教育的基本素质内涵。她指出，幼儿教师专业素质应包含六个方面：（1）对儿童和儿童发展的承诺；（2）全面、正确地了解儿童发展的能力；（3）有效地选择、组织教育内容的能力；（4）创设发展支持性环境的能力；（5）领导和组织能力；（6）不断地专业化学习。[④]教育部2012年颁布出台了《幼儿园教师专业标准（试行）》，明确指出幼儿教师专业标准的基本内容构架包含专业理念与师德、专业知识和专业能力等三个维度。基于相关文献、政策和实际情况，本书认为幼儿教师专业

①张元．试析幼儿教师专业化的特征及其实现途径[J]．学前教育研究，2003（1）：50-52.

②郭海燕．农村幼儿教师专业发展的现状研究——以江西省万安县农村幼儿教师专业发展为例[D]．重庆：西南大学，2006：11.

③NAEYC.A Conceptual Framework for Early Childhood Professional Development.1993（11）：1-12.

④教育部基础司．《幼儿园教育指导（纲要）》解读[M]．南京：江苏教育出版社，2002：171-177.

发展涵盖以下三个方面：

1.专业精神

精神是理性的产物，是主体对世界的感知、理解、反思和实践，并通过具体活动得到外化和显现。教师专业精神是教师在教育场域内所传递出的对职业一致而平稳的认同感、责任感、奉献意识和积极专业意识的价值追求，是教师对教育行为所秉承的一致、连贯、自觉的行为。[①]专业精神同时是幼儿教师专业素养的重要组成部分和核心内容。叶澜教授认为教师专业精神包含专业理想、专业态度、专业动机和职业满意度等几个方面。由于学前教育的特殊性，幼儿教师专业精神的形成也存在鲜明的个体差异性。基于教师专业发展的共性，我们认为幼儿教师的专业精神是幼儿教师所持有的专业认同、专业态度和专业美德，三者彼此独立又相辅相成，共同构成幼儿教师的专业精神。这种内在的精神力量能够帮助教师拨开教育教学中的层层迷雾，抵挡教师职业生涯中虚无感和倦怠感的入侵，引领教师走向职业自信和专业发展。教师的专业精神具有内隐性的特征，它一旦形成就会不断优化教师主体的积极性和自觉性，进而促进幼儿教师专业发展的良性发展。

2.专业知识

我们常说：给孩子一杯水，我们要有一桶水。幼儿正处于人生的萌芽阶段，对世界充满好奇心和探索欲，这就要求幼儿教师具备从事教育教学工作所要求的专业知识。专业知识是幼儿教师专业素质的重要组成部分，是教师专业发展的关键条件，是教师应该具备的符合时代发展、顺应幼儿需要的广博知识。舒尔曼（Shulman）认为，教师教育要强调理解和推理、转化和反省这一教学理念，根据这一理念，教师必备的专业知识至少应该包括如下方面：学科内容知识、一般教学法知识；课程知识；学科教学法知识；学生及其学习特点的知识；教育情境的知识；教育目的与价值的知识。斯滕伯格通过教学专长的模型分析教师的专业知识，认为教师专业知识包括内容知识、教学法的知识和实践的知识三个方面。李崇德认为教师的专业知识应当包含本体性知识、条件性知识、实践性知识和文化知识等四个方面。2012年教育部颁布出台了《幼儿园教师专业标准（试行）》，在基本内容中明确指出幼儿教师专业知识包括幼儿发展知识、幼儿保育和教育知识、通识性知识三个领域，并对每个领域做出了详细的要求。（如表5-1）

①吴思孝.教师专业精神：内涵、价值与培养[J].教育理论与实践，2013(34)：39-43.

表5-1 《幼儿园教师专业标准(试行)》对专业知识的要求

| 维度 | 领域 | 基本要求 |
| --- | --- | --- |
| 专业知识 | (五)幼儿发展知识 | 21.了解关于幼儿生存、发展和保护的有关法律法规及政策规定。<br>22.掌握不同年龄幼儿身心发展特点、规律和促进幼儿全面发展的策略与方法。<br>23.了解幼儿在发展水平、速度与优势领域等方面的个体差异,掌握对应的策略与方法。<br>24.了解幼儿发展中容易出现的问题并掌握适宜的对策。<br>25.了解有特殊需要幼儿的身心发展特点及教育策略与方法。 |
| | (六)幼儿保育和教育知识 | 26.熟悉幼儿园教育的目标、任务、内容、要求和基本原则。<br>27.掌握幼儿园各领域教育的学科特点与基本知识。<br>28.掌握幼儿园环境创设、一日生活安排、游戏与教育活动、保育和班级管理的知识与方法。<br>29.熟知幼儿园的安全应急预案,掌握意外事故和危险情况下幼儿安全防护与救助的基本方法。<br>30.掌握观察、谈话、记录等了解幼儿的基本方法和教育心理学的基本原理和方法。<br>31.了解0~3岁婴幼儿保教和幼小衔接的有关知识与基本方法。 |
| | (七)通识性知识 | 32.具有一定的自然科学和人文社会科学知识。<br>33.了解中国教育基本情况。<br>34.具有相应的艺术欣赏与表现知识。<br>35.具有一定的现代信息技术知识。 |

3.专业能力

优秀的教师必须具备从事教学工作的基本能力,因此教师专业发展的过程也是专业能力不断形成、熟练、提升的过程。幼儿教师的专业能力是指在一定的时代背景下,幼儿教师顺应时代要求,在幼儿教学活动中充分运用本专业领域的相关知识和个人智慧,促进儿童健康、全面地发展,并达到教育专业组织认可水准所体现出来的行为。在《幼儿园教师专业标准(试行)》中同样的对幼儿教师的专业能力做出了说明,认为幼儿教师的专业能力包括环境的创设与利用、一日生活的组织与保育、游戏活动的支持与引导、教育活动的计划与实施、激励与评价、沟通与合作、反思与发展等七个领域,并对每个领域做出了详细的要求。(如表5-2)

表5-2 《幼儿园教师专业标准(试行)》对专业能力的要求

| 维度 | 领域 | 基本要求 |
| --- | --- | --- |
| 专业能力 | (八)环境的创设与利用 | 36.建立良好的师幼关系,帮助幼儿建立良好的同伴关系,让幼儿感到温暖和愉悦。<br>37.建立班级秩序与规则,营造良好的班级氛围,让幼儿感受到安全、舒适。<br>38.创设有助于促进幼儿成长、学习、游戏的教育环境。<br>39.合理利用资源,为幼儿提供和制作适合的玩教具和学习材料,引发和支持幼儿的主动活动。 |
| | (九)一日生活的组织与保育 | 40.合理安排和组织一日生活的各个环节,将教育灵活地渗透到一日生活中。<br>41.科学照料幼儿日常生活,指导和协助保育员做好班级常规保育和卫生工作。<br>42.充分利用各种教育契机,对幼儿进行随机教育。<br>43.有效保护幼儿,及时处理幼儿的常见事故,危险情况优先救护幼儿。 |
| | (十)游戏活动的支持与引导 | 44.提供符合幼儿兴趣需要、年龄特点和发展目标的游戏条件。<br>45.充分利用与合理设计游戏活动空间,提供丰富、适宜的游戏材料,支持、引发和促进幼儿的游戏。<br>46.鼓励幼儿自主选择游戏内容、伙伴和材料,支持幼儿主动地、创造性地开展游戏,充分体验游戏的快乐和满足。<br>47.引导幼儿在游戏活动中获得身体、认知、语言和社会性等多方面的发展。 |
| | (十一)教育活动的计划与实施 | 48.制订阶段性的教育活动计划和具体活动方案。<br>49.在教育活动中观察幼儿,根据幼儿的表现和需要,调整活动,给予适宜的指导。<br>50.在教育活动的设计和实施中体现趣味性、综合性和生活化,灵活运用各种组织形式和适宜的教育方式。<br>51.提供更多的操作探索、交流合作、表达表现的机会,支持和促进幼儿主动学习。 |
| | (十二)激励与评价 | 52.关注幼儿日常表现,及时发现和赏识每个幼儿的点滴进步,注重激发和保护幼儿的积极性、自信心。<br>53.有效运用观察、谈话、家园联系、作品分析等多种方法,客观地、全面地了解和评价幼儿。<br>54.有效运用评价结果,指导下一步教育活动的开展。 |
| | (十三)沟通与合作 | 55.使用符合幼儿年龄特点的语言进行保教工作。<br>56.善于倾听,和蔼可亲,与幼儿进行有效沟通。<br>57.与同事合作交流,分享经验和资源,共同发展。<br>58.与家长进行有效沟通合作,共同促进幼儿发展。<br>59.协助幼儿园与社区建立合作互助的良好关系。 |
| | (十四)反思与发展 | 60.主动收集分析相关信息,不断进行反思,改进保教工作。<br>61.针对保教工作中的现实需要与问题,进行探索和研究。<br>62.制定专业发展规划,不断提高自身专业素质。 |

## 二、幼儿教师专业发展的基本阶段

### （一）关于教师专业发展阶段说

1.富勒的教师关注阶段论（Fuller，1969）

20世纪60年代末，美国学者富勒是最早的教师专业发展阶段的研究者，其编制的《教师关注问卷》（Teacher Concerns Questionnaire）掀开了教师发展理论研究的序幕，揭示了教师所关注问题的变化，并依据此问卷将教师的发展分为四个阶段①：

（1）教学前关注阶段（Pre-teaching Concerns）

此阶段是职前培养时期，教师处于学生的角色，对于教师角色还在想象阶段，他们没有任何的教学经验，因此只关注自己，并且对于自己的教师抱有观察、评价、排斥等多种态度。

（2）早期生存关注阶段（Early Concerns about Survival）

此阶段是初次接触实际教学的实习阶段。在此阶段，教师们关注的是自己的生存问题，也就是能否在这个新环境中生存下来。因此，此时教师关注的是班级管理、教学能力、上级视察评价、师生关系、同事合作等。这一阶段的教师们常常表现出焦虑与紧张。

（3）教学情境关注阶段（Teaching Situations Concerns）

在此阶段，教师在关心前一阶段诸多问题的同时，开始关注教学上的种种需要或限制以及挫折。因为这一阶段对教师的教学能力和技巧提出了相关要求，所以教师更多关注教学所需要的知识、能力与技巧，总而言之，教师关注的仍然是自己的表现。

（4）关注学生阶段（Concerns about Students）

教师在整个专业发展的历程中虽然很早就有关注到学生这个学习主体，比如学生的品德、需要、成绩等，但是这些关注存在浅层次、表面化的问题，未能帮助学生解决实际问题，教师只有在适应教师角色、职业压力和工作重荷之后，才能真正地关怀学生或者关注自己对学生的影响以及自己与学生的关系等。

2.卡茨的教师发展时期论（Katz，1972）

美国学者卡茨采用访谈和问卷调查的形式，以学前教师作为研究对象，针对学前教师的培训和专业发展，将教师专业发展分为四个阶段：

①黄小文.基于教师专业发展的教师教育课程改革研究[D].湘潭：湖南科技大学，2008：3.

(1)生存时期(Survival)

这一时期主要是针对初任教师而言的,在完全没有学前教育经验的情况下,新教师在最初任教的1~2年里,由于教学实际与想象中的情况有差距,所以他们会关心自己在陌生的环境中能否生存下来。

(2)巩固时期(Consolidation)

经过1~2年的教学实践,这一时期的教师已经掌握了处理教学事务的基本方法和教学知识,并开始整合教育经验,巩固教育能力,关注学生个体和处理学生问题。此时教师需要教育专家的专业引领、学校同事的专业合作来进一步提升自己。

(3)更新时期(Renewal)

在任教3~4年之后,教师开始对平日繁杂而又规律、刻板的工作产生厌倦和懈怠,想要寻找创新的事物。因此,在这一时期根据教师的心理状态鼓励教师参加各种培训进修班,积极开展交流会,彼此分享教学经验,在与同行教师的交流沟通中获得新的经验,更新教育理念,实现专业成长。

(4)成熟时期(Maturity)

任教5年及5年之后,进步较快的教师已达到成熟阶段,有的教师可能会需要相对更长的时间。到了成熟时期的教师,已有足够的能力来探讨一些较为抽象和深入的问题。同时,这一时期的教师已由适应到习惯,开始胜任教师的角色。

3.伯顿的教师生涯循环发展理论( Burden,1979)

20世纪70年代末、80年代初,美国俄亥俄州立大学的伯顿、纽曼、皮特森和弗劳拉等学者,对教师发展进行了一系列有组织的相关研究。其中,伯顿提出了著名的教师生涯循环发展理论:

(1)求生存阶段( Survival Stage)

求生存阶段是指从事教学的第一年。在此阶段的教师,刚踏入一个新的环境,再加上没有实际教学经验,对教学活动及环境只有非常有限的知识,因此,所面对的各种事物都在适应之中。此时教师所关心的是班级秩序的控制、学科的教学、教学技巧的改进、教具的使用和教学内容的了解等方面。处于此阶段的教师已开始注意了解学生并与之相处,但是仍缺乏信心,不愿意尝试新的方法。

(2)调整阶段( Adjustment Stage)

调整阶段是进入教学第二年至第四年之间的时期,教师的知识已较丰富,心情也较轻松。教师们开始了解到孩子们的复杂性,此时会寻求新的教学技巧与解决问题的新方法,以满足学生各种不同的需求。这个时期的教师变得较开放,也较能关心学生,并且感觉到自己比以往更有能力满足学生们的各种不同的需求。

(3)成熟阶段(Maturity Stage)

在从教5年或5年以上之后,教师们的经验更加丰富,对教学活动驾轻就熟,并且对教学环境已有充分的了解。因此,这一时期的教师们感觉比较安心,可以放心地、专心地处理教学过程中所发生的事情。教师能够不断地追求并尝试新的方法,更能关心学生,更能配合学生的需求,即比较关心师生之间的交流。而且,在此阶段的教师发现自己已逐渐获得专业见解,并能处理大多数可能发生的情况。

4.白益民的教师自我更新理论

我国学者白益民则选择了教师专业结构中的自我发展意识这一特征作为切入口,以"自我更新"取向划分教师专业发展的过程。他以教师对自我专业发展的关注程度为标准,把教师的专业成长过程划分为以下五个阶段:[①]

(1)"非关注"阶段

"非关注"阶段,指教师进入正式的师范教育之前的阶段。尽管后来做教师的人在这一阶段很难说有从教意向,更没有专业发展的意识,但这个阶段对教师后来从教的影响不容忽视。这一阶段的生活经历以及所养成的良好品格为教师今后的发展奠定了十分重要的基础。

(2)"虚拟关注"阶段

"虚拟关注"阶段,主要是指师范生在师范学习阶段的发展状况。这时的师范生所接触的中小学实际带有某种虚拟性,因而使得师范生的专业人员意识和自我专业发展意识十分淡薄。

(3)"生存关注"阶段

"生存关注"阶段是初任教师阶段。无论是从人生发展还是专业发展角度说,此时教师均面临着一个全新的阶段。这一阶段的突出特点是"骤变与适应"。这种环境的骤变从反面激起了初任教师强烈的自我专业发展的忧患意识,迫使他们特别关注专业发展中的最低要求——专业活动的"生存技能"。这个阶段的教师急于找到维持最基本教学的求生知识和能力,他们努力解决课堂纪律方面存在的问题,注意激发学生的学习动机,设法处理学生的个别差异,学习评价学生作业,与家长建立关系……在处理这些问题时,他们感到缺乏基本的教师专业知识和基本的教学能力,需要求助于有经验的教师,同时在教学实践中进一步充实自己。

①叶澜,等.教师角色与教师发展新探[M].北京:教育科学出版社,2001:278-299.

(4)"任务关注"阶段

"任务关注"阶段是教师专业结构诸方面稳定、持续发展的时期。随着教学基本"生存"知识、技能的掌握,教师的自信心也日渐增强,由关注自我的生存,转到更多地关注教学上来。这一阶段的自我专业发展意识由仅仅关注"生存"技能,转到更广范围的专业发展上来。但这一转向在很大程度上受到职业阶梯、他人评价等某些外在因素的制约。此阶段教师之所以对专业发展重视,多是因为能获得职业阶梯的升迁和更高的外在评价。

(5)"自我更新关注"阶段

在"自我更新关注"阶段,教师的专业发展动力已转移到了专业发展自身,直接以专业发展为指向,而不再受外部评价或职业升迁的牵制。教师能够有意识地进行自我规划,以谋求最大限度的自我发展,自我规划与发展已成为教师日常专业生活的一部分。这个时期的教师更加关注课堂内部的活动及其实效,关注学生是否真正学习,教师能够对问题予以整体、全面的关注。此阶段的教师特征是自信和从容。

### (二)关于幼儿教师专业发展阶段的划分

幼儿教师专业发展一般要经历三个不同的时期:适应期、成熟期、精专期。每个时期的幼儿教师都有自身的特征,因而每个时期发展的内容也各不相同,其发展形式也是不一样的。

1.适应期(新手型教师——胜任型教师)

适应期的幼儿教师处于教师专业发展的起始阶段,有着鲜明的成长特征。一方面,新手教师对工作充满热情,能够虚心求教,敢于接受工作中的挑战,具备自身独特的成长优势。另一方面,新教师也面临着诸多问题:首先摆在眼前的是新教师自身角色转换的心理适应问题(由原先的被组织者转变为组织者,由在校的听课者转变为授课者,由在校学生变为受人尊重的教师);其次是面临着外部环境、多种人际关系的处理问题(新工作环境的适应,同事之间、师幼之间、与家长之间的关系处理);再次是在竞争激烈、家长期望高、社会压力重的情形之下,承载着幼儿园繁重的教育教学工作任务。由于新教师工作年限较短,缺少一定的实战经验,又急于想做好工作,各方面又处于适应阶段,往往工作效率不高,成果不突出,所以心理压力比以往任何时候都大。

2.成熟期(胜任型教师——经验型教师)

成熟期的教师往往经过专业的学习和培训,有着极强的专业知识和能力,具有长期的教学经验，拥有深厚的实践智慧，这一阶段的教师是幼儿园的中流砥柱，较多担任班主任、教研组长等多种职务，承担着教育、教学、科研等多种任务，也就承受着更多的专业发展压力。成熟期是胜任型教师向经验型教师发展的时期，也是幼儿教师专业发展中较为漫长的一个阶段，此时的幼儿教师具有以下几方面的基本特征：丰富的教学经验和扎实的教育实践能力；多元化的知识结构和不断提高的科学文化素养；反思性提高与自我完善的专业发展；有开展家长工作的能力，并能较好地利用家长资源。[①]

3.精专期（经验型教师——专家型教师）

随着《幼儿园教育指导纲要（试行）》的颁布和实施，幼儿教师专业化的呼声越来越高，它要求教师由近代"技术熟练者"向现代"反思性研究者"转化，要求教师成为善于反思、研讨和实践的研究型幼儿教师，也称专家型教师。研究型幼儿教师是教师队伍中的精英，是教师成长的终极目标。他们在专业知识、专业能力、专业品质及专业态度上达到了一定的高度，成为幼儿教育事业的主力军。他们在幼儿教育实践中是优秀教师的代表，承担着幼儿教育课程改革的重要使命，也引领着幼儿教师队伍素质的不断提高。精专期教师已经开始形成自己独特的教育风格和教育意识，具有符合时代精神的先进教育理念、复合型的知识结构、创新创造能力、研究反思能力等。

## 三、幼儿教师专业发展的理论

### （一）终身教育理论与幼儿教师专业发展

终身学习的理念自20世纪60年代经联合国教科文组织的大力提倡，目前已成为世界各国教育发展的原动力和教育改革的指导原则。1972年联合国教科文组织提出的主题报告书"学会发展"中，特别强调终身教育的理念。它指出传统的教育体系欠缺整体性，注重精英教育，因而主张未来的教育要在学校教育与校外教育间建立完整的体制，使教育不再是精英分子的特权，亦不专属于特定的年龄层，而能融入整个社会、每个人的一生。终身学习的理念必须通过教育观念的改变、教育制度的改革、整体社会参与教育机会的提供等途径方能具体实现。克罗伯里（Cropley）认为，终身教育的意义可从四个层面来探讨：（1）时间——学习是持续一生的活动，从一个人的出生开始到生命的终了；（2）形态——终身学习在正规的、非正规的和非正式的教育情

①线亚威，李云翔.幼儿教师专业成长[M].沈阳：万卷出版公司，2007:81-82.

境中发生;(3)学习方式——终身学习强调自我导向的学习;(4)学习结果——终身学习可以使个人获得现代生活中必备的知识、技能和态度,最终目标是促进个体的自我实现。

教师的终身学习是专业发展的需要。教师自身具有终身学习的动力。党的十六大提出了“形成全民学习、终身学习的学习型社会”“构建终身教育体系”的教育战略目标,对教师的自我学习、终身学习的素养与能力提出了新的挑战和要求。一个教师能否具有不竭的工作动力和教育创新能力,能否始终领风气之先,在教育教学实践中发挥示范作用,能否成为教育专家,其关键在于是否具有持续学习、终身学习和不懈探究的意识和能力。

### (二)职业生涯管理理论与幼儿教师专业发展

职业生涯指个体一生中从事职业的全部历程,包括个体所有的工作、职业、职位的外在变更和工作态度、体验的内在变更。职业生涯管理( Career Management)属于人力资源管理( Human Resources)范畴,指个人和组织对职业历程的规划、职业发展的促进等一系列活动的总和,它包括组织主动实施的组织职业生涯管理和由个人主动进行的自我职业生涯管理。职业生涯管理的实质是对人的能力、个性、情绪、价值、人性的开发和利用,有助于提高个人人力资本的投资收益、降低改变职业通道的成本,也有益于集体或组织团体的发展。

职业生涯管理理论为研究幼儿教师的专业发展提供了一种新视角。从职业生涯管理理论可以看出,幼儿教师作为一种职业,也有其职业生涯管理的内在结构性和规定性。幼儿教师的职业生涯是与其教书育人的一系列活动相关联的职业经历,如在幼儿园从教过程中不断丰富教育教学经验、实现教育理想等。幼儿教师的职业生涯史就是一部生活史、发展史。

## 第二节　幼儿教师专业发展机制的现实考察

百年大计,教育为本;教育大计,教师为先。教师是整个教育事业的核心和灵魂,教师水平的高低将直接影响到教育质量的好坏。自从《国家中长期教育改革与发展规划纲要(2010—2020年)》中提出我国学前教育发展的三大目标以来,学前教育的发展迎来了春天,学前教育事业的发展步入了新时期。随着国家对学前教育事业的重视和投入,各地针对幼儿园基础设施和师资队伍建设如火如荼地开展“学前教育三年行动计划”,至2016年底各地两期“学前教育三年行动计划”圆满完成,基本形成了国培、省培、市培、县培、园培自上而下的幼儿教师培训体系和常态格局。在这一背景下,为了解在政府重视及投入之后幼儿教师的专业发展状况和特点,明晰新时代背景下幼儿教师专业发展的瓶颈和困惑,本研究通过对幼儿教师专业发展现状进行问卷调查,探讨幼儿教师在地域、性别、年龄、教龄、学历、职称等相关方面的差异,在了解幼儿教师专业发展现状的基础上针对存在的问题提出相应的对策建议,以期为促进幼儿教师专业健康长效发展、提升教师专业发展水平和学前教育质量提供些许参考。

## 一、研究设计

### (一)研究对象

本研究采取问卷调查法,选取了重庆五个区(县)对幼儿教师专业发展的具体情况展开调查,共发放问卷1000份,回收问卷856份,回收率为85.6%,其中有效问卷775份,有效率为90.54%。为保证样本的代表性,样本区县类型包括主城区、经济开发区、普通区县及贫困区县。其研究对象的基本情况如表5-3所示。

表5-3　调查对象基本情况信息表

| 类别 | | 人数(人) | 比例(%) |
|---|---|---|---|
| 性别 | 男 | 7 | 0.9 |
| | 女 | 768 | 99.1 |
| 年龄 | 20岁以下 | 166 | 21.4 |
| | 21~30岁 | 373 | 48.1 |
| | 31~40岁 | 126 | 16.2 |
| | 41~50岁 | 82 | 10.6 |
| | 50岁以上 | 28 | 3.7 |
| 教龄 | 3年以下 | 439 | 56.6 |
| | 4~6年 | 150 | 19.4 |
| | 7~10年 | 86 | 11.1 |

续表

| 类别 | | 人数(人) | 比例(%) |
|---|---|---|---|
| | 11~15年 | 44 | 5.7 |
| | 16~20年 | 25 | 3.2 |
| | 21~30年 | 21 | 2.7 |
| | 30年以上 | 10 | 1.3 |
| 学历 | 研究生 | 3 | 0.4 |
| | 本科 | 106 | 13.7 |
| | 大专 | 381 | 49.2 |
| | 大专以下 | 285 | 36.8 |
| 职称 | 小学二级 | 19 | 2.5 |
| | 小学一级 | 42 | 5.4 |
| | 小学高级 | 48 | 6.2 |
| | 未评定 | 666 | 85.9 |
| 来源 | 转岗教师 | 60 | 7.7 |
| | 特岗教师 | 18 | 2.3 |
| | 事业招聘 | 72 | 9.3 |
| | 园方合同 | 625 | 80.6 |
| 幼儿教师资格证 | 有 | 371 | 47.9 |
| | 无 | 404 | 52.1 |

### (二)研究工具

本研究所使用的调查问卷《幼儿教师专业发展情况调查问卷》为自编问卷，基于对教师专业发展以及幼儿教师专业发展相关文献的梳理总结，参考相关教师专业发展调查问卷，结合幼儿教师专业发展的特征，提炼出包含专业能力与知识、专业情感与投入等五大板块的问卷框架，问卷主体结构包括专业知能、专业投入、专业情感、专业认同、人际支持五个维度，共计47道题。所有题项采用李克特五点计分法，研究对象根据个人真实感受从“完全不符合”到“完全符合”给出1~5分相应的评分，问卷编码后采用SPSS 20.0对数据进行录入、统计与分析。

### （三）问卷的信效度

主要依据Cronbach's Alpha系数对本研究所采用的自编问卷进行信度分析，通过对问卷47个项目的检验，整个问卷的Cronbach's Alpha为0.892，证明该问卷具有较好的内部一致性。问卷五个子维度内部一致性处于中高等水平，在总体上均与问卷整体水平保持着较高的内部一致性。通过对问卷整体情况及各维度的相关性分析，由表5-4可得知该自编问卷各维度与问卷整体以及各维度之间存在着极其显著的相关关系。问卷各维度与整体情况之间的相关系数在0.670~0.803之间，表明问卷各维度与问卷整体情况之间的相关性处于中等偏高水平。问卷各维度之间的相关系数在0.293~0.664之间，表明该问卷各维度之间处于中低度相关水平，同时反映各维度具有相对的独立性。因此，通过以上的分析能够得知该问卷具有较好的信效度。

表5-4　问卷结构中各维度相关情况分析①

| 维度 | 总体情况 | 专业知能 | 专业投入 | 专业情感 | 专业认同 | 人际支持 |
|---|---|---|---|---|---|---|
| 总体情况 | 1 | | | | | |
| 专业知能 | 0.739** | 1 | | | | |
| 专业投入 | 0.803** | 0.664** | 1 | | | |
| 专业情感 | 0.670** | 0.348** | 0.358** | 1 | | |
| 专业认同 | 0.694** | 0.296** | 0.293** | 0.481** | 1 | |
| 人际支持 | 0.764** | 0.436** | 0.511** | 0.395** | 0.484** | 1 |

## 二、调查结果与分析

### （一）幼儿教师专业发展的总体情况

本研究中关于幼儿教师专业发展的情况调查主要从专业知能、专业投入、专业情感、专业认同、人际支持五个维度展开，实际调查结果如表5-5所示，五个区（县）幼儿教师专业发展的总体情况较好，全部题项均值4.045分，表明五个样本地区幼儿教师专业发展处于较高水平。具体来看，专业知能、专业投入以及人际支持三方面均高于4分，处于较高的发展水平，而在专业情感、专业认同这两方面处于中等偏上水平。从

① ***代表 $p<0.001$，表示差异极其显著，**代表 $p<0.01$，表示差异非常显著，*代表 $p<0.05$，表示差异显著。

图5-1可以更直观地观察出本次问卷调查五个样本地区幼儿教师专业发展的总体水平及各维度的得分情况。

表5-5　幼儿教师专业发展的总体水平

| 维度 | 题项 | 均值(分) | 标准差(%) |
|---|---|---|---|
| 总体情况 | 47 | 4.045 | 18.433 |
| 专业知能 | 9 | 4.342 | 4.195 |
| 专业投入 | 13 | 4.291 | 6.575 |
| 专业情感 | 8 | 3.715 | 4.104 |
| 专业认同 | 10 | 3.600 | 5.386 |
| 人际支持 | 7 | 4.220 | 4.670 |

如图5-1所示，五个样本地区幼儿教师专业发展在5个维度的均值得分处于3.600~4.342分之间，专业知能得分最高，题项均值为4.342分，专业投入位列第二，题项均值为4.291分，人际支持题项均值为4.220分，位居第三，表明近年来幼儿教师专业发展中的专业知能得到了很好的支持和发展，大多数的幼儿教师在日常教育实践中能够较好地处理人际关系，能够综合各方面的支持，认真投入幼儿教育事业当中。

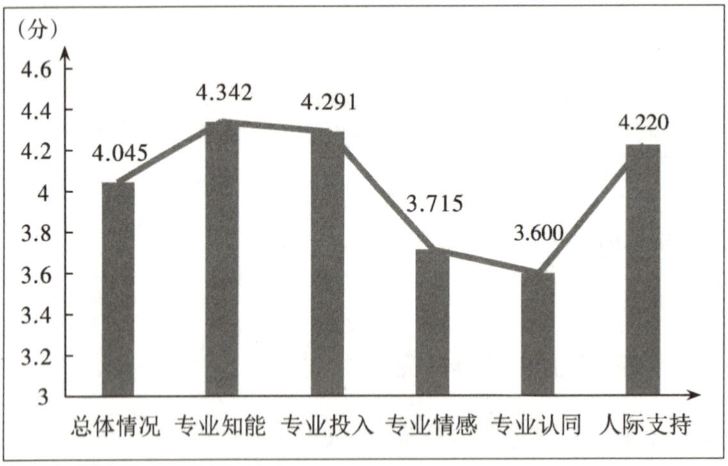


图5-1　幼儿教师专业发展的总体水平

同时，从图5-1中可以观察到，在样本地区幼儿教师专业发展整体情况良好的现状下，幼儿教师在专业情感和专业认同两个维度得分相对较低，尤其是专业认同在幼儿教师专业发展五大维度中得分最低，表明至少从教师本人的专业认同感而言，幼儿教师在专业认同方面还存在着一些问题，与《国家中长期教育改革与发展规划纲要(2010—2020年)》中提出的“使教师成为受人尊重的职业”还存在一定的差距。

## (二)幼儿教师专业发展在地区上的差异

本次问卷调查的五个样本地区包括主城区、普通区(县)、经济开发区以及贫困区(县),样本地区包含不同经济发展状况的几类地区,一定程度上能够代表重庆市幼儿教师专业发展的整体情况。为探究地域因素对幼儿教师专业发展的影响,本研究从幼儿教师专业发展各个维度对研究样本进行了差异性检验,具体情况如表5-6所示。

表5-6 幼儿教师专业发展的地区差异

| 维度 | Z | W | Y | J | Q | T | F | Sig |
|---|---|---|---|---|---|---|---|---|
| 总体情况 | 4.002/18.869 | 4.167/16.134 | 4.186/16.529 | 4.046/21.337 | 3.963/15.964 | 4.045/18.433 | 8.623 | 0.000 |
| 专业知能 | 4.281/4.199 | 4.393/3.540 | 4.447/3.585 | 4.248/4.706 | 4.420/4.133 | 4.343/4.195 | 5.162 | 0.000 |
| 专业投入 | 4.160/7.158 | 4.402/5.343 | 4.397/5.096 | 4.256/6.951 | 4.330/6.489 | 4.291/6.575 | 6.179 | 0.000 |
| 专业情感 | 3.335/4.880 | 3.843/3.708 | 3.750/3.077 | 3.743/4.035 | 3.700/3.648 | 3.715/4.104 | 5.953 | 0.000 |
| 专业认同 | 3.685/5.566 | 3.754/5.934 | 3.829/6.424 | 3.619/5.914 | 3.350/2.473 | 3.600/5.386 | 19.164 | 0.000 |
| 人际支持 | 4.283/4.060 | 4.396/4.067 | 4.466/3.023 | 4.351/4.061 | 3.871/5.395 | 4.220/4.670 | 22.785 | 0.000 |

由表5-6数据可得知,幼儿教师专业发展总体情况在五个样本地区存在极其显著的差异($p=0.000<0.02$),在专业知能、专业投入、专业情感、专业认同、人际支持五个维度均存在极其显著的差异($p=0.000<0.02$)。以上数据直观反映出不同地区的经济发展状况、政府政策的支持等其他影响因素直接影响着幼儿教师的专业发展。从图5-2中,可以更直观地观察到幼儿教师专业发展在地域上存在的差异。

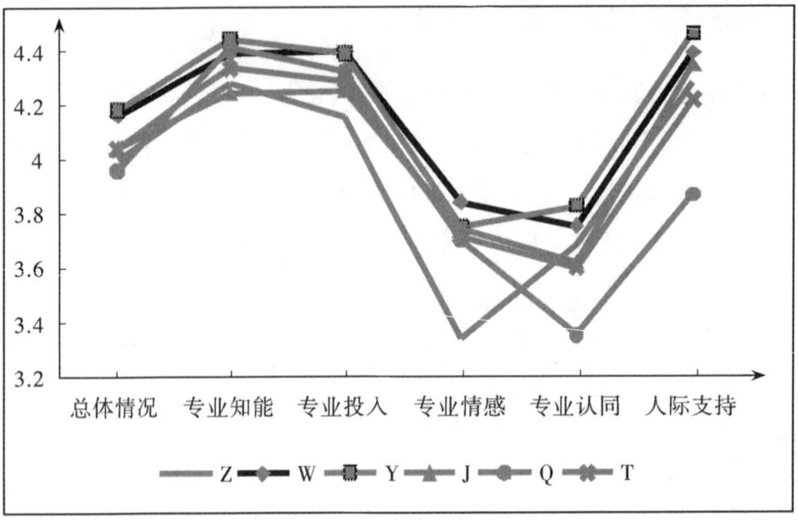


图5-2　幼儿教师专业发展的地区差异

在图5-2折线图中，虽然在各维度题项均值上五个样本地区之间的差距并不悬殊，但还是存在细微差别。在幼儿教师专业发展总体情况方面，五个样本地区Q区（县）和Z区（县）均高于总体平均水平，值得注意的是同样经济发展水平的Y区（县）幼儿教师专业发展的总体水平位居第一。以Y区（县）为例，幼儿教师专业知能、专业认同、人际支持三个维度在五个样本地区中均为第一，而在专业投入、专业情感两个维度，W区（县）名列第一。相比之下，作为主城区的J区，在五个样本地区幼儿教师专业发展水平的比较中并不突出。

## （三）幼儿教师专业发展在性别上的差异

幼儿教师队伍的总体情况一直都是女多男少，本次调研的数据统计中也同样反映了这样的现状。在幼儿教师的整体队伍中，男幼师真是寥寥无几。一般意义上，因为性别因素所造成的性格差异，男幼师和女幼师可能在教师专业发展的某些方面存在着一定差异。为探究性别因素对幼儿教师专业发展的影响，本研究分别从五个维度对男幼师和女幼师进行差异性检验。

表5-7　幼儿教师专业发展的性别差异

| 维度 | 男 | 女 | F | Sig |
|---|---|---|---|---|
| 总体情况 | 3.894/28.160 | 4.047/18.336 | 0.760 | 0.384 |
| 专业知能 | 4.159/6.241 | 4.344/4.175 | 2.486 | 0.115 |

续表

| 维度 | 男 | 女 | F | Sig |
|---|---|---|---|---|
| 专业投入 | 4.176/11.176 | 4.292/6.529 | 1.425 | 0.233 |
| 专业情感 | 3.339/5.823 | 3.719/4.080 | 2.513 | 0.113 |
| 专业认同 | 3.486/5.047 | 3.601/5.391 | 0.001 | 0.972 |
| 人际支持 | 4.244/5.765 | 4.220/4.663 | 0.061 | 0.805 |

如5-7数据可知，幼儿教师专业发展在性别方面不存在显著性的差异，各维度差异性检验的$p$值均大于0.05。出现这一结果的原因可能是男幼师样本量过小导致，本研究775个样本中只有7名为男性教师，仅占幼儿教师总体的0.9%。同时，实践调研数据的结果也提醒我们对长期以来关于男幼师、女幼师的观点进行反思。但根据图5-3折线图所示，男幼师和女幼师在教师专业发展的五个维度还存在细微差别。

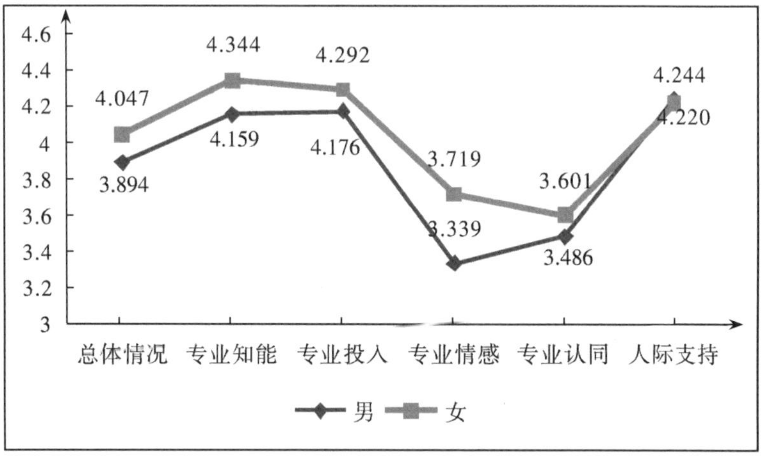


图5-3 幼儿教师专业发展的性别差异

总体而言，男幼师、女幼师的教师专业发展水平均处于中等偏上，各维度的题项均值差异并不突出。相对而言，除人际支持这一维度，男幼师与女幼师在其余四个子维度的题项均值上均存在细小差距，尤其是在专业情感方面，题项均值差距最大。在人际支持方面，男幼师与女幼师的题项均值基本持平。因此，男幼师在教师专业发展的专业情感、专业认同方面值得进一步挖掘探究。

## （四）幼儿教师专业发展在年龄上的差异

为进一步探究幼儿教师专业发展在人口学变量上的差异，本研究对五个样本地区的775位幼儿教师进行了年龄上的差异性检验。分析结果如表5-8所示，幼儿教师专业发展的总体情况不存在显著性的年龄差异($p$=0.687 > 0.05)。同时,不同年龄的幼儿教师在专业投入、专业情感、专业认同三个维度均不存在显著性的差异。

表5-8　幼儿教师专业发展的年龄差异

| 维度 | 20岁以下 | 21~30岁 | 31~40岁 | 41~50岁 | 50岁以上 | F | Sig |
|---|---|---|---|---|---|---|---|
| 总体情况 | 4.055/21.767 | 4.036/15.904 | 4.046/17.887 | 4.091/3.976 | 3.976/25.111 | 0.567 | 0.687 |
| 专业知能 | 4.251/4.845 | 4.353/3.791 | 4.360/4.406 | 4.433/4.189 | 4.384/3.717 | 2.560 | 0.037 |
| 专业投入 | 4.285/7.069 | 4.4304/5.869 | 4.293/6.049 | 4.311/6.173 | 4.085/12.940 | 1.263 | 0.283 |
| 专业情感 | 3.746/4.385 | 3.706/3.491 | 3.705/4.384 | 3.716/4.912 | 3.705/5.958 | 0.197 | 0.940 |
| 专业认同 | 3.634/5.866 | 3.573/4.877 | 3.615/5.238 | 3.627/6.557 | 3.607/5.962 | 0.471 | 0.757 |
| 人际支持 | 4.330/4.347 | 4.167/4.521 | 4.187/4.202 | 4.331/5.657 | 4.087/6.466 | 2.673 | 0.031 |

对表5-8数据进一步分析,可以得知不同年龄的幼儿教师在专业知能($p$=0.037 < 0.05)、人际支持($p$=0.031 < 0.05)两个维度均存在显著性的差异。为更直观地展现不同年龄幼儿教师在专业发展上的差异,特将各年龄段幼儿教师专业发展在各维度的题项均值绘制折线图,具体趋势如图5-4所示。

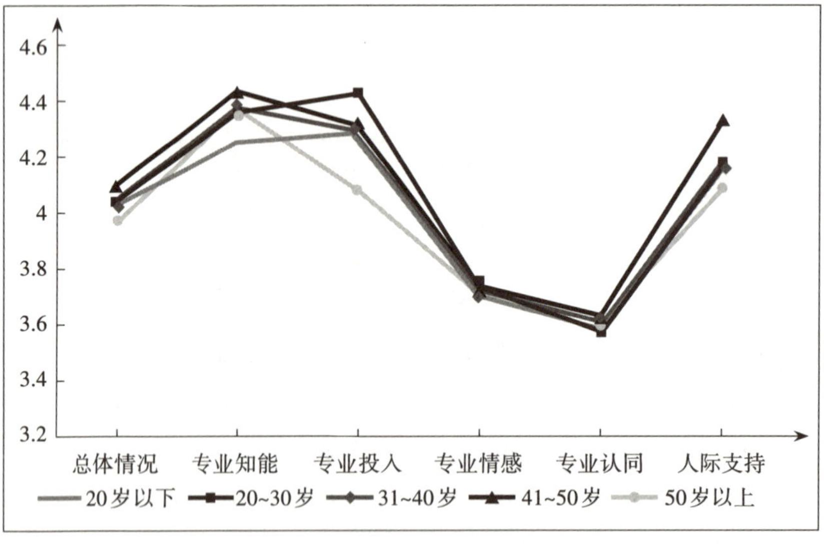


图5-4　幼儿教师专业发展的年龄差异

由图5-4可知,从总体趋势50岁以上的幼儿教师除专业知能其余四个维度均处于相对较低水平,反映出这一阶段幼儿教师专业发展进入停滞期的现实。由表5-3调查对象基本情况信息表可知21~30岁之间的幼儿教师共有373名,占总调查样本的48.1%,而从图5-4可知这一阶段的幼儿教师在专业认同水平相对最低,在某种程度上能够折射出幼儿教师队伍流动性较大的社会现实。

### (五)幼儿教师专业发展在教龄上的差异

为进一步探究时间这一变量对幼儿教师专业发展的影响,在对幼儿教师专业发展年龄差异性检验的基础之上,本研究对不同教龄的幼儿教师进行差异性检验。按照职业发展的一般规律,本研究将不同教龄的幼儿教师分为七个阶段,具体数据分析结果如表5-9所示。

表5-9 幼儿教师专业发展的教龄差异

| 维度 | 3年以下 | 4~6年 | 7~10年 | 11~15年 | 16~20年 | 21~30年 | 30年以上 | F | Sig |
|---|---|---|---|---|---|---|---|---|---|
| 总体情况 | 4.022/19.29 | 4.080/15.461 | 4.050/16.025 | 4.079/22.059 | 4.110/19.067 | 4.062/18.212 | 4.143/22.765 | 0.731 | 0.625 |
| 专业知能 | 4.280/4.323 | 4.409/3.850 | 4.399/3.768 | 4.491/4.224 | 4.422/4.708 | 4.429/3.678 | 4.522/3.433 | 3.332 | 0.003 |
| 专业投入 | 4.265/6.449 | 4.368/5.664 | 4.318/5.762 | 4.232/8.511 | 4.424/5.355 | 4.231/5.329 | 4.131/17.852 | 1.428 | 0.201 |
| 专业情感 | 3.697/4.275 | 3.680/3.943 | 3.723/3.496 | 3.864/4.258 | 3.740/3.861 | 4.125/3.423 | 4.125/3.399 | 1.998 | 0.064 |
| 专业认同 | 3.587/5.599 | 3.617/4.762 | 3.578/5.365 | 3.644/5.298 | 3.666/5.657 | 3.657/5.662 | 3.660/5.168 | 0.254 | 0.958 |
| 人际支持 | 4.234/4.426 | 4.244/4.567 | 4.153/5.233 | 4.133/5.141 | 4.189/5.721 | 4.170/5.680 | 4.386/5.034 | 0.465 | 0.834 |

由表5-9数据可知,不同教龄阶段的幼儿教师在专业发展各维度(专业知能除外)基本上不存在显著性的差异,处于专业发展不同时期的幼儿教师在整体上仅在专业知能($p=0.003<0.05$)这一维度存在极其显著的差异。图5-5能够较为直观地展现不同教龄阶段的幼儿教师在各维度的发展水平和趋势。

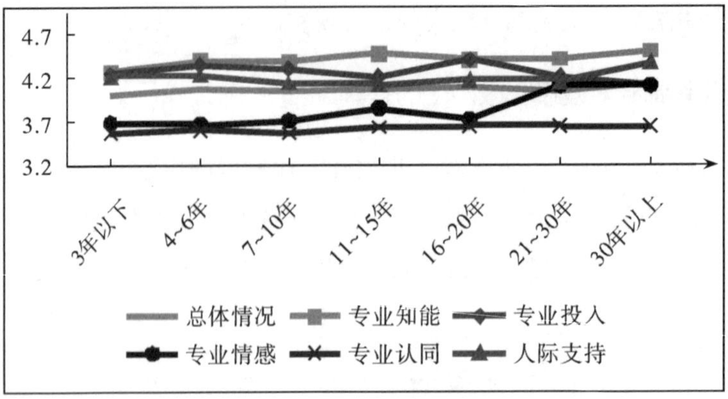


图5-5　幼儿教师专业发展的教龄差异

如图5-5所示，除专业投入这一维度，其余维度在幼儿教师专业发展的过程中均大致呈现不同程度的上升趋势。随着教龄的增长，幼儿教师在专业情感和专业投入上发生相对较大的变化。整体而言，幼儿教师专业认同水平相对稳定，较专业发展其他维度处于最低水平，其根本影响因素值得进一步挖掘。同时，也反映出要根据不同教龄阶段、不同专业发展时期去把握幼儿教师专业发展的主要矛盾。

### （六）幼儿教师专业发展在学历上的差异

长期以来，大专及以下学历的幼儿教师成为这一行业的主要支撑，本次调研的数据也反映出这样的特征，大专学历的幼儿教师381名，占总样本的49.2%，大专以下学历的幼儿教师285名，占总样本的36.8%。也就是说，大专及以下学历的幼儿教师占86.0%。表5-10呈现的是对不同学历的幼儿教师专业发展水平进行差异性检验的数据结果。

表5-10　幼儿教师专业发展的学历差异

| 维度 | 研究生 | 本科 | 大专 | 大专以下 | F | Sig |
|---|---|---|---|---|---|---|
| 总体情况 | 4.206/21.939 | 3.924/19.071 | 4.069/16.245 | 4.057/20.502 | 4.139 | 0.006 |
| 专业知能 | 4.519/4.041 | 4.308/4.447 | 4.391/3.854 | 4.288/4.483 | 3.031 | 0.029 |
| 专业投入 | 4.359/8.505 | 4.263/6.119 | 4.322/5.784 | 4.259/7.632 | 0.990 | 0.397 |
| 专业情感 | 3.875/2.000 | 3.490/4.982 | 3.730/3.659 | 3.778/4.156 | 8.735 | 0.000 |
| 专业认同 | 3.900/5.568 | 3.420/5.283 | 3.606/5.385 | 3.656/5.300 | 5.416 | 0.001 |
| 人际支持 | 4.332/4.041 | 4.019/4.815 | 4.233/4.443 | 4.276/4.840 | 3.996 | 0.008 |

据表5-10数据显示，不同学历的幼儿教师在专业发展的总体情况上($p$=0.006 < 0.02)存在极其显著的差异。具体而言，幼儿教师在专业知能方面($p$=0.029 < 0.05)存在显著的学历差异，在专业情感、专业认同与投入、人际支持三方面存在极其显著的差异，而在专业投入方面($p$=0.397 > 0.05)不存在显著的学历差异。从图5-6幼儿教师专业发展的学历差异的折线图中，可以更清晰地看到不同学历幼儿教师在专业发展具体维度上的均值差异。

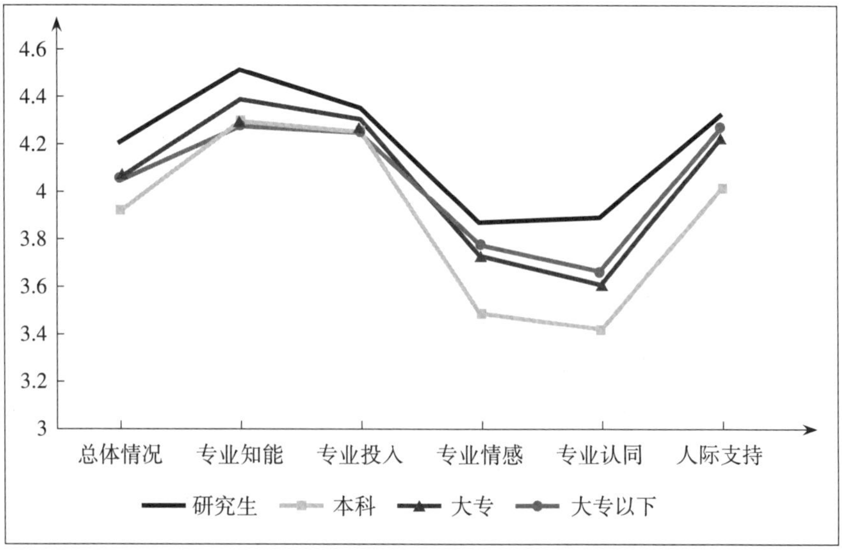


图5-6　幼儿教师专业发展的学历差异

由图5-6可知，在四种学历水平中研究生学历的幼儿教师在专业发展的各个维度均值得分最高，除专业情感、专业认同维度题项均值低于4分外，其他维度发展均处于较高水平。相反，较高学历的本科生在整体趋势中专业发展的各维度的题项均值处于较低水平，反映出亟须关注本科学历幼儿教师的专业发展问题。同时，各学历水平的幼儿教师在专业情感、专业认同两个维度的题项得分均略低于其他维度，这一现象也值得反思和探讨。

### (七)幼儿教师专业发展在职称上的差异

职称的高低在某种程度上象征着教师的专业发展水平，为进一步探究幼儿教师专业发展在职称上的差异，本研究以职称为自变量，对五个样本地区的幼儿教师专业发展进行差异性检验，数据统计分析结果详见表5-11。

表5-11　幼儿教师专业发展的职称差异

| 维度 | 小学二级 | 小学一级 | 小学高级 | 未评定 | F | Sig |
|---|---|---|---|---|---|---|
| 总体情况 | 3.929/17.979 | 4.010/23.058 | 3.964/21.416 | 4.057/17.865 | 1.547 | 0.201 |
| 专业知能 | 4.281/5.327 | 4.456/4.017 | 4.303/4.806 | 4.340/4.123 | 1.048 | 0.370 |
| 专业投入 | 4.259/6.085 | 4.227/9.685 | 4.219/6.801 | 4.302/6.335 | 0.660 | 0.577 |
| 专业情感 | 3.718/3.769 | 3.560/5.443 | 3.450/5.595 | 3.744/3.834 | 6.398 | 0.000 |
| 专业认同 | 3.358/3.485 | 3.533/8.647 | 3.577/5.612 | 3.613/5.136 | 1.655 | 0.175 |
| 人际支持 | 3.924/5.004 | 4.229/5.738 | 4.193/4.578 | 4.230/4.589 | 1.314 | 0.269 |

由表5-11分析数据可知，不同职称水平的幼儿教师在专业发展总体情况、专业知能、专业投入、专业认同、人际支持方面均不存在显著差异（$p > 0.05$），但在专业情感这一维度存在极其显著的差异（$p=0.000 < 0.02$）。并且，由图5-7可知，在专业情感这一维度，未评定职称的幼儿教师处于四种职称类型中的最高水平，这一数据结果对教育实践的研究具有挑战意义，分析其背后的影响因素可能是教师来源途径。在本次调研访谈的幼儿园中大多数的幼儿教师未评定职称，但存在一部分拥有职称的转岗教师，如图5-8所示，转岗教师在专业情感维度的题项均值在四种类型教师中最低。

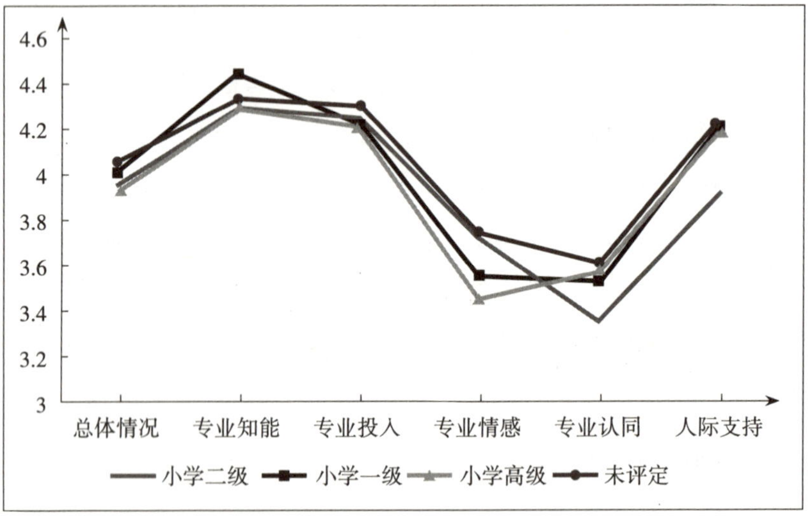


图5-7　幼儿教师专业发展的职称差异

同时，据图5-7幼儿教师专业发展的职称差异的整体趋势可知，未评定职称的幼儿教师在专业发展的多个维度并不亚于已经评定职称的幼儿教师。根据表5-3对研究对象基本情况的统计，本研究中未评定职称的幼儿教师多达666人，占总样本的

85.9%，他们成为整个幼儿教师队伍的主力军。因此，在大力倡导提升教师学历、提高教师专业能力的同时，应肯定这一群体对幼教事业的付出和奉献。

### (八)幼儿教师专业发展在入职途径的差异

本研究中将幼儿教师入职途径分为转岗教师、特岗教师、事业招聘、园方合同四种类型进行分类统计，为探究这一因素对幼儿教师专业发展的影响，本研究对不同入职途径的幼儿教师专业发展情况进行了差异性检验，表5-12为数据分析统计的结果。

表5-12　幼儿教师专业发展的入职途径差异

| 维度 | 转岗教师 | 特岗教师 | 事业招聘 | 园方合同 | F | Sig |
|---|---|---|---|---|---|---|
| 总体情况 | 3.851/20.496 | 4.085/25.228 | 4.046/15.762 | 4.063/18.091 | 5.493 | 0.001 |
| 专业知能 | 4.224/5.074 | 4.457/3.984 | 4.314/3.878 | 4.353/4.134 | 1.861 | 0.135 |
| 专业投入 | 4.135/6.469 | 4.462/5.509 | 4.316/4.886 | 4.298/6.750 | 2.717 | 0.044 |
| 专业情感 | 3.184/5.124 | 3.875/5.990 | 3.836/3.309 | 3.748/3.771 | 26.702 | 0.000 |
| 专业认同 | 3.507/5.880 | 3.400/10.123 | 3.574/4.569 | 3.618/5.226 | 1.721 | 0.161 |
| 人际支持 | 4.097/3.951 | 4.127/7.783 | 4.113/4.396 | 4.246/4.641 | 1.737 | 0.158 |

由表5-12的数据可知，幼儿教师专业发展总体情况在入职途径方面存在着极其显著的差异($p=0.001<0.02$)，具体而言，在专业投入方面存在着显著差异($p=0.044<0.05$)，在专业情感方面存在着极其显著的差异($p=0.000<0.02$)。此外，五个样本地区的幼儿教师在专业知能、专业认同、人际支持三方面均不存在显著的入职途径差异。

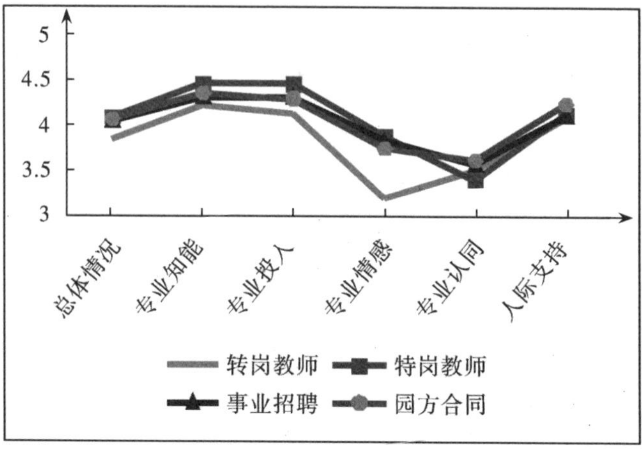


图5-8　幼儿教师专业发展的入职途径差异

进一步分析，由图5-8幼儿教师专业发展的入职途径差异的折线图可得出，四种类型的幼儿教师在专业发展的各个维度均处于中等偏上水平。同时,可以清晰地观察到转岗教师专业发展的各个维度(除专业认同)均处于四种类型教师中的最低水平。相反,特岗教师专业发展的各个维度(除专业认同)均处于较高水平。而占据样本大比例的园方合同聘任教师,其在专业认同、人际支持两个维度均为四种类型教师中的最高水平。因此,关注不同类型幼儿教师的专业成长需要有着极其的迫切性和重要性。

### (九)幼儿教师专业发展在有无教师资格证上的差异

持证上岗是一个行业队伍的准入规则,而幼儿教师队伍无证上岗一直是学前教育事业发展的一大痛处。为探究有无教师资格证书对幼儿教师专业发展的影响,本研究针对幼儿教师是否持证上岗对其专业发展的影响进行了差异性检验,具体分析数据如表5-13所示。

表5-13　幼儿教师专业发展在有无幼儿教师资格证上的差异

| 维度 | 有 | 无 | F | Sig |
|---|---|---|---|---|
| 总体情况 | 4.693/16.447 | 4.023/20.049 | 1.918 | 0.167 |
| 专业知能 | 4.399/3.779 | 4.291/4.498 | 1.152 | 0.283 |
| 专业投入 | 4.324/6.187 | 4.261/6.896 | 1.742 | 0.187 |
| 专业情感 | 3.758/3.614 | 3.676/4.489 | 5.561 | 0.019 |
| 专业认同 | 3.585/5.350 | 3.614/5.422 | 0.437 | 0.509 |
| 人际支持 | 4.220/4.582 | 4.219/4.755 | 0.032 | 0.858 |

由表5-13幼儿教师专业发展在有无幼儿教师资格证上的差异的数据可知,是否持有幼儿教师资格证对幼儿教师专业发展的总体情况不存在显著的差异($p$=0.167 > 0.05),在幼儿教师专业知能、专业投入、专业认同、人际支持四个维度也不存在显著的差异,但在专业情感方面存在极其显著的差异($p$=0.019 < 0.02)。由图5-9可以清晰看出,持有幼儿教师资格证的教师在专业发展的总体情况高于没有幼儿教师资格证的教师,处于较高的发展水平,在专业知能、专业投入、专业情感、人际支持维度方面略高于没有教师资格证的幼儿教师。

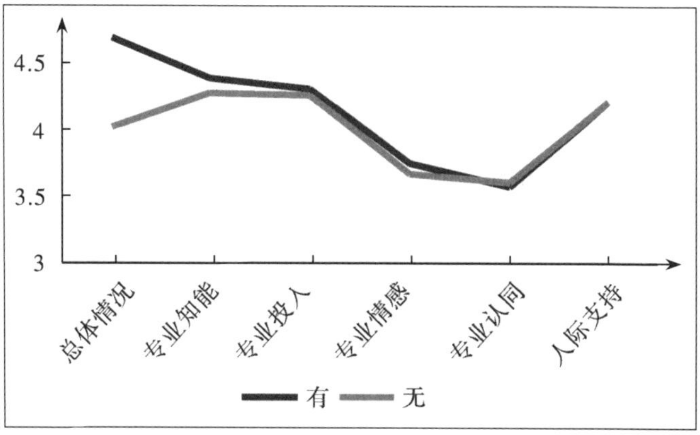


图5-9　幼儿教师专业发展有无教师资格证的差异

通过以上对五个样本区(县)幼儿教师专业发展现状的调查、统计与分析,所调查幼儿教师专业发展在地区、性别、年龄、教龄、学历、职称、入职途径、有无幼师资格证的差异情况具体如表5-14所示。

表5-14　幼儿教师专业发展的整体差异性情况①

| 维度 | 地区 | 性别 | 年龄 | 教龄 | 学历 | 职称 | 入职途径 | 有无幼师资格证 |
|---|---|---|---|---|---|---|---|---|
| 总体情况 | √ | | | | √ | | √ | |
| 专业知能 | √ | | √ | √ | √ | | | |
| 专业投入 | √ | | | | | | √ | |
| 专业情感 | √ | | | | √ | √ | √ | √ |
| 专业认同 | √ | | | | √ | | | |
| 人际支持 | √ | | √ | | √ | | | |

通过分析所得数据可以看出学前教育事业发展呈现出新的发展特点,遭遇不同的发展瓶颈,可以初步得出以下结论:

第一,就整体水平而言,幼儿教师专业发展总体情况处于较高水平,具体的专业知能、专业投入、人际支持三方面处于较高水平,专业情感较弱,专业认同水平有待进一步提升。这一鲜明的时代特点中所蕴含的幼儿教师专业水平的发展是值得肯定的,学前教育事业发展的新时期,在党中央、国务院的号召和引领下,各地纷纷颁布相应的政策推动和支持地方学前教育的发展,基础设施的完善和教师队伍的建设双管齐下,但同时我们也能清晰地看到幼儿教师专业发展的新问题即幼儿教师专业情感

① √代表 $p<0.05$,表示差异性结果显著。

较弱、专业认同度相对较低。此外，在对本次调查数据的分析中，幼儿教师专业知能在五个子维度中得分最高，在探讨幼儿教师在专业知能方面上自我效能感的影响因素时，也能看出在今后教师专业发展及培训中，我们不能盲目地称幼儿教师缺乏相应的专业知能，而应该更加聚焦于当前幼儿教师专业发展中缺少哪一方面的知识和能力，本体性知识的匮乏与教学知识和能力的受限将指向教师专业发展的不同向度。

第二，就不同地区而言，幼儿教师专业发展存在着极其显著的地域差异，经济发展水平并未完全决定幼儿教师专业发展水平，但具体区域之间存在着差异。在对本次调研数据的分析中，作为贫困县的Y县和作为经济开发区的W区整体情况良好，而同样为贫困县的Q区幼儿教师专业水平相对较低，而作为主城区的J区幼儿教师专业发展的优势并不明显。进一步而言，在对不同区域幼儿教师专业发展数据的统计和分析中，不同地区体现着不同的优势和局限，究其根本，各区（县）学前教育事业的发展以及对幼儿教师专业发展的促进很大程度上由本区（县）区（县）政府进行顶层设计，因而不同的着力点呈现不同的发展格局。这一差异化、不均衡的发展样态不得不让我们反思在学前教育事业大发展的背景之下，如何统筹城乡协调发展、如何在均衡区域学前教育资源的配置和贡献方面做文章，为幼儿教师专业发展及学前教育事业发展提出新的挑战。

第三，就不同身份背景、不同发展阶段的幼儿教师而言，幼儿教师专业发展存在着多样性的特点，多样化、针对性的发展支持将成为幼儿教师专业发展的迫切需要。通过对上述数据的分析，具体表现在：不同年龄阶段的幼儿教师在各个维度上（除专业知能）存在细微差别，要关注不同年龄幼儿教师的发展优势，弥补不足；不同专业发展阶段的幼儿教师具有不同的发展特点，如专业投入大致随教龄的增长而降低，专业情感日渐浓厚，所以应关注不同专业发展阶段幼儿教师专业发展的实际需求；幼儿教师专业发展存在极其显著的学历差异，就本科生而言在专业发展的很多维度较其他学历者偏低，而对本科学历的要求将会成为未来幼儿教师队伍的发展趋势，因而应结合不同学历幼儿教师专业发展的优势，促进教师专业发展，破解发展难题；幼儿教师专业发展存在极其显著的入职途径差异，四种类型中特岗教师专业发展较好，转岗教师发展较差，尤其是转岗教师的专业情感得分偏低，应关注不同类型教师专业成长的个性化需要。

## 第三节　幼儿教师专业发展机制的健全与完善

为促进幼儿教师专业健康长效发展，提升幼儿教师专业发展的水平，进而提高幼儿园教育质量和水平，本研究提出以下建议。

### 一、坚持教师发展为本，推进政策支持与保障

宏观上，政策支持与制度保障是幼儿教师专业成长和发展的重要外部环境。幼儿教师的专业发展并非某一时、某一刻，而是一个渐进持续的过程，政策的一致性、制度的系统性将为幼儿教师的专业发展提供稳定持久的动力。结合对调研数据的分析以及新时代幼儿教师专业发展新特点、新问题，短期集中培新和行政要求下的教研活动现今已经不能适应社会和教育发展的要求，①构建怎样的政策支持系统以及如何构建成为新的发展点。坚持以教师发展为本，政府首先应清晰明了本地幼儿教师专业发展现状，优势怎样，劣势如何，当前发展瓶颈在哪，应从教师专业发展的整体性把握不同发展阶段幼儿教师专业发展的侧重点，将整体性的发展愿景细化为可操作的步骤，进而在结合国家相关政策的同时制定具有本土特色的政策并完善相关的配套保障。以W区为例，首先，2012年率先出台了普惠性幼儿园管理办法，第二期“学前教育三年行动计划”实现普惠基本全覆盖，并在第二期“学前教育三年行动计划”中着眼于教师专业发展、开展区内园本教研培训活动，紧跟学前教育发展的时代脉搏，走在学前教育发展的前列。其次，把握本地区幼儿教师专业发展的现实需求，提供具有针对性和实效性的支持和帮助。本次调研中未取得幼儿教师资格证的幼儿教师占总体的52.1%，而他们在专业认同方面却略高于持有幼儿教师资格证的教师，这样的群体是幼儿教师队伍的重要力量，他们积极努力工作、寻求认同和归属。而对于他们专业发展过程中很关键的一个环节——持证上岗，在行政方面却很少从教师个人发展的角度予以人性关怀。而W区针对这一现实的发展需要提供相关资讯、培训和支持。从五个地区专业发展的差异比较中能够很清晰地看到W区幼儿教师专业情感在五个地区中得分最高，专业认同也是处于相对较高水平。最后，发挥政府的宏观调控职能，充分调动区域内和区域间优质教育资源的共享和分配，实现统筹性、持续性的健康均

①陈向明，张玉荣．教师专业发展和学习为何要走向“校本”[J]．清华大学教育研究，2014(1)：36-43.

衡发展。W区极具地方特色的“一心五点”发展模式，以强扶弱、以点带面、以城镇辐射乡村的致力于幼儿教师专业成长的共生发展具有很强的借鉴意义，这背后离不开政府的统筹，这一点儿也恰恰是凭借幼儿园和教师个人之力很难实现的。

【政策视线】

我国关于学前教师的相关文件政策自改革开放以来经历了恢复与探索阶段（1978—1988年）、法制与规范阶段（1989—1998年）、巩固与创新阶段（1999—2009年）、系统与完善阶段（2010年至今）。[①]伴随着一系列规范标准的颁布，比如《幼儿园教师专业标准（试行）》《3—6岁儿童学习与发展指南》等相关政策，这都为学前教师的专业发展和管理培训奠定了关键的制度保障和政策基础。

2010年7月颁行了《国家中长期教育改革和发展规划纲要（2010—2020年）》，在第二部分发展任务中明确指出：学前教育应当明确政府职责，严格执行幼儿教师资格标准，切实加强幼儿教师培养培训，提高幼儿教师队伍整体素质，依法落实幼儿教师地位和待遇。在此明确了政府在学前教师发展方面的职责和任务，将以教师发展促进教育发展的观念深入人心。

2010年11月21日，国务院印发《国务院关于当前发展学前教育的若干意见》，标志着“学前教育三年行动计划”开始启动实施。其中具体提出：“多种途径加强幼儿教师队伍建设。加快建设一支师德高尚、热爱儿童、业务精良、结构合理的幼儿教师队伍。健全幼儿教师资格准入制度，严把入口关。”“依法落实幼儿教师地位和待遇。切实维护幼儿教师权益，完善落实幼儿园教职工工资保障办法、专业技术职称（职务）评聘机制和社会保障政策。对长期在农村基层和艰苦边远地区工作的公办幼儿教师，按国家规定实行工资倾斜政策。对优秀幼儿园园长、教师进行表彰。完善学前教育师资培养培训体系。”“重视对幼儿特教师资的培养。建立幼儿园园长和教师培训体系，满足幼儿教师多样化的学习和发展需求。创新培训模式，为有志于从事学前教育的非师范专业毕业生提供培训。”国家对学前教师的资格准入制度、地位和待遇、师资培训体系等诸多方面进行了政策性的指示，从宏观层面对学前教师的发展做出政策性引领。

①王凌玉．我国学前教师培训政策演进研究——基于1978—2016年政策文本的分析[D]．长春：东北师范大学，2017：摘要．

## 二、打造专业发展共同体，提供多元发展支持

中观上，合作与反思是幼儿教师实现专业发展的关键所在。如果说政策支持是从外围的大环境去营造有利于幼儿教师专业发展的环境，专业发展共同体的打造则是营造一种幼儿教师能够切身感受到的、积极互动的专业成长和学习氛围。自上而下的教师培训能够有效弥补知识的不足、视野的局限，但只有基于教师自身现实需求的专业发展支持才能增加所学内容的意义及与具体情境和问题的相关性，[①]进而提高教师的参与主动性、积极性。因此，有效的专业发展就是要从教师“需要被发展”概念缺陷模式[②]中走出来，让所有教师参与到关涉自身发展的活动中来，从实践中遭遇的专业知能及自身存在的困惑和问题出发，形成一个相互交流、学习、借鉴的实践社群以实现整体性的发展。同时，专业发展共同体的打造还能够弥补宏观政策支持的不足和局限，能够基于不同教师多样化的现实发展需求提供更具针对性和实效性的多元支持，进而提升教师专业发展的质量和有效性。而打造多元化支持的发展共同体具备以下的现实可行性：第一，不同类型、文化背景的幼儿教师具有可以相互弥补的优势和特色；第二，教育现场的鲜活性在提升幼儿教师专业发展有效性的同时能够发挥教师本身的主动性，进而促进教师专业自主地形成和发展。以调研中不同学历的幼儿教师为例，各类型的幼儿教师在教学力和科研力所占的优势不同，专业学习与发展共同体的打造将为研究生提高实践力、为本科生和大专生提高研究力提供良好的现场学习机会，让他们针对同一个问题从不同角度出发碰撞思想的火花，为解决现实问题提供有效对策。不同教龄水平的幼儿教师也一样，新入职的幼儿教师有热情但缺少经验，职业稳定期的幼儿教师有经验但专业情感较弱，职业发展后期的幼儿教师专业情感强、专业知能高但专业投入少，因此取他人之长补己之短，相互帮扶，相互交流学习，在情境性的教学场域中提升所学知识的鲜活性和操作性。

【案例呈现】

重庆市W经济开发区，其乡镇幼儿园在专业发展上实施“一心五点”模式，即W区G乡镇中心幼儿园发挥示范作用，引领该乡镇的五个村级幼儿园实现发展，各村级幼儿园集中学习和借鉴乡镇中心幼儿园专业发展的多种形式和教研成果，乡镇中心幼儿园与村级幼儿园之间形成专业发展共同体，呈现出共生的和谐关系。此外W区G

①周坤亮.何为有效的教师专业发展——基于十四份“有效的教师专业发展的特征列表”的分析[J].教师教育研究，2014(1):39-46.

②陈向明.从教师“专业发展”到教师“专业学习”[J].教育发展研究，2013(8):1-7.

乡镇中心幼儿园在园本教研中教师共同体的形成和发展方面具有诸多实践经验，值得我们借鉴和学习。基于园本教研而生成的教师共同体文化，其本质是一种文化样态的存在，[①]主要通过物质表征。制度载体、行为外化和精神意象，从园本教研发展和教师个体需要出发，进而发挥教师共同体文化应有的价值。W区G乡镇中心幼儿园园本教研教师共同体文化的形成可以从以下几个方面具体分析：教师共同体物质文化层面，它反映的是园本教研中物质层面的支持带给教师共同体文化的器物表征上的影响。具体表现为幼儿园能够根据不同需求为教师提供适宜的教研场地，为常规教研和大型教研活动提供场地支持，并在经费、设备以及时间上给予专业发展共同体较为充足的保障。其次，教师共同体制度文化层面，该幼儿园具有较为规范的教研制度，强调基于教育教学的现实情境，以教师为研究主体，力求探究和解决教师教育过程中存在的真实问题，通过教师团体的共同努力，总结和提炼其中蕴含的教育经验以提升全部教师的专业发展水平，该园始终秉持“以幼儿园发展为本”的教育理念，坚持自上而下和自下而上两种教师教研原则，并通过实践反思、教师互助和专业引领等多种渠道促进园本教研中教师共同体的良好发展。再次，在教师共同体行为文化层面，该园教师共同体成员之间彼此帮助、相互依存，营造出正向积极的人际关系和文化氛围，由此形成具有凝聚力的教师共同体。教师面对教研工作的合作意识和参与性都普遍较高，能够遵守教研工作的相关规章制度，出色地完成相应的教研任务。最后，教师共同体精神文化层面，反映了教师共同体成员的教研思想和观念，其本质是共同体成员们的一个共同信仰。该园在教研中关注幼儿的发展，注重教师的定位，始终坚持“儿童本位”的教育理念进行教育实践，教师共同体在精神层面整体保持统一。

## 三、精神感召，行动引领，提升专业认同与幸福

微观上，幼儿教师的专业发展是一个自我理解、自我认同、自我发展的自主过程。幼儿教师从事的是一份有情感、有价值、有温度的工作，需要教师全身心地投入，这种投入不是接受外在理论知识的灌输而被塑造，而是教师主动内化、反思实践、完善自我的精神彰显。因此，教师精神作为构成教师专业发展的基础和条件，是实现教师专业发展的首要前提，[②]其中专业认同是教师精神的核心，如果没有专业认同，幸福感、使命感也就随之重而无基、浮泛无根。幼儿教师的专业发展是幼儿教师个人的整体

①黄豪．园本教研中教师共同体文化生成研究[D]．重庆：西南大学，2018：21.

②朱旭东．论教师专业发展的理论模型建构[J]．教育研究，2014(6)：81-90.

性发展,[1]而非单纯知识的积累和机能的增长,无移情、无共情的知识技能训练对幼儿教师的专业发展是没有内在意义和价值的。所以,提升幼儿教师的专业情感与专业认同可以从以下三个步骤思考:第一步,营造倡导和鼓励个人完整性发展的精神文化氛围。专业发展在一定程度上是环境的产物,在物质支持、政策保障的同时更需要打造一种良好精神文化环境。教师专业持续发展的最大动力是教师内在的自主和超越,[2]精神感召、文化引领,才能唤醒和激发幼儿教师内心深处专业发展的原动力。第二步,在教师感受良好文化氛围的基础上激发教师自我发展的动机。教师动机是教师专业发展的内在驱动力。[3]作为教师专业发展的主体本身,教师具有主观的能动性和创造性,只有教师积极地通过反思性的学习和实践从整体的角度思考和把握自身的发展,才能从繁杂劳累的工作桎梏中挣脱出来,激发内心对本专业的喜爱和认同,才能迈出个人专业发展的关键一步。第三步,用行动引领和提升幼儿教师专业发展和情感。教师专业发展是个人认同和专业认同交织的结果,[4]鲜活的榜样案例、可操作的具体行动方案将直接促进教师意识到专业发展活动对自身成长的意义和价值,进而把外在的社会角色期待内化为自身努力的方向,主动规划自己的专业成长,在行动中获得自我发展的成就感、幸福感,不断提升对专业发展的认同度和幸福度。

【案例呈现】

高老师作为市级示范园的一名男幼师,入职五年,从新手教师迅速成长为幼儿园骨干教师。他在这一过程中经历了迷茫与失落,但在自己和园所的共同努力下逐渐走出阴霾,建立了对自我身份和专业的认同感和归属感。入职第一年高老师担任中一班配班教师,起初在工作过程中面临诸多方面的压力和问题,一方面,受中国传统观念和社会舆论的影响,男幼师遭受了周围许多人们的不解,他们认为男生选择幼师这一职业是一种没有出息的表现,男幼师的社会地位以及职业认可度都不高。这些异样的眼光、背后的争论无形中给高老师带来了沉重的打击和严重的伤害,从而导致其入职初期压力剧增。另一方面,面对幼儿园繁重而琐碎的工作,高老师表现出难以适应的情况。比如幼儿园在课程设置上多为偏向女性化的舞蹈、手工、钢琴等,没有考虑男幼师的生理特征和心理特点,进而影响他们工作的主观能动性和质量效果,高老师在这一教学过程中的专业认同感较低。之后高老师在分享自己诸多困惑和想法

①王晓莉.教师专业发展的内涵与历史发展[J].教育发展研究,2011(18):38-47.

②徐炜霞,袁爱玲.制约当代幼儿教师专业发展的内在机制[J].学前教育研究,2011(5):21-24.

③韩佶颖,尹弘飚.教师动机:教师专业发展新议题[J].外国教育研究,2014(10):88-95.

④张倩,李子建.教师专业化的国际经验及其启示[J].中国教育学刊,2014(10):93-97.

后也得到了幼儿园园长和老师的理解、肯定，并鼓励他探索更多不同领域丰富多样的教学形式和课程内容。在第二个学期，高老师结合自身的体育运动、逻辑思维等方面的优势，找准自我定位，并经过为期两个月的园本教研，最终讨论确定利用晨间锻炼的时间开展幼儿篮球活动，高老师在从活动设计到活动实施的整个过程中都充满了热情和动力，晨间篮球活动也受到了幼儿、家长以及教师们的一致好评。随后高老师设计体育活动“篮球比赛”，代表幼儿园参加公开课比赛并取得优异成绩，通过篮球这个媒介，既增强了幼儿课程形式和内容的多样性，又增强了高老师作为一名男幼师的职业自信心和成就感。高老师经过五年的幼儿园一线实践，成为幼儿园的青年骨干教师。

第六章

# 学前教育持续健康长效发展的幼教机构保教质量评价机制

CHAPTER 6

幼教机构保教质量评价是在一定的教育价值观的指导下,依据一定的标准与程序,对幼教机构的保育和教育工作进行科学调查,做出价值判断的活动过程。通过对重庆市几个城区的城乡幼儿教育机构保教质量评价的调查研究,我们发现幼教机构在保育工作的生活事项、幼儿集体教学活动、游戏活动、幼幼关系和师幼关系上的总体水平较高,但是在城乡对比上无论是条件要素还是过程要素的差异都较大。为了充分发挥幼教机构保教质量评价的反馈和导向功能,提升幼教机构的保育和教育质量,减小城乡幼教机构间的差异,本章将从幼教机构保教质量的评价机制方面进行讨论。

## 第一节 幼教机构保教质量评价机制的基本理论

### 一、幼教机构保教质量与幼教机构保教质量评价的内涵

#### (一)质量的含义

长期以来,不同的研究领域对“质量”一词有着不同的界定。英语“quality”一词源于拉丁文“quails”,指某一实体(entity)的性质,基本上是价值无涉或是价值中立。也就是说,质量只描述事实,不做价值判断或好坏区分。现代英语中仍保留了“quality”的这一词义,但对词义做了进一步的扩展,纳入了优质、高质量的含义,比如“quality education”(高质量教育)显然已经包含了价值判断。

国际标准化组织(International Organization for Standardization,简称ISO)对质量及

其相关术语做了明确定义，把"质量"定义为"反映实体满足明确或隐含需要的能力的特征之总和"。

可见，教育学领域存在着两类"质量"概念。一是程度说。这是一种被广泛采用的界定方式，常被界定为教育水平高低和效果优劣的程度，最终体现在教育培养对象的质量上。二是特性说，如有学者将教育质量定义为"教育满足个人和社会显现的和潜在教育需要能力的特性"①。程度说与特性说从不同角度，揭示了质量的不同内涵，是对质量的双重规定。

从以上定义可以看出，质量是实体满足主体某种需要特性的总和，具有实体客观特性和价值属性。主体总是根据自己的需要来评价实体的某些特性。不同的价值主体有不同的需求。同一主体在不同的时期或不同的条件下会表现出不同的需要，从而做出不同的质量判断和质量评价。

### （二）教育质量

究竟什么是教育质量？学界尚未得出统一的观点，不过人们普遍认可"质量就是生命"的观点。

国外最早对教育质量进行论述的是胡森博士，他于 1987 年发表了一篇名为《论教育质量》的文章，他在文中对教育质量下了这样的定义：教育质量是指学校里进行某种教育活动的目标达到什么程度。其并指出质量的标准既可以指绝对的或"准则参照"，也可以指相对的或"常模参照"②。艾斯丁关于教育质量的分类，是国外有关文献中被广为引用的教育质量定义，也是某些外部教育质量评判机构据以评价学校质量并对之进行分等时所经常采用的依据。艾斯丁认为学校的质量是一个复杂的概念，至少有四种不同的含义，即学校的声望等级、可得到的资源、学生成果和学生天赋的发展或增值。③巴纳特认为，常见的教育质量观有三类，即相对主义的、绝对主义的和发展主义的。④

国内学者也对教育质量的内涵进行了探讨。顾明远教授认为教育质量是对教育水平高低和效果优劣的评价，最终体现在培养对象的质量上。其衡量标准是教育目的和各级各类学校的培养目标，前者规定受教育者的一般质量要求，亦是教育的根本

①王敏.教育质量的内涵及衡量标准新探[J].东北师大学报(哲学社会科学版)，2000(2)：20–23.

②托斯坦•胡森.论教育质量[J].华东师范大学学报(教育科学版)，1987(3)：1–10.

③Linda J. Sax & Alexander W. Astin. The Benefits of Service：Evidence from Undergraduates[J]. *Higher Education*, 1997(3)：25–32.

④Barnett R. Improving Higher Education：Total Quality Care[J]. *Center for Higher Education Policy Studies*, 1992(4)：60.

质量要求;后者规定受教育者的具体质量要求,是衡量人才是否合格的质量标准。[①]谢彦红认为教育质量是教育机构在遵循客观规律与科学发展的自身逻辑基础上,在既定的社会条件下,培养的学生、创造的知识以及提供的服务满足社会现实和长远需要的充分程度。[②]王敏将教育质量定义为教育满足个人和社会显现的和潜在的教育需要能力的特性。[③]通过进一步分析发现,人们在界定教育质量时常常把什么是教育质量,影响教育质量的因素、教育质量的测量和评价相结合。

综上所述,本书将教育质量定义为:教育机构所提供的教育服务满足个体和社会的教育需要的特性。"个体"是指每个学生,"社会"是个复合概念,可以理解为学生以外的其他相关个体,包括家长、教师、政府、社区机构和其他相关部门等。教育质量既具有客观性——反映教育的某种内在属性,又具有主观性——它与主体的需要和价值判断相关联,不同的主体对同一个教育机构的质量评价由于各自立场和需求的不同而存在差异。

### (三)幼教机构保教质量

幼教机构的保教质量作为质量和教育质量的下位概念,可以依据质量和教育质量的基本内涵来界定,即幼教机构保教质量是幼教机构所提供的保育和教育服务满足个体和社会教育需要的特性。幼教机构的教育必须满足幼儿身心健康发展需要,这是幼教机构的本体价值;幼教机构承担着为家长参加工作和学习提供便利条件、支持其社会生活活动正常进行的重要任务,即满足社会其他系统如家长、教师、社区的需要,则是幼教机构的社会(或外在)价值。

满足幼儿身心健康发展的需要是幼教机构基本的价值追求,幼教机构对社会其他需求(如家长、教师和社区的需求)的满足不能违背这个最基本的价值追求,因此,幼儿是幼教机构保教量体系中最根本的价值主体。

### (四)幼教机构保教质量评价

幼教机构保育和教育质量的发展现状是对幼教机构保育教育质量所达到的现实状况进行的评价性描述。因此,对幼教机构保育和教育质量发展现状的研究主要是

①教育大辞典编纂委员会.教育大辞典(第1卷)教育学　课程和各科教学　中小学校[M].上海:上海教育出版社,1990:24

②谢彦红.新升格本科院校实现跨越式发展的策略——滨州学院个案研究[D].西安:陕西师范大学,2005:摘要.

③王敏.教育质量的内涵及衡量标准新探[J].东北师大学报(哲学社会科学版),2000(2):20-23.

通过对幼儿园等机构的保育教育质量的评价活动得以实现。

评价作为一种活动，渗透在人类生活的各个方面。在中国的文字中，“评价”是评定价值的简称。《辞海(第六版)》对“评价”的解释是：评定货物价格；评论价值高低。台湾版的《中文大辞典》对该词的解释是：评(平)定其价值也。在英语中，“evaluate”(评价)也是从“value”(价值)这一词根变化而来的，其前缀“e”具有“引出”“出自”之意。《朗文当代英语词典》对该词的解释是：计算价值或程度。可见，评价与价值是密不可分的。美国学者格朗兰德在1971年则以一种极为简明的公式表述了评价的内涵：评价=测量(量的记述)或非测量(质的记述)+价值判断。

评价在活动中往往蕴含对人或事物的价值判断。因此，在评价中就有评价主体和评价客体之分。评价主体就是发起和进行评价的活动者。评价客体就是评价活动所指向的人或物。在价值论中，评价者常常代表价值主体的利益，对价值事实进行评价，或者评价主体与价值主体合二为一，对他自身与价值客体构成的价值事实进行评价。

幼教机构的保教质量蕴含评价主体对评价客体(价值事实)进行评价的过程。其中，评价主体作为外在的评价者对客体进行评价，必须以幼儿(最根本的价值主体)身心健康发展的需要为尺度，因此评价主体必须对幼儿身心发展的需要有准确的认识，并代表幼儿的利益进行评价。幼教机构保教质量评价则应是幼儿园等教育机构保育和教育实践活动(广义)对幼儿有无价值、有什么价值、有多大价值的判断。

可见，幼教机构保教质量评价实质上是对幼儿园等教育机构保育和教育实践活动是否满足幼儿身心健康发展的需要及其满足幼儿身心健康发展需要的程度所进行的价值判断。评价标准是进行价值判断的基本前提和基础。评价标准的科学性和适切性是评价主体在评价活动中应用于评价客体的价值尺度和界限。因此，确定幼教机构保育和教育质量的评价标准时，应考虑两个重要因素：幼儿身心健康发展的需要和幼教机构保育、教育实践活动的现实状况。其中，最主要的决定因素是前者，即幼儿身心健康发展的需要。幼教机构保教质量评价必须以幼儿身心健康发展的需要为尺度，代表幼儿的利益进行评价。

## 二、幼教机构保教质量评价的类型和作用

### （一）幼教机构保教质量评价的类型

根据不同的分类方式，幼教机构保教质量评价可以分为不同的类型。按评价的层次可以分为分析评价和综合评价；按评价的主体分为自我评价和他人评价；按评价的目的可以分为诊断性评价、形成性评价和总结性评价。按评价目的分类是教育评价中的常用类型，下面将具体介绍。

1. 诊断性评价

诊断性评价指在某项幼儿保育和教育计划或方案开始之前做出的测定性或预测性评价。幼教机构中的诊断性评价就类似于医生给病人诊病，诊断性评价这一概念也是由此而来。诊断性评价是选择、制订幼儿保教计划和方案的基础。例如，在幼儿入园时，幼教机构要对所有幼儿的发展情况包括身心的发展情况进行摸底测试和测验，这样做的目的是让教师了解幼儿的发展情况。

2. 形成性评价

形成性评价指在某项幼儿保教计划或方案实施的过程中进行的评价。其主要目的是在计划或方案实施的过程中不断获得改进计划或方案的依据，从而不断调整幼儿教育计划或方案，以期提高计划或方案的质量。例如，在幼儿园的工作中，每隔一段时间都要对幼儿的身体发育情况进行一次测试，以便教师及时了解幼儿的发育状况，调整和改革保教工作，以帮助幼儿更好地发育和发展。

3. 总结性评价

总结性评价指在某项幼儿教育计划或方案得到实施后对其最终结果做出的评价。其主要目的是以预先设定的教育目标为基准，对幼儿教育计划或方案达到目标的程度，即最终取得的成绩和目标之间的距离做出评价。

### （二）幼教机构保教质量评价的作用

1. 诊断作用

通过评价，不仅可以指出幼教机构保教质量的现状和差异，而且还能够指出背后的原因，从而给教育活动带来真正的诊断和改进的效果。如可以从教育活动中幼儿的知识及能力水平来判断教育的目标和内容；可以从幼儿的活动表现和活动结果来判断幼儿的能力发展情况以及是否达到了教育的目标和要求；还可以从幼儿在活动

中的兴趣、情感以及个性等方面的反应来判断教育活动方法和程序等的科学性、合理性。总之,通过评价,能够及时地判断出教育目标、内容、方法、过程以及与幼儿能力发展水平相适应的程度,从而更好地考虑教育活动中幼儿的差异性、教材的适应性、方法的可行性,不断地促进幼教机构保教质量的改革和发展。

2.反馈作用

无论哪种层面上的评价,其首先体现出的作用和功能就是反馈。"反馈"即将评价的信息及时而有效地返回给教师,从而调整和改进教育进程:通过对幼教机构保教质量的评价,教师可以及时而敏锐地发现教育过程中的新问题、新情况;判断教育教学中的每一个环节是否有效;验证幼教机构制订的教育目标,选择的教育内容、方法、环境等是否与幼儿的年龄特点、认知特点以及经验水平相适应等,只有对保育和教育过程进行全面而科学的测评,才能进一步且有实效地改进教育。

3.促进作用

从某种意义上讲,评价也可以说是一种促进。有比较才能有鉴别,才能在比较和鉴别中显示其本身的价值。教育管理层、教育研究者和教师若把幼教机构保育教育的评价作为一种持之以恒的自觉行为,就能够评定、比较和探讨不同教育模式的价值和优势,以便更好地促进幼教机构的发展。此外,教师若能够在教育过程的每一次实施中都从教师、儿童、环境和材料等方面做出一定的评价,并以此为基础进行下一层次教育活动的设计和实施,就可能避免"走弯路",使教育活动产生最优化的效益。

## 三、幼教机构保教质量评价的内容构成

幼教机构的目的在于提供保障和促进幼儿身心健康发展的教育服务,幼教机构中的人与物各种要素都围绕这一目的来组织。所有这些要素都必须在质量评价时考虑在内,它们之间的关系及其与儿童发展的关系如图6-1所示。幼教机构的保教质量也包括这三个维度:条件质量、过程质量和结果质量。

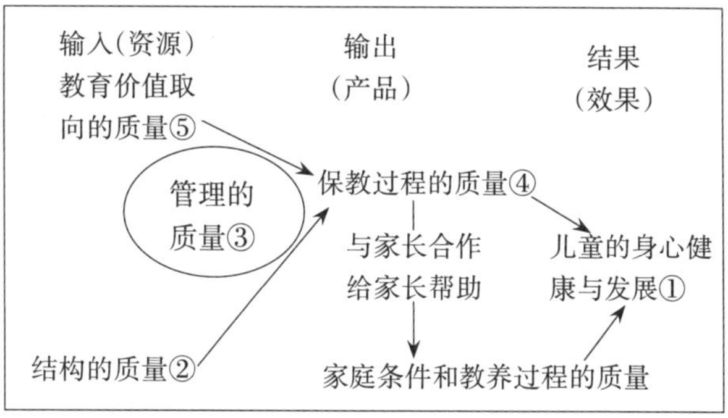


图6-1　幼教机构保教质量评价要素及其与儿童发展的关系

条件质量也被称为结构质量或结构性质量。结构质量是指不以情境为转移的幼儿园班级及整个幼儿园工作所基于的框架条件,它属于“输入”条件。①结构性质量包括一些可具体规范和控制的变量,如师幼比、班级人数、师资条件以及总体上的物质环境和实施等,我国把机构的行政管理和上级指导也算在结构性质量内。②结构质量通常包含以下内容:班级的规模、师幼比、人员所受培训的层次及工作经验、提供给幼儿使用的空间及设施材料等。在我国各地的幼儿教育机构督导评估方案中,常常把这个领域的指标细分为人员条件、物质条件和机构管理三个方面。在本书中,幼儿保教机构的条件质量包括幼儿园物质条件、幼教机构教师队伍建设、幼教机构保育条件等。

由于评价标准和价值取向的不同,幼教机构的过程质量及其标准很难统一。但随着幼儿发展心理学知识的普及以及相关实证研究成功案例的增多,过程质量的评价指标和具体标准在不同的国家形成共识,大家普遍认为包括:师幼互动、课程、环境的创设与利用、健康和安全工作、家长的参与等。本研究中,过程质量包括幼教机构的保育状况、教师状况、集中教学活动和游戏活动状况等。

结果质量指向的核心是幼儿身心和谐发展。幼教机构所产生的各种结果常以儿童发展为衡量指标,也有的以儿童今后的学业成绩、社会性发展、经济实力等为衡量指标。③对结果质量的衡量存在两种不同的认识。一种观点认为应当将儿童的发展结果作为结果质量的重要评判标准。因为幼教机构的保教工作终究是为了促进幼儿的发展,通过评价幼儿在多大程度上达成预定的发展目标,就可以折射出幼教机构的保教质量,正如中小学中统一考试的成绩一样。但是,如此一来也有问题,若以幼儿

①胡慧闵,郭良菁.幼儿园教育评价[M].上海:华东师范大学出版社,2009:208-209.

②周欣.托幼机构教育质量的内涵及其对儿童发展的影响[J].学前教育研究,2003(Z1):34-38.

③朱家雄.对学前教育质量的重新思考[J].教育导刊,2006(1):4-6.

的发展水平为幼教机构的评价指标，会导致幼教机构和教师仅仅关注结果而忽略过程，或者导致对不同生源幼教机构的不公平的评价。另一种观点认为仅仅以幼儿发展结果来衡量幼教机构的保教质量是不合理的。幼教机构的“产品”不仅仅体现在幼儿的发展结果上，更重要的是反映在某种特性的教育过程中。因此，要进行结果评价应将幼教机构的教育过程纳入结果当中。

总之，幼教机构的保教质量评价结构是以幼儿发展为核心的条件质量、过程质量和结果质量的总和，不仅解决如何评价幼儿发展的问题，还要解决如何在幼教机构保教质量评价中解释和应用幼儿发展评价结果的问题（如图6-2）。

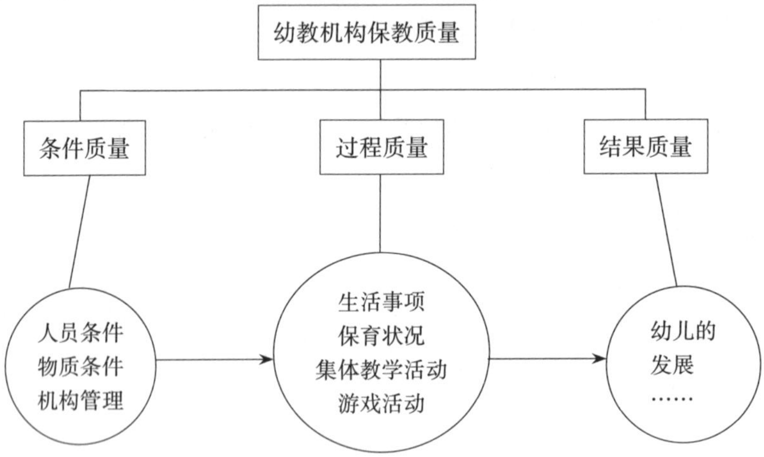


图6-2　幼教机构保教质量构成图

## 四、幼教机构保教质量评价的理论模式

评价模式通常可以分为两种：一种是指令性的，包括一系列规则、规定、禁令，以及说明什么是好的、恰当的评价和怎样进行评价等指导性文件，它对评价提供了统一的格式和策略；一种是说明性的，是对评价活动的描述、预测和解释，它提供了一系列得到公认的进行评价的可能途径。了解教育评价的模式，有助于我们加深对幼教机构保教质量评价内涵的理解，规范而科学地开展评价活动。

### （一）行为目标评价模式

行为目标评价模式又称为泰勒模式，是由被称为“评价之父”的泰勒提出的，是最经典的评价模式，包括评价原理和课程原理两个部分。泰勒认为，常模参照测验是以对学生进行区分为目的的，对了解学生学习的进展、改进教育计划并无多大的价值，而与此相对的目标参照测验则能提供较大的帮助。

1.评价原理

泰勒的评价原理是以目标为中心展开的。在所有的这些步骤中,确定目标是最关键的一步,而评价最终所要确定的是制订的计划是否已达到其预期目标。概括地说,评价原理的基本活动内容主要有五个方面:(1)确定计划的各主要目标或总目标;(2)用行为术语为目的或目标下定义;(3)发现能显示诸目标是否达到的情景;(4)制订或选择评价技术(标准化测验、问题调查表格等);(5)通过测试确定目标是否实现。

2.课程原理

泰勒的课程原理是建立在对课程编制过程一系列基本问题的认识的基础上的。这些基本问题有:(1)学校应当试图达到什么样的教育目的?(2)提供什么样的教育经验才可以完成这些教育目的?(3)这些教育经验应该如何有效地组织起来?(4)如何确定这些教育目的是否达到?泰勒提出解决这些问题的基本框架的三个组成要素:目标、学习经验和评价。与评价原理一样,课程原理也是以目标为中心展开的。课程与教学的前提就是确定所要达到的目标和评价的标准。

行为目标评价模式是一种强调评价判断功能的评价模式,在这一模式中评价的实质就是要确定教育结果是否达到预设的教育目标。

行为目标评价模式运用于幼教机构的教育评价实践,通常包括以下流程:(1)确定一所好的幼教机构的标准或好教师的标准或幼儿发展的目标;(2)将所确定的这些标准或目标分解成不同层级的指标,并根据各项指标的重要性程度进行权重赋值,形成评价指标体系;(3)围绕指标收集各种相关的信息资料;(4)对所收集的信息资料进行整理分析,对评价对象实现目标的程度进行测评。

行为目标评价模式作为传统的评价模式,推动了教育理论和实践的发展,这一模式强调目标的具体化和行为化,操作具有明确的行动参考,也为日后的教育测验与评价提供了标准,因此,这一模式在相当长的时期内在教育评价领域占据主导地位。但这一模式的缺陷就是过于强调目标中心,忽视过程性的观察评价,致使产生评价不完整的错误导向。

### (二)CIPP评价模式

CIPP评价模式由美国学者斯塔弗尔比姆于20世纪60年代中期提出,也称为决策模式。顾名思义,CIPP评价模式是一个以决策为中心的评价模式。在斯塔弗尔比姆看来,评价的过程实际上是一个为决策提供信息的过程,因此,最有用的评价应当能提供反馈信息，并将评价分为背景评价、输入评价、过程评价、成果评价四个部分。

1. 背景评价

对目标本身的有效性进行评价，即根据社会发展需要对目标本身的价值做出判断，它的一个重要任务就是考查现存的目标与重点是否与使用者的需要相一致。需要明确的问题有：特定情景中究竟存在哪些需要？这些需要有多大的广泛性和重要性？方案的目标反映已评定的需要的程度如何？是否有调整方案的必要以真正满足这些需要？背景评价通常采用的方法有查阅资料、调查访谈、问卷测验等。

2. 输入评价

在开展教育活动之前，对目标的可行性进行评价，即在目标确定之后，对达到目标所需的条件进行评价，需要回答的问题有：采用了何种程序计划和预算计划来达到目标？考虑了哪些备选方案？为什么选择这个计划而不选择其他计划？这个计划的合理性程度如何？它成功的可能性有多大？

3. 过程评价

对计划的实施过程进行评价，即对计划实施过程的实际情况不断加以检查，及时发现存在的问题，做出反馈调节，需要关注的内容有：是否按预定计划开展活动？是否采用有效的方式利用现有的资源？现行计划执行的程度如何？是否有必要对计划进行修正？如何对计划进行修正？

4. 成果评价

成果评价即测量、解释和判断所取得的成果，确认目标的实现程度，并将预期的结果和实际的结果之间的差异向决策者汇报。

以决策为中心的CIPP评价模式具有几个基本特征：(1)决策者决定评价什么，甚至可以选择所用的方法；(2)评价者起着决策者顾问的作用；(3)评价工作就是信息采集和报告结果；(4)所采集的信息必须是决策者所需要的；(5)信息的重要性取决于要做的决策。

和行为目标评价模式相比，CIPP评价模式是一个更全面、更完整的评价模式。它虽然也看重目标在评价中的地位，但它强调必须对目标本身实施评价；它也看重测评活动结果是否实现预定的目标，但它同时强调必须对活动过程进行评价。CIPP评价模式关注从制定目标到实现目标的全过程的评价，但由于斯塔弗尔比姆过分强调决策在评价中的作用，强调评价就是为决策提供信息服务，使得评价的“价值判断”的本意有所削弱。

### （三）目的游离评价模式

目的游离评价模式是由美国学者斯克里文于20世纪60年代中后期提出，是在批判行为目标评价模式的弊端的基础上确立起来的。行为目标评价模式根据预定目标进行评价，比较关注目标规定的预期效果，但在客观上，根据预定目标进行评价还会产生非预期的效果，这是行为目标评价模式所忽略的。如果只根据预定的目标来评价，只考虑特定目标范围的特定效果，这对评价活动可能是有害的。在斯克里文看来，“严格按目的办事往往会大大地限制评价的范围及其深远的意义”。

出于对教育活动实际效果的全面考虑，斯克里文提出教育评价应关注游离于目的以外的效果。斯克里文认为，教育评价过程中会出现预期效果和非预期效果两种实际效果，因此，评价不能只从预期效果出发，还要关心游离于目的以外的非预期效果，即教育活动全部的、真实的效果。

为了使目的游离评价模式真正落实，斯克里文主张采用“三盲”的方法，即计划制订者与评价者、评价对象之间互不通气，从而保证评价不受任何预定目的的影响，并能反映真实的、全部的效果。

目的游离评价模式与行为目标评价模式不同的是：它不仅忽视目标，而且努力避免在评价中知道这些目标。从这个意义上说，它是一种全新的评价模式。但严格说来，目的游离评价模式不是一种完善的评价模式，它缺少必要的评价程序和方法。因此，有人仅把它当作一种评价的原则。

但是，对幼教机构的保教质量评价来说，目的游离评价模式的实践价值在于：它不但提出了评价仅以目标为中心是不够的思想，还认为制订评价方案时应该考虑到全部的、真实的效果，应该更多地关心评价方案是否能满足实际需要，更多地注重评价方案的目的是否与评价对象的要求相一致。在我国幼教机构评价活动中，斯克里文所批评的现象依然存在，有时候，评价者只关注评价方案所设定的目标效果，对可能产生的非预期效果不予考虑；有时候，评价比较多地体现了评价者的意图，而对如何满足实际需要与评价对象的要求则反映不够。

## 第二节　幼教机构保教质量评价机制的现实考察

为充分发挥幼教机构保教质量评价的诊断、反馈和促进等相关作用，有效地提升幼教机构保教质量水平，促进幼儿较好地发展，课题组研发了幼教机构保教质量相关的测查工具，选择了重庆市四个地区近五十所不同区域、性质和类型的幼教机构作为现实考察的样本，先将具有代表性的两个地区（W区和Y县）的幼教机构[1]保教质量现状的调查结果进行分析和梳理。

### 一、幼教机构保教质量的总体状况

#### （一）幼教机构保育状况

1.幼教机构保育工作整体规范性较高

本研究使用的《幼儿生活事项标准化测查表》来自对省级示范园的常规性保育工作的观察，是经过长期观察后选取典型的保育行为和关键行为形成的量表，经过一线幼儿园教师充分讨论与认定，最后进行两次试测后进一步修正的考核量表。经过测试，W区、Y县各幼儿园在幼儿工作中执行保育事项时规范性较好，各事项的分值都较高，在入园事项、早操事项、午睡事项、离园事项、如厕盥洗饮水事项的得分均超过0.8，只有W区在用餐事项中分值为0.763分，Y县在入活动室事项中分值为0.736分。具体分值情况如图6-3。

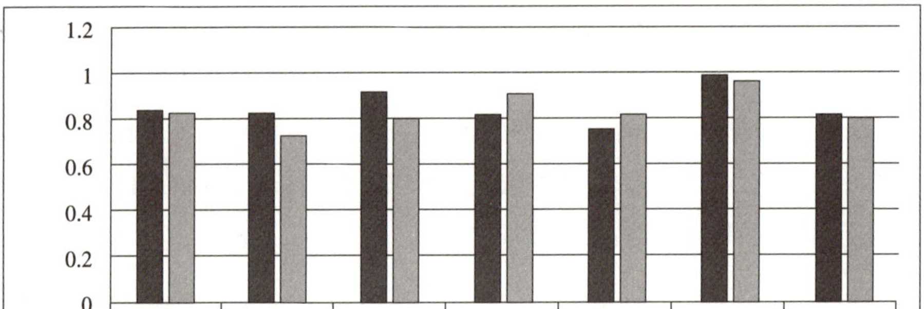


| | 入园事项 | 入活动室事项 | 早操事项 | 午睡事项 | 用餐事项 | 离园事项 | 如厕盥洗饮水事项 |
|---|---|---|---|---|---|---|---|
| W区 | 0.846 | 0.832 | 0.927 | 0.828 | 0.763 | 0.992 | 0.827 |
| Y县 | 0.833 | 0.736 | 0.803 | 0.918 | 0.821 | 0.972 | 0.808 |

图6-3　W区、Y县幼教机构生活事项各维度分值



①本节所指的幼教机构主要指不同性质和类别的幼儿园。

2.幼教机构保育质量处于中等以上水平

本研究在充分结合《幼儿生活事项标准测查表》的基础上，设计旨在反映幼儿在园生活状况的质量性评估量表，内容涉及入园/离园安全与保障、校园安全与保障、餐食健康与维护、睡眠健康与维护和如厕盥洗饮水健康与维护等方面。观察者对幼儿在园半日活动进行系统观察并根据量表对幼儿生活质量进行客观评分，经数据整理与分析，我们发现W区、Y县幼儿在园生活质量总体处于中等偏上水平，各维度下的得分均超过3.5分，这反映出该地区幼儿在园生活质量具有良好的保障，其重要基础在于各幼儿园保育过程的规范性较好。但W区在如厕盥洗饮水健康与维护方面分值较低，Y县在校园安全与保障方面分值较低，主要反映出各幼儿园在校园设施、安全教育与管理方面、幼儿学习与活动过程中存有一些安全隐患。具体分值情况如图6-4。

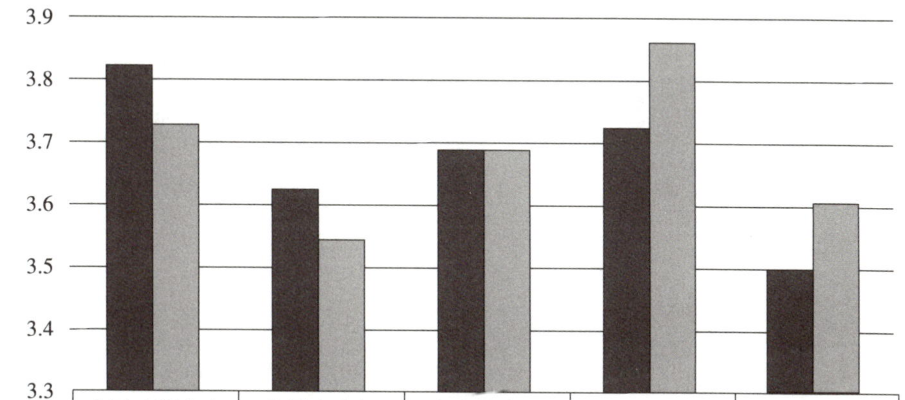


| | 入园/离园安全保障 | 校园安全与保障 | 餐食健康与维护 | 睡眠健康与维护 | 如厕盥洗饮水健康与维护 |
|---|---|---|---|---|---|
| ■W区 | 3.824 | 3.627 | 3.689 | 3.727 | 3.500 |
| ■Y县 | 3.728 | 3.545 | 3.690 | 3.863 | 3.607 |

图6-4　W区、Y县幼教机构幼儿生活质量各维度均值

## (二)幼教机构保教状况

1.集中教学活动质量评分处于中等水平

集中教学活动是幼儿园教学工作的重要组成部分，也是幼儿园教师与幼儿之间实现交互作用的重要中介。集中教学活动是幼儿获得知识与经验的重要载体，因此，集中教学活动的有效性往往影响幼儿园保教质量。本研究通过课堂观摩的方式在样本幼儿园中选取一个大班、中班进行集中教学活动观摩，并对教师的教学行为如教学目标的制订、教学内容的选择与组织、教学过程的设计与实施进行评价，经过数理统

计与分析，我们发现W区、Y县幼儿园在集中教学活动中的评分处于中等水平，集中教学的有效性亟须提高。具体情况如图6-5。通过观察，我们发现由于各幼儿园老师在学历水平、从教经验、教师素养方面差异较大，因此，各幼儿园教师在教学目标的制订、教学内容的选择与组织、教学环节的设计等方面都存在不同程度的问题。经访谈，部分教师对课堂教学目标的完整性、多元性、规范性把握不准，致使整个教学目标比较模糊，没有明确的指向性，教师在课堂教学过程中不能很好地处理幼儿生成性的经验，使得课堂教学过程中课堂提问及其反馈方面处理得比较着急，错失良好的教育契机。

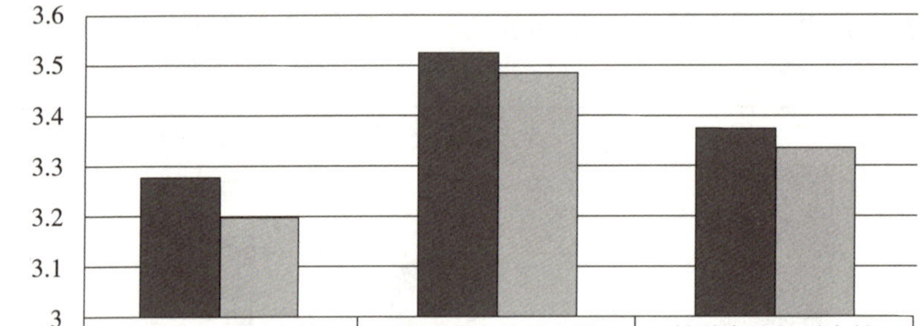


| | 教学目标的适宜性 | 教学内容的适宜性 | 教学实施的适宜性 |
|---|---|---|---|
| ■W区 | 3.280 | 3.525 | 3.377 |
| □Y县 | 3.198 | 3.487 | 3.338 |

图6-5 W区、Y县幼教机构教学活动质量评价各维度均值

2.游戏教学活动质量评分处于中等水平

游戏教学活动是幼儿园教学活动的重要组成部分。游戏教学活动是让幼儿充分发挥自己的主动性，让幼儿在自由游戏过程中自主体验与建构，教师适时介入与指导的教学过程。幼儿游戏教学活动的有效性离不开多元化的游戏材料与设计，离不开教师的适时介入与指导。本研究基于对幼儿的游戏教学活动的观察进行测评，经过后期的整理与分析，我们发现W区和Y县幼儿园在游戏教学活动方面的质量水平处于中等偏下水平，其中幼儿游戏表现的得分均值分别为3.773分和3.530分，游戏时间的安排与保障的得分均值分别为3.673分和3.621分。这一方面说明各幼儿园的孩子爱玩、乐玩，在游戏中参与程度高；另一方面各幼儿园都能按照国家的标准保障幼儿游戏教学活动的开展。但是，由于游戏客观条件的限制，部分幼儿园特别是县镇地区、民办性质的幼儿园在游戏材料方面的供给能力不高，幼儿可游戏性的程度有限；其次，在游戏教学活动过程中，W区和Y县教师的介入与指导的得分均值分别为2.895分

和2.750分，这说明教师在幼儿游戏中的介入与指导方式、指导时机、指导程度方面把握不当。具体情况如图6-6。因此，在游戏教学方面，各幼儿园还需要加强指导与管理。

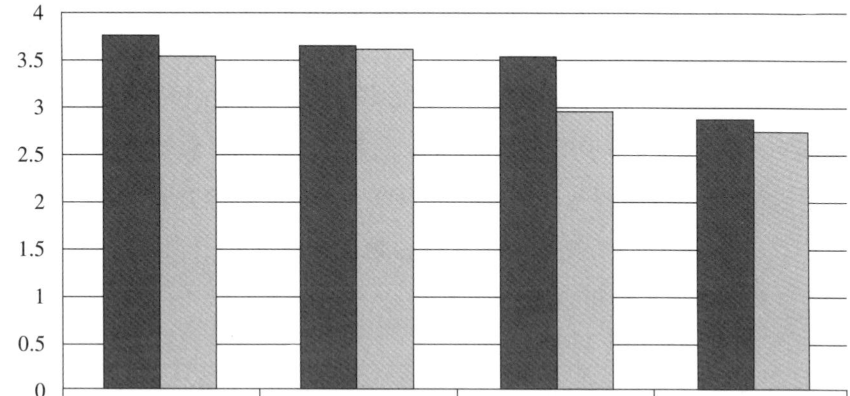


| | 幼儿游戏表现 | 游戏时间的安排与保障 | 游戏材料的提供 | 教师的介入与指导 |
|---|---|---|---|---|
| W区 | 3.773 | 3.673 | 3.510 | 2.895 |
| Y县 | 3.530 | 3.621 | 2.960 | 2.750 |

图6-6　W区、Y县幼教机构幼儿游戏活动评价各维度均值

3.幼幼及师幼关系质量评分处于中上水平

幼幼及师幼关系是评价幼教机构过程质量的一个重要指标。为全面地测查幼教机构保育质量水平现状，本研究课题组经过反复研讨与试测，最终研制出了幼教机构幼幼及师幼关系质量评估量表，主要包括幼幼及师幼两大维度，近十项的具体内容。经过测试，W区幼教机构幼儿同伴关系及师幼关系均值分别为3.827分和4.149分，两者相差0.322分，Y县幼教机构幼儿同伴关系及师幼关系均值分别为3.746分和4.104分，两者相差0.358分。这说明W区和Y县幼儿同伴交往及师幼关系总体情况较好，并有进一步提升的空间。

## 二、幼教机构保教质量城乡差异

### （一）幼儿生活事项规范性方面，城镇幼儿园总体上高于村级幼儿园

通过城乡差异比较，如图6-7所示，我们发现W区在幼儿生活事项执行过程中，除早操事项城镇地区总体略低于农村地区，入园事项、用餐事项及离园事项城镇地区总

体与农村地区基本持平以外，在入园活动事项、午睡事项、如厕盥洗饮水事项方面，城镇幼儿园的规范化水平均高于农村地区。如图6–8所示，Y县城区幼儿园在各事项上的规范化水平均高于乡镇地区。结合课题组成员的观察与访谈，可以总结出造成上述城乡差异的主要原因是我国学前教育资源在城乡二元结构下的不均衡配置，以及不同位置的经济发展环境和社会文化环境不一样，使得不同办园主体在幼儿园资源的获取方式与途径不一样，这决定了各幼儿园的办园条件也不一样，幼儿园办园条件进一步影响到幼儿保育事项的规范性。因此，城区幼儿园总体资源占有量较多，办园理念更为先进，其保育事项执行的规范性较好。在早操事项方面，城镇地区幼儿园总体略低于农村地区，主要是城镇的幼儿园占地面积普遍低于农村地区，因此，校园环境设置方面的游戏设施安排紧凑，安全隐患较大。

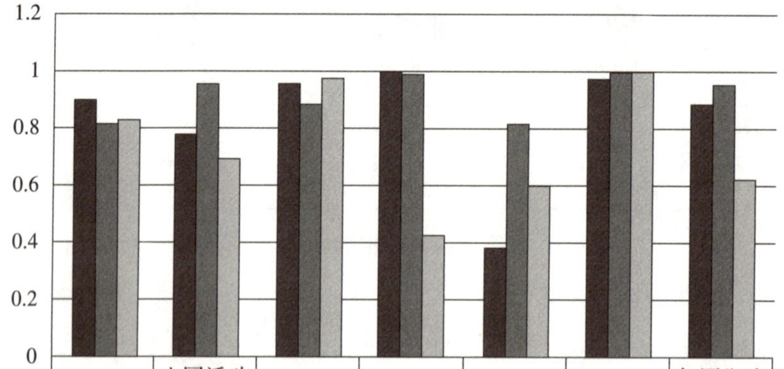


| | 入园事项 | 入园活动事项 | 早操事项 | 午睡事项 | 用餐事项 | 离园事项 | 如厕盥洗饮水事项 |
|---|---|---|---|---|---|---|---|
| ■城区幼儿园 | 0.90 | 0.78 | 0.96 | 1.00 | 0.39 | 0.98 | 0.89 |
| ■乡镇幼儿园 | 0.82 | 0.96 | 0.89 | 0.99 | 0.82 | 1.00 | 0.96 |
| □村级幼儿园 | 0.83 | 0.70 | 0.98 | 0.43 | 0.60 | 1.00 | 0.63 |

图6–7　W区城区、乡镇、村级幼儿园幼儿生活事项各维度比较

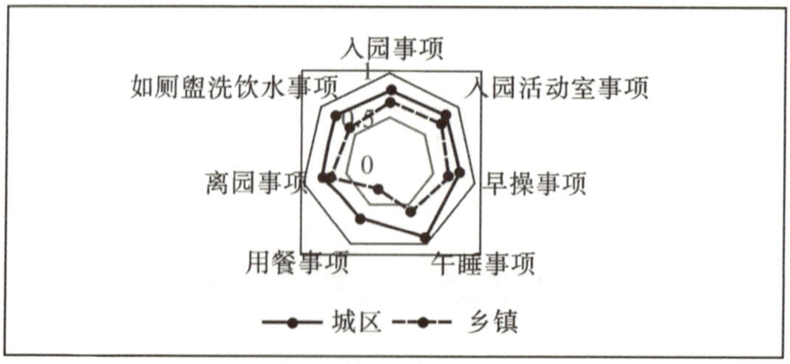


图6–8　Y县城乡幼教机构幼儿生活事项各维度比较

### (二)幼儿在园生活质量方面,城镇幼儿园普遍高于农村地区的幼儿园

从图6-9可以看出,W区城镇幼儿在园生活质量普遍高于村级幼儿园,其中两地区的幼儿园在入园/离园安全与保障、校园安全与保障方面差异性不大,在餐食健康与维护、睡眠健康与维护、如厕盥洗饮水健康与维护方面,城镇幼儿园显著高于村级幼儿园。从图6-10可以看出,Y县城区幼儿在园生活质量普遍高于乡镇地区,其中两地区的幼儿园在入园/离园安全与保障、睡眠健康与维护、校园安全与保障方面差异性不大,在餐食健康与维护方面,城区幼儿园显著高于乡镇地区幼儿园。通过课题组观察与访谈,我们发现由于办园性质不一样,幼儿园老师的待遇保障也不一样,城区高于乡镇地区,乡镇高于农村,公办园教师福利待遇好于民办园教师福利待遇,因此,福利待遇水平较低的教师的职业认同及职业情感进一步受到影响,因此,提高乡镇地区和农村地区的幼儿教师的福利待遇和生活条件是重要的发展任务。其次,部分民办园为了获得更多的生源而降低了保教费及餐食费收费标准,为了维持收支平衡或者在此基础上追求更多的利益,他们大幅削减了用于教学的经费,用于新增或者更换游戏设备、材料的经费急剧减少,部分幼儿园甚至随意克扣及挪用幼儿的餐食费,给孩子提供营养水平极低的餐食。某幼儿园连续两天给孩子们提供的午餐都是面条。因此,村级幼儿园在餐食健康与维护方面显著低于城镇幼儿园。

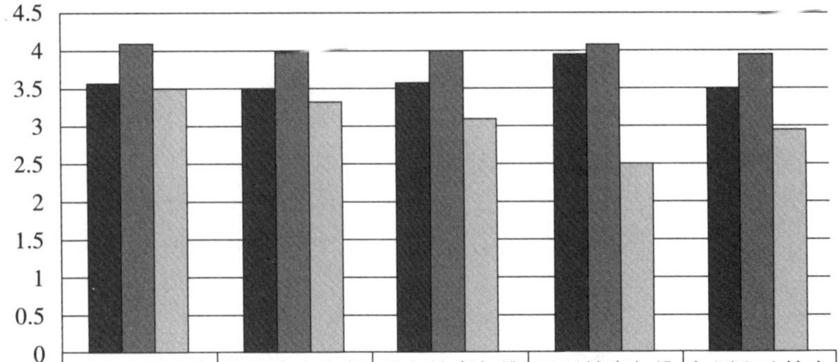


| | 入园/离园安全保障 | 校园安全与保障 | 餐食健康与维护 | 睡眠健康与维护 | 如厕盥洗饮水健康与维护 |
|---|---|---|---|---|---|
| ■城区幼儿园 | 3.60 | 3.50 | 3.60 | 3.98 | 3.50 |
| ■乡镇幼儿园 | 4.10 | 4.00 | 4.00 | 4.10 | 3.96 |
| □村级幼儿园 | 3.50 | 3.35 | 3.10 | 2.51 | 2.96 |

图6-9 W区城区、乡镇、村级幼儿园幼儿生活质量各维度比较

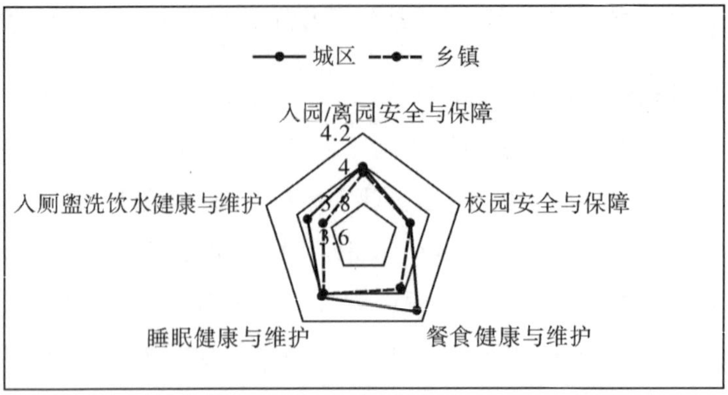


图6-10　Y县城乡幼教机构幼儿生活质量各维度比较

## （三）集中教学活动质量方面，城镇地区幼儿园普遍高于村级幼儿园

由于城镇地区幼儿教师在学历水平、从教经历、专业背景等个体素养方面总体好于村级幼儿教师，再加上城镇教师在培训、在职学习方面的资源总体多于现在村级地区，因此，在集中教学的规范性上，城镇地区幼儿园的专业规范性要好于村级幼儿教师。从图6-11和图6-12可以看出城乡幼儿园教师在集中教学活动质量总体上都不高。

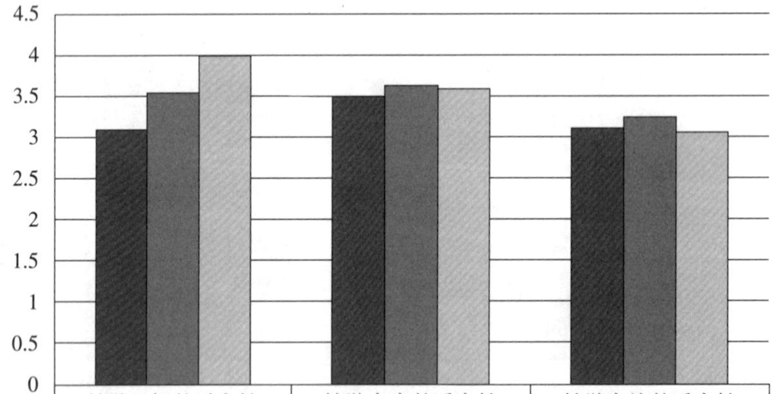


| | 教学目标的适宜性 | 教学内容的适宜性 | 教学实施的适宜性 |
|---|---|---|---|
| 城区幼儿园 | 3.10 | 3.50 | 3.10 |
| 乡镇幼儿园 | 3.55 | 3.65 | 3.26 |
| 村级幼儿园 | 3.98 | 3.60 | 3.05 |

图6-11　W区城区、乡镇、村级幼儿园教学活动各维度比较

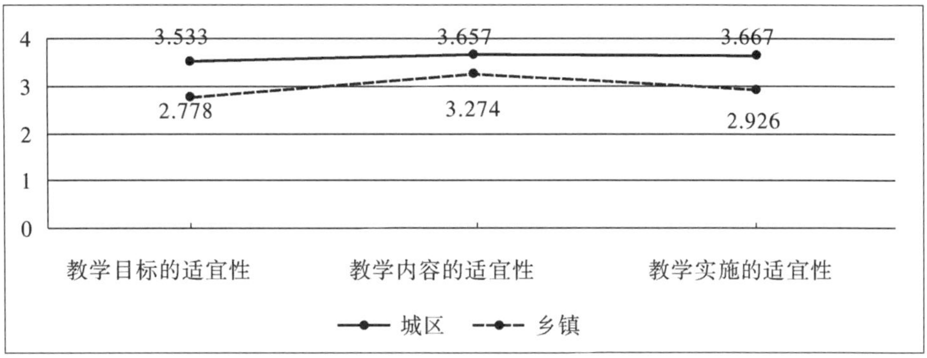


图6-12　Y县城乡幼教机构集中教学活动质量各维度比较

### (四)游戏教学活动质量方面,城乡幼教机构差距不大

在游戏教学活动质量方面,从图6-13可以看出W区城镇幼儿园普遍高于村级幼儿园,其中在幼儿游戏表现与教师的介入与指导方面,城镇幼儿园与村级幼儿园的差异性较大。从图6-14可以看出Y县城区幼儿园普遍高于乡镇地区的幼儿园,其中在幼儿游戏表现与教师的介入与指导方面,Y县乡镇地区幼儿园与城区幼儿园的差异性较大。幼儿游戏教育是一项复杂的教学活动,幼儿在游戏过程中的行为表现受到游戏性质、游戏条件、教师引导等因素的影响。经课题组观察,村级幼儿在游戏过程中出现的问题是:游戏种类少,重复性高;游戏质量低,可玩性低;游戏过程中自由性少,教师介入、高压监督比重大,缺乏建构性指导。因此,提高村级地区的幼儿教师专业水平是该地区面临的重要任务。

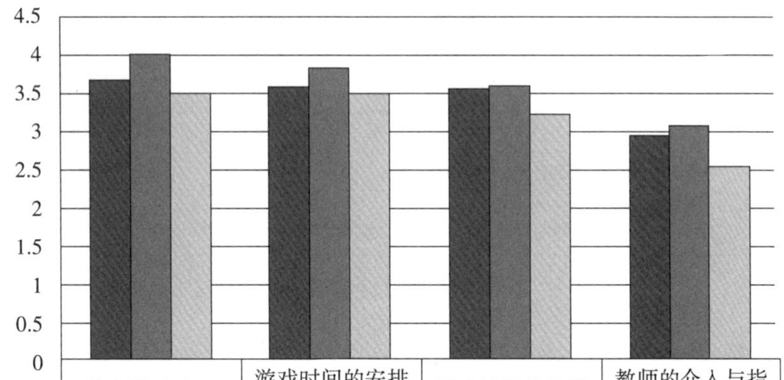


| | 幼儿游戏表现 | 游戏时间的安排与保障 | 游戏材料的提供 | 教师的介入与指导 |
|---|---|---|---|---|
| ■城区幼儿园 | 3.70 | 3.60 | 3.52 | 2.95 |
| ■乡镇幼儿园 | 4.02 | 3.85 | 3.61 | 3.10 |
| □村级幼儿园 | 3.50 | 3.50 | 3.25 | 2.52 |



图6-13　W区城区、乡镇、村级幼儿园游戏活动各维度比较

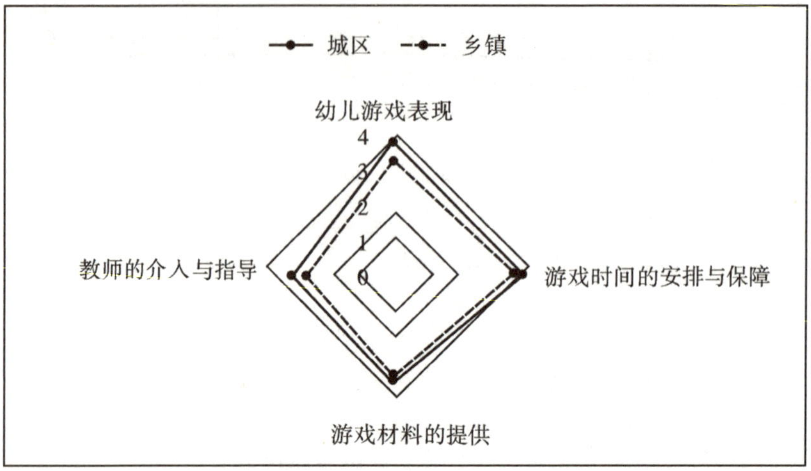


图6-14　Y县城乡幼教机构游戏活动质量各维度比较

### (五)同伴交往及师幼互动方面,城乡差别不大

从图6-15可以看出,城乡两地幼儿同伴交往及师幼互动差别不大,但城乡地区较村级园而言差距较大。

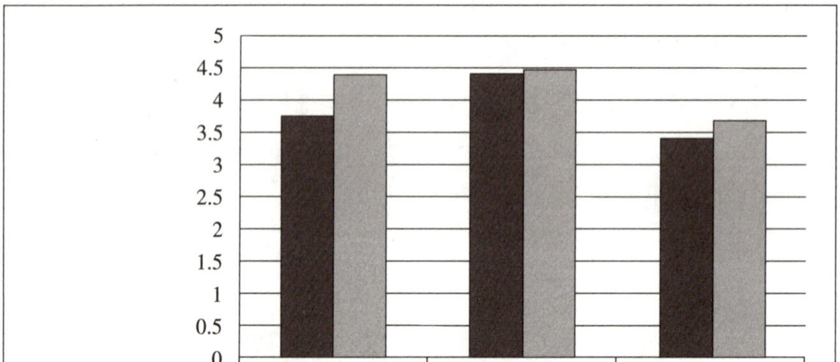


| | 城区幼儿园 | 乡镇幼儿园 | 村级幼儿园 |
|---|---|---|---|
| ■幼儿园同伴交往 | 3.78 | 4.42 | 3.41 |
| ■师幼关系 | 4.41 | 4.48 | 3.72 |

图6-15　W区城区、乡镇、村级幼儿园幼幼及师幼关系比较

# 第三节 幼教机构保教质量评价机制的健全与完善

一直以来,管理主义、科学主义、功利主义的评价观遮蔽了幼教机构保育和教育的本真追求,造成教育评价过程中的价值主体与评价主体分离,评价主体与评价客体分离,评价标准与评价情境分离的现象,过分强调评价的客观性和标准性,忽视幼儿发展的自主性和能动性,这样的评价是短期的结果导向的评价。幼教机构保教质量的评价机制要引领幼教机构的质量提升,还需从评价理念、评价工具、评价方法、评价人员和评价反馈机制等方面不断完善。

## 一、树立正确的幼教机构保教质量评价观

### (一)形成发展性的评价理念

评价最重要的意图不是为了证明(prove ),而是为了改进(improve )。[①]评价的发展性表达了一种从评价“过去”和“现在”,转向评价“将来”和“发展”的新理念。[②]同时,《幼儿园教育指导纲要(试行)》对于幼儿园教育评价也明确指出:幼儿的行为表现和发展变化具有重要的评价意义,教师应视之为重要的评价信息和改进工作的依据。[③]发展性教育评价以发展为目的,是一种依据目标、重视过程、及时反馈、促进发展的形成性评价。发展性教育评价主要有三个方面的特点。第一,注重对过程性要素的评价。新的评价标准综合应用多种有效手段进行过程评价,将教学过程与评价过程相结合,将教学情境与评价标准相结合。第二,注重对幼儿发现、分析和解决问题能力的评价。第三,借鉴国外早期教育机构保教质量评价的目的及实践做法,未来国内幼教机构保教质量评价政策应考虑建立幼儿教育机构保教质量内部评价体制,使幼儿教育机构保教质量的自评工作常态化,真正落实教育质量评价的发展性目的,凸显幼儿教育机构保教质量评价的发展性功能。

发展性教育评价理念改变了长期以来站在评价者立场考虑,重视对被评对象的教育效果进行鉴定和区分优劣的终结性评价占统治地位的局面,而以被评者的发展

①吴虑.大数据支持下学习评价的价值逻辑[J].清华大学教育研究,2019(1):15-18.

②国家教育行政学院.基础教育新视点[M].北京:教育科学出版社,2003:56.

③教育部基础教育司.《幼儿园教育指导纲要(试行)》解读[M].南京:江苏教育出版社,2002:38.

为主要目标，重视对被评者工作过程进行评价和及时反馈，以帮助幼儿教育机构改进工作和提升质量。幼教机构保教质量评价的根本目的在于促进幼儿自由而全面发展。

### （二）拓展评价的多元性和开放性

1.评价主体多元

评价主体在评价过程中起主导作用。长期以来，我国的幼教机构保教质量评价的主体多为幼教机构行政管理者、决策制定者、第三方督导等官方权威角色，而其他利益主体基本上都被排斥在评价过程之外。幼教机构保教质量评价多成为行政管理的主要手段，评价主体单一，呈现了从上至下的层级制、行政化特点，没有体现教师和家长的能动性，不利于与幼儿利益直接相关的人员之间的信息共享和平等对话，尤其不利于教师自己检视教育质量。这样的评价方式无法做到客观公正，也无法做到评价的专业性，对幼教机构专业支持和质量提升的作用并不大。

《幼儿园教育指导纲要（试行）》中指出："管理人员、教师、幼儿及指出家长均是幼儿园教育评价工作的参与者，评价过程是各方共同参与、相互支持与合作的过程。"因此，在评价主体上，我国的幼教机构保教质量评价应从单一的教育行政或相关主管部门评价，走向各相关利益方（包括幼儿家长、教师、举办者、社区代表和专业研究者等）的共同评价，这也符合第四代教育评价观中主张的他人评价与自我评价相结合的原则，建立合理的协作机制，让质量评价的过程成为民主协商、观念碰撞、形成共识的过程；同时，逐步实行"管办分离"，培育和引进专业评估机构作为独立第三方进行幼教机构保教质量评估，增强幼教机构保教质量评价的专业性与科学性。

世界发达国家幼儿教育机构保教质量评价也体现出评价主体多元化的特点。例如，德国不仅吸纳了行政人员及研究者的智慧，而且吸纳了保育员、教养员、园长和主办者的意见，并在全国范围内进行质量标准问卷调查，获得了上千名专业人员的近六万条建议。教育质量的评价过程也需要多主体的参与才能确保其客观性和公正性。美国在评价幼儿发展状况时，不仅有幼儿教师的直接评价，而且鼓励家长通过进入班级观察来记录幼儿的行为表现，[①]使评价更加准确。芬兰的评价包括行政部门对幼儿园整体质量的评价、幼儿园教职员工进行的自我评价、家长的满意度调查以及幼儿成长档案袋评价等。不管评价主体是谁，评价必须以儿童身心健康发展的需要为前提，

①吕婀娜.美国高端课程学前儿童评价（COR）对我国幼儿发展评价的启示[D]．长春：东北师范大学，2011:6.

要代表儿童的利益。[①]多主体参与不但能使评价标准体系更加具有科学性和可行性，而且能够使评价结果更加真实和客观，还有利于引起社会各界对幼儿教育机构保教质量的关注和监督。

案例：

某园通过家园合作对小班幼儿生活课程成效进行了评价，探索了家园合作对小班幼儿生活课程评价的内容、方法与策略，完善了课程实施方案，整体提高幼儿园课程建设、课程实施和课程评价的能力与水平，以点带面，形成经验，从而提高幼儿园的课程领导力。这里所说的成效评价指的是对小班生活课程培养目标达成度、幼儿生活能力与习惯养成情况的综合评价。在实践过程中，该园创新并形成了“现场互动式评价”“生活任务书评价”“三位一体评价”等小班生活课程的有效评价方法。现场互动式评价是指邀请家长进入校园，在现场观摩与互动中获得对课程实施与评价的方法与经验。主要形式有家长客座、家长参教、家长督察。家长客座是指在幼儿园实施课程中，教师根据班级主题活动开展的需要、社会热点及孩子生成的内容，邀请幼儿家长或社区人员根据自己的学识、特长，进园为孩子组织集体教学活动的一种形式。该园的做法：每月聘请一名幼儿家长来园助教，通过教师家长共同备课—家长组织活动—家园互动反思评价，发挥家长的作用。家长参教是指在幼儿园课程评价中，教师根据活动计划与幼儿活动需要，邀请家长参与幼儿园生活、运动、游戏、学习、外出参观等活动的一种形式。该园的做法：初期以调查表的形式了解家长参教活动的意向，每月有计划地邀请个别家长参与教研组的“一课三研”活动、亲子观摩活动、幼儿主题活动等各项活动，活动后开展互动、反思评价交流，收集书面的评价资料。家长督察是指在幼儿园课程评价中，由幼儿园家委会骨干家长代表组织、各班家长参与，对幼儿园课程环境与教师课程实施进行督查与评价的一种自发活动。该园的做法：根据家长对幼儿园课程实施兴趣点的关注要求，提前与园方领导约定督察时间、督察内容和园方参与人员，在督察过程中将发现的问题以书面形式记录后集中反馈，园方汇总问题并进行分类分时落实整改的商讨与部署，学期结束时进行整改情况的通报。

2.评价目标和内容的多维性

传统的幼教机构保教质量评价的内容主要在幼儿知识技能方面，忽视了其他方面的发展，如幼儿情感和意志的发展以及机构保育状况。在研究教学活动时，常常将认知从情、意中抽取出来，将真与善、美相割裂，使幼儿教育实践走上一条“唯理性主

①吴凡.芬兰幼儿园质量评价简介及启示[J].幼教园地，2010(6):11-13.

义教育”的狭窄之路。在传统的幼儿教育机构保教质量评价中，往往忽视情感教育和保育条件在教育评价中的重要性，因此，陶冶幼儿的情操、塑造幼儿的品格、培养良好的心理素质等并没有被列入幼儿教育机构保教质量评价的目标体系，这也使得幼儿情感的培养与发展没有得到教育者的足够重视，并在一定程度上受到忽视和损害。幼儿的发展不仅包括认知的发展，还包括情感、态度、价值观、个性的发展。幼儿只有全面协调地发展，才能健康地成长。幼儿教育机构保教质量评价不仅是教育活动的评价，还包括保育状况的评价。因此，幼儿教育机构保教质量评价的目标和内容应该是全面的、多维的，是认知与非认知的统一，是保育和教育的统一，不仅应充分关注幼儿发展的各个方面，还要评价幼儿教育机构的发展状况、整个保育教育过程。

3.评价过程的动态化和真实性

传统幼教机构保教质量评价主要是总结性评价，过程性评价较少，重视学习活动的结果，而忽视活动的过程，缺少对活动或思维过程的评价，这会导致幼儿只重视探究的结果，而忽视探究的过程，易于形成一些似是而非的认知，不利于幼儿探究习惯和良好思维品质的形成，限制了其解决问题的灵活性和创造性。建构主义教育评价强调动态评价和评价的真实性，认为教育评价应该重视知识的建构过程，包括如何寻找知识、认知策略和自我监控、认知卷入以及知识建构中的探究与创新能力、对合作的体验、成功的愉悦、教育活动中幼儿的兴趣和态度等；主张从多维度、多层次的角度评价学习结果。只有关注过程，评价才可能深入幼儿发展的进程，及时了解幼儿在发展中遇到的问题、所做的努力以及获得的进步，只有真实而有意义的活动才可以激发被评价者的活动积极性。同伴的支持或者“提供的支架”不仅能使被评价者全力以赴地完成任务，而且能够使其潜能得到最大限度的发挥，这样才可能给幼儿和机构的持续发展提供有效的帮助，才能真正发挥作用。

### （三）尊重差异和文化回应的质量观

质量是具有价值观基础的动态性的概念，[①]不同的价值观将带来对托幼机构教育质量的不同理解和不同评价结果。在强调多元价值和文明对话的今天，在重构我国幼儿教育机构保教质量评价体系的过程中，我们面临的首要问题是价值观的革新。当然，照搬西方的个人主义哲学是不适宜的，不同价值观的融合与结构的平衡也许是最为明智的选择。我们应吸收西方托幼机构评价观念中的合理成分，在保持我国的

①朱家雄.对学前教育质量的重新思考[J].教育导刊，2006(1)：4-6.

优势和传统的同时，在评价指标体系中，适当减小统一性的要求而增加对个体差异的包容与尊重，适当减少对幼儿的过度控制而增加幼儿的选择性与自主空间，适当减小集体教学的比重而增加幼儿的自由游戏时间。从而在评价工具的导向作用下，引导我国的幼儿教育实践工作者教育观念与行为的转变，提升我国幼教机构的保教质量。

## 二、建立科学的幼教机构保教质量评价指标体系

### （一）开发科学化和本土化的评价工具

教育质量评价是在一定教育价值观的指导下，根据一定的标准或采用适宜的评价工具，对教育机构的教育工作进行科学调查、做出价值判断的过程。[①]在国际上，一般采用经过效度检验的有科学证据支撑的评价工具，通过班级观察的方法对幼教机构的质量（尤其是过程性质量）进行评价。长期以来，我国都在借鉴和使用国外的评价工具。美国北卡罗来纳大学儿童发展研究中心哈姆斯等人编制的《幼儿学习环境评价量表》（Early Childhood Environment Rating Scale，ECERS）[②]是国际上运用最为广泛的托幼机构教育质量评价工具之一。该量表是为2~5岁儿童托幼机构的总体教育环境质量的评价而设计，包括7个子量表和43个评价项目：（1）空间与设施；（2）保育；（3）语言推理；（4）活动；（5）人际互动；（6）作息结构；（7）家长和教师。为弥补ECERS-R对托幼机构课程领域评价不足的缺陷，英国牛津大学的Sylva等研发了《幼儿学习环境评价量表（课程扩展版）》（ECERS-E）。此外，美国斯坦福大学的Stipek和Byler研制的《幼儿班级观察量表》（Early Childhood Classroom Observation Measure，ECCOM）和美国弗吉尼亚大学Pianta等人研究《班级评定计分系统》（Classroom Assessment Scoring System，CLASS）都受到国内学者的广泛借鉴，但是在量表试用研究的过程中，也存在文化教育情境中适宜性不足的问题。

我国的研究者在幼教机构保教质量评价工具的研发上也进行了初步的努力和尝试。项宗萍、廖贻等人的《六省市幼教机构教育评价研究》中，对幼教机构教育质量的评价运用了几个观察工具：（1）教师对儿童活动安排的观察；（2）教师行为观察；（3）儿童活动的观察。这些观察工具经过修订和补充成为《幼儿教育质量评价手册》的一部

①刘占兰，等．中国幼儿园教育质量评价[M]．北京：教育科学出版社，2011：7

②T. Harms & R. M. Clifford. Assessing Preschool Environments with the Early Childhood Environment Rating Scale[J]. *Studies in Educational Evaluation*, 1983(8):261-269.

分。刘焱等在借鉴美国ECERS-R和英国ECERS-E的结构形式的基础上，根据我国的《幼儿园工作规程》和《幼儿园教育指导纲要（试行）》，编制《中国托幼机构教育质量评价量表》（第一版），并进行信效度检验。该量表具有较强的实践性和可操作性，内容适合中国幼儿园教育实践，能够反映并区分幼儿园教育质量水平的高低，具有较强的内部一致性、内容效度和结构效度。①在“学前一年教育纳入义务教育的条件保障研究”项目进展过程中，研究者对该量表进行修订，形成了第二版，适当降低了原来的“及格”标准，把五个等级扩展为九个等级，增强了量表的适用性，使其能够更好地适应和容纳我国幼儿园教育在城乡之间的较大差距。②李克健等也对《幼儿学习环境评价量表》（修订版）（ECERS-R）进行中国化和本土化的探索，经过六年多跨九个省市的调查研究，编订《中国托幼机构教育质量评价量表（试用版）》，包含7个子量表（空间与设施、保育、课程计划与实施、集体教学、游戏活动、人际互动、家长与教师），53个评价项目，160个子项目，1127个精细项目，是对评价量表中国化的一次有益探索。但总体而言，美国等发达国家的研究成果非常丰富，我国在评价工具的研究上还非常薄弱，处于刚刚起步阶段。当务之急，还需加大对幼儿教育机构保教质量评价工作的研发，在借鉴西方优秀经验的基础上，研制科学化和本土化的幼教机构保教质量评价工具。

### （二）制定适合城乡幼教机构保教质量评价的国家标准

2010年以来，《国务院关于当前学前教育发展的若干意见》的颁布和“学前教育三年行动计划”的实施使我国幼儿教育的财政投入迅速增加。幼儿接受教育的机会增多，教育治理能力得到提高，显示出政府主导模式的强大优势。然而，在幼儿教育机构规模扩张的同时，保教质量并没有得到相应的提升。政府在质量监管方面缺位，幼儿教育机构市场鱼龙混杂，保教质量在区域间和机构间差异悬殊。未来幼儿教育机构的质量评价，应将政府主导发展模式转向政府主导质量监管和发展并重的模式，应成立由中央政府主导的幼儿教育机构保教质量评价与监管机构或组织，制定国家保教质量标准框架。政府主导幼教机构保教质量评价与监管有利于整合教育、财政、社会福利、医疗、研究团体和传媒等多方面的资源，更好地研制、实施、推广和宣传国家保教质量标准框架，确保在质量方面的基本要求真正落实到各种幼儿教育机构和广大家庭的教育实践中。制定国家保教质量标准框架要依据国家已经出台的学前教育

①刘焱，潘月娟.《幼儿园教育环境质量评价量表》的特点、结构和信效度检验[J].学前教育研究，2008(6)：60-64.

②刘焱.学前一年教育纳入义务教育的条件保障研究[M].北京：北京师范大学出版社，2014：80.

政策法规，如《幼儿园工作规程》《幼儿园教育指导纲要（试行）》《幼儿园教师专业标准》《3—6岁儿童学习与发展指南》和《幼儿园教职工配备标准（暂行）》等。

制定国家保教质量标准框架既要体现统一的基本要求，也要关照区域和城乡的差异。要支持各地区根据自己的实际在落实国标的基础上制定自己的标准；要将保教和管理的工作评估转向保教质量评价，更多地关注环境条件和课程的适宜性、师幼关系、健康和安全、家园社区关系、身心发展水平等评价维度；国家保教质量标准框架要全面细致，因为标准是评价的核心，事关评价的科学性和可行性。我国目前的幼儿教育机构保教质量评价多为分级、分类评估考核，强调物质条件等静态指标，对课程的适宜性和师幼互动等动态指标关注不够，指标不够细化。国家标准体系应该包括全面、细致的评价指标和适宜的评价标准，并附有指标和标准的解释与操作指南。

案例

表6-1 美国各州早期教育标准的内容①

| 标准名称 | 运动 | 健康、安全与营养 | 认知能力（一般） | 数学能力 | 语言 | 社会情感 | 美育 |
|---|---|---|---|---|---|---|---|
| 阿肯色州良好机会计划 | 启外运动，以培养运动习惯，促进大动作和劝作的发展 | 促进健康与安全 | 支持认知能力的发展 | 未明确规定 | 通过阅读材料促进语言发展 | 培养沟通能力、社会技巧 | 创造性的表达、音乐、戏剧 |
| 亚利桑那州学前抗风险方案 | 提供机会，学习并提高基本运动能力 | 促进对健康与安全的重视 | 通过实验、智力游戏和其他游戏活动、自学、调查等手段学习，鼓励儿童探索提问、参与小组讲座并做出反应 | 鼓励儿童学习数学词汇、概念以及与数学相关的活动 | 书籍（读—听）、阅读/写作、教学材料适当进使作多语材料，组织儿童之间的日常对话 | 鼓励发展社交技巧、沟通能力，培养自信、自立、尊重与礼貌，加强对文化多样性以及时事的了解 | 培养艺术与音乐能力，鼓励儿童参与游戏 |

①[美]芭芭拉·鲍曼，等．渴望学习：教育我们的幼儿[M]．吴亦东，等译．南京：南京师范大学出版社，2005：209-213.

续表

| 标准名称 | 运动 | 健康、安全与营养 | 认知能力（一般） | 数学能力 | 语言 | 社会情感 | 美育 |
|---|---|---|---|---|---|---|---|
| 佐治亚州幼儿园以前阶段教育计划 | 开展平衡、协调运动，户内外运动，发展大小肌肉群的运动技巧 | 制定健康参与标准，提供早餐，加餐及午餐 | 鼓励探索、观察以及知识的交流 | 与数的概念及事物分类有关的活动：形状、大小与比较 | 认识图画、文字、字母及故事，理解故事并讲述故事，认识到写作是一种交流 | 鼓励开展需要合作的游戏与活动，与其他儿童积极地互动，培养自理能力、自豪感、细心以及自控能力 | 通过制作工艺品、绘画、音乐等手段创造性地表达观点与想法 |

### （三）借鉴西方幼儿教育机构保教质量评价的认证制度

国外发达国家托幼机构的保教质量评价已经由制定标准走向质量认证，最成熟的是美国的质量认证系统。在评价一个教育机构的教育质量时，通常采用的是认证的方式，这种方式被人们称为教育质量评价中的认证制度，有时也将这种认证制度等同于教育机构质量评价。

美国在对幼教机构保教质量进行评价时，由非官方的“全美幼儿教育协会”来具体实施评价。在美国，一个幼儿教育机构要通过论证，必须经历三个阶段，即自我评价、实地评价和追踪评价。自我评价，即申请认证的幼儿教育机构，在得到评价主办单位（NAEYC）的回复后，按照NAEYC的标准，先进行自我检查与评价，形成自我评价报告。自我评价的时间一般不少于9个月。自评报告是随后的实地评价和追踪评价的基础。自评报告应尽可能地反映本机构的现状、存在的问题。实地评价是认证的高潮，通常是由NAEYC聘请一个评价小组到被评机构进行实地评价。实地评价有两个目的，一是机构是否符合认证的标准和指标，哪些达到，哪些没有达到。二是了解机构自我评价的真实性，即机构所进行的自我评价是否符合实际情况。为提升认证的有效性，NAEYC从2003年开始，将原来3年一次的实地评价改为5年一次。从2005年开始，NAEYC的学术委员会将在不事先通知的情况下到被认可的幼儿教育机构，如果发现有不符合评价标准的情况，将撤销认可。认证并非终止于评价小组给出离校报告或其他书面报告时。评价小组给出的书面报告，必须对被评机构的自评报告做出详细的回应，而被评机构在获得评价小组的书面报告之后，也需要对书面报告做出详细的回应，评价者和被评者像诤友一样；在此基础上，被评机构根据评价小组的建议，做出进一步改进的计划，并落实执行，这就是追踪评价。

自我评价、实地评价和追踪评价被称为认证的三部曲。从自我评价到实地评价到追踪评价，再从追踪评价到自我评价、实地评价，三者之间不断循环、往复。可见，美国幼儿教育机构保教质量评价的认证制度对幼儿教育机构的保教质量提出严格的要求，第三方专业机构的评价避免了政府评价的弊端，能提供更客观和专业的评价。

资料：

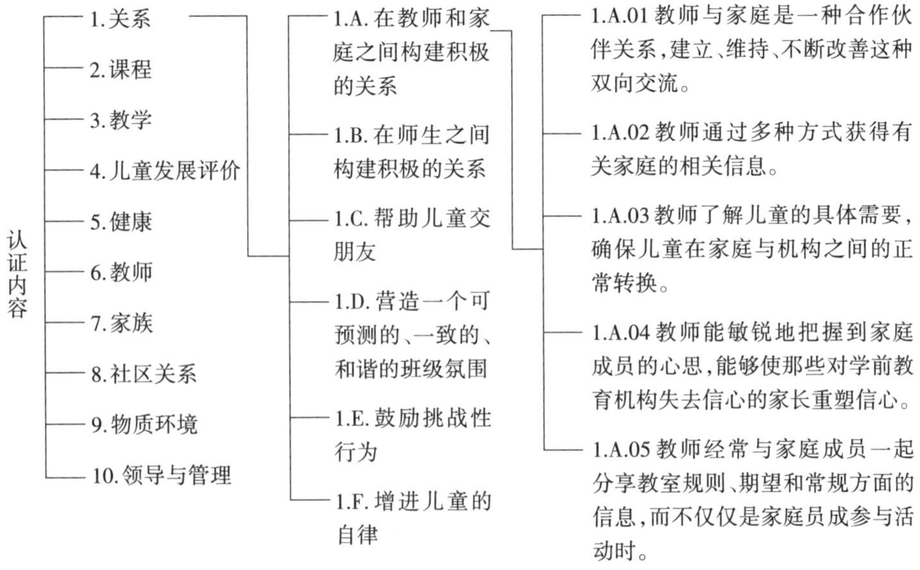


图6-16　NAEYC认证内容的结构示意图

资料来源：霍力岩.学前教育评价[M].北京：北京师范大学出版社，2000：241.

## 三、完善幼教机构保教质量评价的程序和方法

### （一）优化评价的程序和方法

评价作为一个有组织、有计划、有目的地开展的价值判断活动，一般来说，大致分为三个阶段：评价的准备阶段、评价的实施阶段以及评价结果的分析和处理阶段。评价的准备阶段主要包括明确评价的目标、确定评价的对象及内容、制订评价的具体实施方案以及建立一定的评价组织；评价的实施阶段主要包括收集信息、整理信息、实地考察访问；评价结果的分析和处理阶段包括分析诊断问题、形成综合判断、形成评价报告、把结果反馈给评价组织者和被评价者用于决策或改进工作。这三个阶段是密切联系、不可分割的有机整体。因此，要提高幼教机构保教质量的效率和效益，必

须对这三个阶段进行系统优化。在评价的准备阶段，要制订明确的评价目标和完善的评价方案，特别是评价的指标体系既要完备又要简约，评价组织的建立要以评价的目标和评价对象为依据，以高效为原则；在评价的实施阶段，要尽量简化信息收集的方法程序，减少评价者与被评者的工作量；评价结束后要及时反馈，必要时可进行再评价。

评价方法的多样化可以帮助评价者积累原始评价素材，增强评价的真实性、客观性和科学性。在对幼教机构保教质量进行评价的过程中，要收集被评对象的有关信息、资料。要想获取全面、客观、可靠、清晰的信息、资料，评价者需要运用多种评价方法，如观察法、访谈法、幼儿档案袋评价法等。观察法是评价者运用感官或仪器对被评对象的外在表现进行观察，获取有关信息和资料的方法。访谈法是评价者根据访谈提纲与被评价者进行交谈以获取有关信息和资料的方法。幼儿档案袋评价法是一种典型的质性评价方法，在实践中也被广泛使用。它是以幼儿在平时学习过程中有代表性的作品和典型的表现记录为判断儿童学习和进步状况的依据的一种评价方法。档案袋中的内容包括幼儿的个人简介、作品、活动照片、阶段回顾、活动观察记录、家长与教师反馈等，涵盖了幼儿生活自理能力、知识技能、同伴关系等各个方面。这种评价活动贯穿在日常的教育教学行为之中，可以清晰、全面、及时地记录下个体成长中的点点滴滴，为判断每个儿童的优点和发展可能性、描绘每个儿童的学习情况的剖面图和发展过程提供真实而详细的资料，也为教师准确把握幼儿的发展水平提供全面而丰富的动态信息，从而为教育策略的调整和制定奠定很好的基础。

此外，评价中需要结合量化和质化的评价方法。量化范式下的标准化测验、常模测验一度成为世界范围内盛行的评价工具和手段。然而，幼儿保教活动是一种极为复杂的社会现象，每一种幼儿教育现象都是多种因素相互作用的结果。因此，量化的评价容易把复杂的社会现象简单化，或者导致评价者忽视较难定量和缺乏客观资料的因素，这样它不仅无法从本质上保证对客观因素的合理评价，而且往往丢失了教育中最有意义、最根本的内容。早期教育阶段幼儿的各种素质都具有一定的潜在性、待开发性、可能性、不完美性，如果幼儿生动活泼的个性被抽象成僵硬的数字，那么教育的复杂性和幼儿的丰富性则会泯于其中，将会使幼儿的各种素质潜能失去向现实转化的可能性。所以，应该重视质性评价方法的运用，将量化和质化相结合。

案例

某园在教育质量评价方法的实践中，尝试建立了幼儿成长档案袋。其目的是促进幼儿进一步发展。个案：婷婷，女，三岁，性格有点内向，第一次上幼儿园。

（一）适应方面：她刚来的时候，哭得很伤心，眼睛红红的，一会儿抽泣，一会儿静静地坐着，不说话，也不和其他小朋友玩。只要有别的孩子哭，她就跟着大声地哭起来。这种情况持续了近两个月。她在幼儿园的适应很困难。老师每天利用早上入园的时间和她的妈妈交流她的信息，及时沟通。她基本能坚持上幼儿园，几个月后在情感、生活习惯、规则意识等方面基本上适应了。（原因：原来她在上幼儿园之前由外公外婆一手带大，比较娇惯，生活没有规律，而且刚来到一个新的城市，和她的爸爸妈妈在情感上刚刚适应，又要面对新的环境，从心理上和情感上都不适应。）

（二）自我系统方面：自己的被子会自己叠，而且热心帮助小朋友叠衣服并放在衣橱里。但是她的独立性和坚持性不好，这与她的生活背景有很大的关系，也是我们重点教育的方面。

（三）品德行为

1.礼貌

某日，婷婷蹦蹦跳跳地来到幼儿园，没有哭，在幼儿园门口时，她有礼貌地跟保安爷爷说“再见”。

2.分享

她对旁边的小朋友说：“老师让我们一起玩的，你看他一个积木都没有了，你给他分些吧。”她不但自己喜欢和同伴分享，而且还能够鼓励同伴分享。

（四）交往行为——解决冲突

在绘画活动上，她画了一个大圆圈。因为她喜欢吃香蕉，所以她想把太阳（大圆圈）涂成黄色，但是她没有黄色的油画棒。她对希希说：“我画的是太阳，我没有黄颜色的油画棒，可以借你的用一下吗？”“不行，这是我买的。”她的请求被拒绝了。

老师不想她的创作激情被破坏，就启发她给希希说：“你把你的黄颜色油画棒借我用一下，你没有的油画棒，我可以借给你。”希希终于同意了。婷婷用完黄色油画棒之后，有礼貌地说：“谢谢。”（她在解决冲突等人际交往方面还需要教师和家长更多的帮助，教会她解决冲突的办法。）

档案袋评价关注的是个体的质的变化过程，对每个幼儿的评价离不开环境和同伴的信息。

### （二）科学采集评价信息

要获得科学的幼教机构保教质量的评价结果，首先，我们所收集到的信息必须全面、可靠、有效。全面性要求我们要从整体上把握被评事物的客观属性，避免以偏概全，从而造成评价结果的片面性；可靠性要求我们所收集的信息真实、客观、准确，而不是虚假或者不准确的；有效性要求我们所收集的信息必须能有效反映被评事物的本质属性，或者与其有较大关联性。

我们可从三个方面进行努力：第一，建立常态化的各项教育质量的幼儿园自我监测制度。建立与幼教机构保教质量评价制度相适应的信息收集制度，使相关信息的收集在时间、频次、数量和范围上都有明确的规定，以提高信息收集的准确性、全面性与科学性。第二，加强评价过程的监控。影响信息可靠性、准确性和有效性的因素除了心理误差外，还有技术性因素。因此，为了保证信息的可靠性和有效性，我们必须对收集信息的过程加强监督和控制，建立公开的监督渠道；同时，对已收集的原始信息进行仔细核对，减小技术方面或人为因素所造成的误差。第三，兼顾速度和效益。一般来说，收集被评对象的信息越全面，所做出的评价结论就越科学。但全面收集信息必然对评价效率和效益造成一定程度的影响。这就要求我们在信息收集的过程中，抓重点信息、关键信息，而不能面面俱到。

## 四、加强幼教机构保教质量评价师资队伍建设

幼教机构保教质量评价有效性的提高和评价队伍的专业化素质息息相关。这里所指的评价队伍既包括直接参与幼教机构保教质量评价的同行、专家组成员，也包括评价的组织、管理人员。他们的素质高低直接关系到评价的效果好坏。对于直接参与评价的专家来说，更强调其专业资格；而对于管理人员来说，更强调其组织、协调与沟通的能力。一支良好的评价队伍离不开这两方面的人才。以往的评价队伍主要是专家同行，对评价管理人员队伍建设重视程度不够，并且在专家素质方面重其在学科中的学术地位和专业水平而轻其对评价基本理论、方法和技术的研究，容易在评价中出现偏差，影响评价结果的科学性。

为此，加强评价队伍建设，必须重视以下两个方面。一方面，加强评价人员专业培训。提升评价人员的专业化水平是提高评价专业性、权威性和社会认可度的重要保障，也是在评价工作中减小偏差、提高效率和效益的有效措施。这就要求对参与评价的人员进行评价基本理论、方法和技术的培训，努力提高其专业化程度。必要时，可以借鉴其他行业的做法，实行执业准入制度，为具备评价专业知识和技术的人员颁发资格证书，以证明其具备了进入评价领域的专业资格。鉴于我国目前评价人员由专、兼职两部分人所组成，首先应该对专职人员进行这方面的培训和要求；而对于广

大兼职评价专家、学者的培训，则应重在使其尽快掌握有关理论、方法和技术，以迅速提高其评价专业化水平。另一方面，建设一支结构合理的优秀评价队伍。这支队伍应是一支结构合理、组成科学、代表性广泛的队伍。由于评价是不同利益主体对客体满足主体需要的属性所进行的价值判断，因此，参与评价的人员必须具有广泛的代表性。

## 五、建立幼教机构保教质量评价的反馈制度

在评价的功能上要确立改进和完善幼儿园教育的基本理念。因此，在幼教机构保教质量评价的实践工作中，要正确看待评价后得到的信息和结论，意识到它所带来的促进作用，同时还要不断地对评价过程及结果进行反思，包括评价目的、评价方法、评价主体和评价内容，这样可以对评价的过程有一个更清楚的审视，从而更客观地认识评价后得到的信息和结论，使评价本身成为一种反思性实践，也正是因为这种不断的反思，评价才能够更好地突出其发展性功能。

在评价实践中，要建立有效的幼教机构保教质量评价反馈制度。所谓反馈，是指教育质量评价活动必须要坚持改善教育过程，提高教育工作质量的指导思想，保证评价结果的可归因性，并通过多方面的反馈活动，对教育活动起到指导作用。评价人员对评价对象做出评估后，还要根据评价的结论和信息，提出进一步的发展计划，使评价对象得到更进一步的发展，体现评价的反馈原则。同时，在对评价的反思过程中，要把幼儿的全面和谐发展放在首位。幼教机构保教质量评价的目的还在于通过评价来促进教师的可持续发展，不断提高教师的教学能力，从而最终提高整个幼儿园的教学水平。因此，幼儿园可以根据评价后得到的信息和结论，为教师制订适合其自身成长的发展计划，为教师的专业进步提供机会。在实践中，幼教机构要积极建立有效的评价反馈制度，根据评价后得到的信息和结论来诊断、调整和改进幼儿园教育工作，制订积极的发展计划，减少阻碍幼儿园发展的教育行为，从而促进教师的专业成长和幼儿园保教质量的提高，最终促进幼儿的全面和谐发展。

案例

如某园运用对幼儿进行情境测试后得到的评价结论，让教师根据本班幼儿评价结果中较弱的项目，思考并提出相应的教育策略，以便调整教师教育策略及园本活动设计，同时为课程的进一步完善提供建议。又如某园在开展课程实施自主性评估过程中，该园的评估小组成员在信息汇总、反馈阶段认真撰写评价和反馈建议，注重过

程不走形式，在小组成员中上下互动，修改调整完善后慎重地反馈给每位教师，为教师今后的专业发展制订计划。同时，教师通过彼此开放的心态和开放的研讨氛围，在对话交流中重构课程知识结构和课程实践体系，每一位教师都有权参与课程领导的工作。所以，评估的整个过程进一步体现了指导性和自主性，为幼儿园及教师自主发展提供了足够的空间。该园对评价信息和结论的运用真正体现了问题从实践中来，解决待解决的问题。

# 第七章

# 学前教育
# 持续健康长效发展的
# 共生联动机制

CHAPTER 7

学前教育是非线性的、开放的、复杂的、面临涨落的共生系统，其发展受到自然条件、经济发展水平、历史传统、文化背景等多重因素的影响和制约。探索我国学前教育持续健康长效发展的未来趋向和破解其发展难题，需要运用共生发展观及其方法论，需要尊重多样性、珍惜独特性、重视关系性、追求和谐性，构筑良好的共生环境，构建共生关系，优化共生界面，提高共生效能，实现区域学前教育优质共生发展。

## 第一节　共生联动机制的基本理论

### 一、内生联动机制的理论基础

学前教育持续健康长效发展离不开内生联动机制。本节试图从共生理论、合作竞争理论、公共治理理论、教师教育共同体理论等方面，并结合当前学前教育发展现状，找寻区域幼儿园建立内生联动机制的理论支撑。

#### （一）共生理论

“共生”一词于19世纪中叶诞生于生物学的学科土壤中，共生这一概念的缔造者是德国著名的植物学家德贝里（Debary）。20世纪50年代，共生概念被引用和推广到其他社会科学领域。在我国，第一个使用共生理论研究社会问题的学者是袁纯清，由此掀起了国内基于共生理论研究社会问题的应用研究热潮。此外，把共生理论引入社会学研究社会问题并建立“学派”的另一位重要学者是胡守钧。胡教授把社会共生理论迁移到国际关系领域，建构了国际共生论；[①]进一步探讨教育公平的问题，认为教育公平问题的实质在于约束条件，因此教育公平的关键在于保障机会公平和过程公平。[②]胡守钧建构的社会共生论，以共生主体、资源、约束条件三大要素的共生分析为标签，是基于相应的资源共生、共生性的约束条件进行逻辑思辨与演绎，因此，该条路径的研究突显的是共生理论的理论性探讨与思辨，被广泛应用于文化学、教育学等领域。[③]

本节在探寻学前教育持续健康长效发展的内生联动机制上主要采用教育学中的共生概念及其发展脉络。教育系统是社会共生系统的重要内容，教育系统本身包含多元的教育主体、多样化的教育资源、多样态的教育组织形式以及多层次的约束规则。教育资源在分配与流转过程中的不均衡导致教育系统出现多元性的逆共生现象与问题。这需要学前教育回到共生的本质上，重新审视学前教育与共生性的相互存在方式，共生性教育在学前教育中的价值追求。

共生教育即指立足全球共同利益和人类长远利益，以共生理念为核心，追求和谐发展，谋求人与自然、人与社会、人与人以及人与自我的共生和人类的持续生存与发展的教育，它是共生哲学理念在教育中的具体体现。南京师范大学鲁洁教授[④]是最早把共生理论引入教育问题研究的，随后，李燕[⑤]立足于哲学的高度来探讨共生教育的理论体系，其在系统梳理生物学共生概念的由来及发展历程上，深入挖掘了我国古代哲学思想的“共生内涵”，基于共生思想系统梳理来自西方哲学流派的“共生思想”。除此之外，李运奎[⑥]认为共生教育将给课程与教学带来新的理念；张诗亚[⑦]从西部农村贫困地区“教育脱贫”问题出发，强调人与自然的和谐共生、人与人类社会的和谐共生；陈甜[⑧]把共生理论移植到教学观领域，结合实证分析建构了相应的共生机制：动力机制、协调机制、辅助机制、保障机制与监控机制；孙杰远[⑨]分析了自然与人文共生教育的基本特征及其社会原在形态，并构建了自然与人文共生教育的支持系统和实践

①胡守钧.国际共生论[J].国际观察，2012(4):35-42.

②胡守钧.社会共生视野下的教育公平[J].探索与争鸣，2010(3):9-10.

③胡守钧，张凤池.以社会共生视角开展社会研究[J].长安大学学报(社会科学版)，2016(3):59-63.

④鲁洁.关系中的人：当代道德教育的一种人学探寻[J].教育研究，2002(1):3-9.

⑤李燕.共生教育论纲[D].济南：山东师范大学，2005.

⑥李运奎.共生教育：时代诉求下的教育新理念[J].教书育人，2010(19):4-6.

⑦张诗亚.共生教育论：西部农村贫困地区教育发展的新思路[J].当代教育与文化，2009(1):55-57.

⑧陈甜.基于主体共生的教学观研究[D].重庆：西南大学，2015.

⑨孙杰远.论自然与人文共生教育[J].教育研究，2010(12):51-55.

策略。吴晓蓉教授[①]从共生系统的目的性、整体性、开放性、自组织性分别论证了教育共生系统的相关特性，并指出了共生是教育的最终归属，因此要在教学过程中处理好个体与自然、社会、文化、自身的共生关系。共生理论在义务教育和高中教育领域中经历了从理论引用到理论拓展，再到理论融合的发展过程，说明共生理论所秉持的研究视角与研究方法切合了基础教育与高中教育的实际情况。因此，可以引鉴部分研究中有关共生理论的分析方法与框架，对学前教育领域的实践问题进行分析。

建立共生系统还应探究区域性学前教育发展与教师专业发展、课程发展之间的相互联系，当前国内基于共生理论探讨的内容主要集中在课程与教学、新课程改革、班级建设与管理、教师专业成长、校本教研、办园质量等领域。因此，将共生系统理论与区域性学前教育发展相结合，应关注教师专业发展，最终指向具有共生效应的教师专业化。尤其当前强调幼儿教师的专业素质和专业知识是教师专业发展的核心内容，幼儿教师应学会学习，学会高效率高质量地促进自主发展和幼儿园团队发展，着力实现《国家中长期教育改革和发展规划纲要（2010—2020年）》提出的“加强教师队伍建设”，以建设我国高素质专业化幼儿园教师队伍，提升我国学前教育的质量。2016年是“十三五”规划的开局之年，教育部在《教育部2016年工作要点》中要求提高教育质量，培养高素质的专业化教师队伍，并不断优化教育结构以协调发展。可以结合共生教学的思想探讨教师与幼儿、教师与教师、幼儿园与幼儿园的关系。以共生理论出发，建构学前教育持续健康长效发展的内生联动机制，需要各个要素均为共同分享者，以“共同分享”促使该内生联动机制中各关系主体的互动与沟通，最终实现共同生长。

教育共生理论观照的是教育系统内各种层次的教育共生现象与问题，从宏观层面的教育环境、教育资源，到中观层面的各种类型的教育机构，再到微观层面各种各样的教育主体。当前，国内对教育共生的研究很少关注到学前教育领域，这意味着宏观层面的学前教育共生发展的理论建构不足。因此，学前教育共生发展呼唤共生理论视域的教育研究。本研究在构建学前教育持续健康长效发展的内生联动机制上，应关注课程设计与开发、课程内容的选择与组织、课程实施、课程评价等，还有幼儿游戏活动共生、幼儿多元能力共生、幼儿园环境创设与共生、幼儿教师的专业发展等诸多领域都有待进一步研究与拓展。

---

①吴晓蓉．共生理论观照下的教育范式[J]．教育研究，2011(1)：50-54.

## 二、公共治理理论

公共治理理论是当前在西方颇具影响的社会治理理论，是对强调价值取向的新公共行政学与凸显效率取向的新公共管理的统合。公共治理理论有效适用的行为主体是多元的。治理的权威主体不一定是政府机关，也不见得只有政府机关，而是至少存在政府体系之外的非政府组织，如民间组织、政府社会间的或政府企业间的中介组织、志愿者团体、企业组织及公民个人都可以成为行为主体，共同参与，甚至是共同决策的。因此，公共治理理论有效适用的过程就是多元主体协作共进的过程。学前教育属于非义务教育阶段，因此属于准公共产品。该理论运用于学前教育的发展，政府、相关机构则是推进学前教育多元协作发展的主要责任者。

我国公共管理实践为西方公共治理前沿理论本土化提供了条件。美国学者莫·托达罗(Todaro)说："公共行政是发展中国家最稀缺的资源。"区域协同发展战略是我国国家治理在跨区域、地方政府间合作或协同的一种体现，国家"十三五"规划纲要明确指出：深入实施西部开发、东北振兴、中部崛起和东部率先的区域发展总体战略，创新区域发展政策，完善区域发展机制，促进区域协调、协同、共同发展，努力缩小区域发展差距。协同发展在理念层面需要协同、整合的思维，在空间层面需要交通一体化，在服务层面需要基础设施协同等。将这一理论引入教育领域，同时引申出对学前教育领域更多的探讨议题，公共教育资源配置也应当考虑良好的协同与整合。

公共治理意识的缺失，影响着区域之间的学前教育资源不均衡。这点在区域学前教育教师团队的发展上表现为：教师队伍的自主学习与发展情况落后，职业压力和教学任务增加，使得专业自主发展的内部动力缺失。通过对西方公共治理前沿理论的研究发现，对治理主体关系的处理是治理活动中最为关键的部分，治理主体关系所形成的相应治理格局或结构是一切治理活动的基础，我们所采取的一切治理方式或活动都依赖于既定的治理结构。因此，对于我国学前教育发展，特别是治理结构的构建与创新而言，关键是创造与我国国情相契合的学前教育治理结构。因此，引入区域之间合作治理的概念尤为重要。

学前教育领域与科学有效的治理结构相结合，要求形成以结构为基础，以互动型结构为主要体现，以合作型结构为有效方式，以网络型结构为典型特征的治理格局。同时，在学前教育区域合作方面，应转变治理方式，注重协调、整合、共享、信任、合作、责任等，促进区域性学前教育科学、可持续发展。从公共治理的角度，构建学前教育发展需求的多元治理主体。政府是核心主体，担负着主导责任，采取的是强制性权力;市场的作用在于提高效率、促进竞争、阻断垄断,采取的是竞争性权力;而第三部门则发挥着补充作用,采取的是志愿性权力。[①]以政府、市场、第三部门作为学前教育公共治理的三大主体,构建良性治理机制是实现学前教育公共治理的主要切入点。学前教育公共治理有助于打破学前教育的行业垄断,满足人民群众对高质量学前教育的需求。

## 三、教师教育共同体理论

德国社会学家斐迪南·滕尼斯(1855—1936)第一次系统论述了共同体思想。他界定共同体是持久的和真正的共同生活,是人的意志完善的统一体,并把它作为一种原始的或天然的状态。他将共同体分为血缘共同体、地缘共同体和精神共同体三种,共同体有相互的、共同的、有约束力的思想信念作为意志,成员彼此相互依存,亲密互动,从而成为一个有机地浑然生长在一起的整体。[②]

共同体理论为教师教育共同体的探索提供了重要的参考框架和理论借鉴。国内文献中的"教师教育共同体"还是一个泛化的概念,诸多学者对此有不同的阐释和界定,尚未达成话语共识。有学者认为国内学界对教师教育共同体概念的研究主要存在三种认识:社会学视野下的"关系团体说"、管理学视野下的"学习组织说"、哲学视野下的"有效模式说";[③]有学者将其置于具体的情境中来理解,特别是基于项目的聚合、基于改革的驱动和基于实践的成长这三种情境;[④]还有学者从其实质上分析,认为有三种意蕴的结合体,即精神共同体、合作共同体和实践共同体。[⑤]教师教育共同体因参与主体范围及合作方式不同,内涵所指差异较大。例如,国内很多文献探讨的教师教育共同体主要指大学与中小学的合作共同体,被称为"U-S 模式"和"U-G-S模式"。还有的称为教师共同体、教师专业共同体、教师发展共同体、教师学习共同体、教师实践共同体、教师网络共同体等,都是在共同体理论下的不同阐释和实践。

区域教师教育共同体,是指在一定的地理范围内,由一群关注、研究教师教育并志在做好教师教育的个体或组织,基于一定的行业或专业规范,在充分合作的基础上

---

①王海英."三权分立"与"多中心制衡"——试论学前教育公共服务多元供给主体间的关系[J].教育学术月刊,2013(1):89-95.

②斐迪南·滕尼斯.共同体与社会——纯粹社会学的基本概念[M].林荣远,译.北京:商务印书馆,1999:58,65.

③曾小丽.批判与超越:教师共同体概念的再探析——基于生态哲学的视角[J].当代教育科学,2016(2):34-37.

④沈佳乐.教师共同体的要素及其情境分析[J].课程·教材·教法,2015(4):105-109.

⑤张增田,彭寿清.论教师教育共同体的三重意蕴[J].教育研究,2012(11):93-97.

所形成的密切、稳定、志同道合的团体。幼儿园园际建立区域教师教育共同体，则是共同体成员有着共同愿景，通过在真实的环境中相互合作、探索，改善和解决园所在教育、管理、发展中的一系列问题。已有研究表明，区域合作的教师教育共同体构建不仅已超出单个学校内部的范围，也超越了地方区域的单一文化视野局限，形成各地区教师之间跨域的专业交流与协作。

当前，基于区域合作的教师教育共同体只是一种初步探索，还存在许多阻碍共同体发展的问题。从幼儿园园际合作、交流的角度出发，还存在共同体的运行没有规范到制度层面，实质性合作不够深入，合作项目比较单一，合作效果的评估机制没有建立等问题，需要在接下来的实践中进一步研究推进。

因此，学前教育建立幼儿园之间的区域合作的教师教育共同体，对于幼儿园的长期可持续发展，乃至专业领域的专家、相关教育部门和机构、幼儿园园长、幼儿教师等而言，都是更科学、有效的相互沟通、学习的方式。

## 第二节　共生联动机制的理论构建

### 一、共生单元

共生单元是共生系统中的实体要素，是在共生系统中能够与其他要素发生能量与信息流动的功能性实体。共生哲学启示人们：共生是万事万物的根本依存方式，其在马克思唯物辩证法的基础上更进一步揭示了任何一种事物的发展本身是处于相应的共生系统中，并在相应的共生关系中实现动态平衡发展。依据耗散理论来看，共生系统本身是一个开放的、复杂的、面临涨落的非线性发展系统，要实现系统有序并维持一个充满活力的发展样态，则需要尽量克服系统的熵增，促使熵减造成总熵为负，从而形成发展驱动力。要实现共生系统的熵减，一方面需要积极加强与外界其他事物的联系，另一方面需要积极培植和维持系统内部的差异，竞争、非线性与非平稳态。因此共生系统是一个杂糅性的耗散结构，其进化与发展取决于共生单元之间共生关系的广度和深度。而共生单元之间共生关系的广度与深度往往来源于共生单元之间的异质性，因此异质共存的共生单元是共生系统赖以依存的重要条件。

从上述推论中我们意识到共生系统是由充满异质差异性的多元共生单元构成的非线性发展系统,共生系统的发展与进化取决于异质单元之间的共生关系及其发展过程。因此,异质多元性与差异共生性是共生系统的根本属性。对于学前教育系统而言,异质共存不仅是当下我国学前教育发展的重要现实,同时其差异共生性也是我国学前教育发展的必然趋向,因此,我国学前教育系统本质上也是一个共生发展系统。

异质共存是我国学前教育发展的重要现实。学前教育"公办民办并举"的办学体制仍然是并将长期是我国学前教育重要的现实国情,因此,我国学前教育的功能性实体具有明显的异质多元性,其通常包括教育部门办幼儿园、集体办幼儿园、民办幼儿园及其他部门办幼儿园,其中教育部门办幼儿园指各级教育行政部门、公办大中小学举办的幼儿园(附属幼儿园、学前班、幼儿班等);民办幼儿园指经有关主管部门批准,由公民个人、非国有企业、社会团体及其他社会组织等利用非国家财政性教育经费举办的幼儿园(学前班、幼儿班等);集体办幼儿园指城市街道办事处、居民委员会,农村乡(镇)、村民委员会利用集体所有的资产(包括校舍、师资、经费等,或辅以财政专项补贴所举办的幼儿园(学前班、幼儿班等);其他部门办幼儿园指政府及有关部门、国有企事业单位、军队、妇联、工会、共青团等群众团体,利用国有资产包括房屋、土地、设备,或国家财政性教育经费举办的幼儿园(学前班、幼儿班等)。截至2016年,全国共有幼儿园23.98万所,比上年增加1.61万所,在园儿童(包括附设班)4413.86万人,比上年增加149.03万人。伴随着全面"二孩"政策带来的新生人口的变化,民办幼儿园数量仍将呈现逐年上升的趋势,除此之外,在公办幼儿园体系中,自2010年以来,"普惠性幼儿园"作为一种政府主导的办园形态在我国如雨后春笋般遍地崛起,2018年《中共中央 国务院关于学前教育深化改革规范发展的若干意见》明确指出:到2020年,全国学前三年毛入园率达到85%,普惠性幼儿园覆盖率(公办园和普惠性民办园在园幼儿占比)达到80%。因此,普惠性幼儿园也将是我国学前教育系统中的重要组成部分。依据共生理论,凡是能够与异质共生体之间进行信息与能量交流的实体都称为共生单元,因此,学前教育共生系统中的各种实体要素,各种类型的办园机构如教育部门办幼儿园、集体办幼儿园、民办幼儿园及其他部门办幼儿园都属于重要的共生单元。对于区域学前教育共生系统而言,该区域内异质共存的普惠性幼儿园(含普惠性公办园和普惠性民办园)、非普惠性幼儿园都属于该区域共生发展系统中的共生单元。而驱动共生单元共生进化的根本因素是具有主观能动性的人,因此,幼儿园园长及其管理者团队、幼儿园教师以及幼儿等都是驱动幼儿园实体发展与进步的根本因素。

## 二、共生界面

共生界面是共生单元与共生单元之间发生能量与信息交互的媒介与平台，是共生单元间的共生关系及其交互过程。从静态的角度来看，共生界面相当于一种能够为异质共生单元提供信息与能量交互的中间纽带与共享平台，标志着多元异质单元间发生共生关系的内容与属性。从动态的角度来看，共生界面作为一种共生关系，从关系形成到关系终断，无时无刻不进行着能量与信息的交互，因此，共生界面就意味着异质多元共生单元之间交互作用的过程与状态。从物理空间表征来看，共生界面具有有形和无形之分。从能量与信息的交互本质出发，我们可以看出能量与信息本身是一种无形的客观物质，其动态交互的过程也是一种无形的客观作用过程。信息与能量尽管难以刻画，但是人们无时无刻不处于其交互的涡流中。人们之所以对其并不存在陌生感，只因为信息与能量能够依托一定的物化载体加以呈现，使人感受到信息与能量交互带来的发展与变化。因此，共生界面既可以表征为一种看得见的物理形态的交互作用过程，也可以是看不见的精神形态的交互作用过程。这意味着共生单元之间发生共生关系的方式既可以是物态形式的交互，同时也可以是精神层面的交互。综上所述，共生界面是异质共生单元之间共生关系形成与发展的载体和介质，其外部形态表征往往取决于异质共生单元之间共生关系的构成要素，如共生单元、共生关系的内容与方式、共生环境等。

从共生关系的时空结构特点来看，共生界面表现出复杂多样的复合杂糅形态。从共生关系作用的时间结构特点来看，共生关系可以分为点共生界面、间歇式共生界面、连续共生界面和一体化共生界面；从共生关系的空间物理形态特点来看，共生关系可以分为物质资源共生界面、信息资源共生界面、精神资源共生界面及多重形态资源的杂糅界面；从共生关系作用的能量交互方式来看，共生关系可以分为寄生界面、偏利共生界面、非互惠共生界面、互惠共生界面；从共生关系作用的主体单元来看，共生关系可以从主体单元的属性与特质加以区分，不同的共生单元之间发生交互的共生关系往往不同。由此我们可以推论，共生关系是维持共生系统动态平衡的关键熵，其往往表现出一种非线性、复杂性、自组织性的耗散特性，因此导致共生界面也表现出极其复杂的耗散结构特性。

学前教育共生系统是一个开放的、复杂的、面临涨落的非线性发展系统，共生关系是维持整个共生系统动态平衡的关键熵。共生关系的耗散特性导致其共生界面也表现出复杂多样、嵌套复合、非线性发展的耗散特性。从共生主体来看，各种属性的办园机构作为学前教育共生系统的共生主体，由于其在办园属性、办园历史与经验、办园理念与发展路径、办园质量与水平等方面表现出极大差异性，导致其共生关系交互的内容与方式也呈现出多样杂糅性进而形成复杂多样、嵌套复合、非线性发展的共生界面。从共生单元来看，可以产生公办园与公办园、民办园与民办园、公办园与民办园的共生关系组合方式，此三种共生关系组合方式衍生出来的共生界面互不相同，往往取决于共生关系的广度和深度。首先，人作为共生单元间共生交互作用的关键因素，经历着共生关系的产生、发展与结束。异质园所之间的共生关系的形成、发展与进化也完全取决于人的因素，不同组织能级的人员之间形成的共生关系的内容与方式也就互不相同，低组织能级人员之间形成的共生关系往往服从于高组织能级人员的领导与管理，因此，上述三种类型的共生关系耦合方式往往取决于各类办园机构的领导与管理者，我们可以进一步推论园长是构建区域学前教育共生关系的核心与关键。通常情况下，依托办园机构人员形成的共生界面可以分为园长共生界面、幼儿教师共生界面、幼儿共生界面。其中园长共生界面主要基于园所参观与考察、园长培训与交流等方式提升园长的管理水平；幼儿教师共生界面主要基于区域教研合作、园所参观与学习、教师培训与交流等方式提升教学能力与科研能力；幼儿共生界面主要基于跨园参观与考察、学习与交流活动等方式促进幼儿全面发展。其次，从共生行为的特性来看，各类型园所之间发生共生交互作用的方式不一样，这主要取决于共生关系的合作域的大小及其合作关系的质量。区域园所间的共生行为方式包括点共生、间歇共生、连续共生和一体化共生模式，由此形成区域园所间的点共生界面、间歇共生界面、连续共生界面、一体化共生界面。异质园所间零星出现的随机临时性的单次合作模式（点共生）、异质园所间零星出现的随机性多次合作模式（间歇共生）、异质园所间在彼此信任的基础上建立长期性的合作模式（连续共生）、异质园所间在尊重差异和相互信任的基础上依托共同的发展愿景建立了一体化的同盟联动模式（一体化共生模式），此四种共生模式下形成的共生界面的复杂性及其效能互不相同，单位时间内共生作用发生的频次及其时间的长短往往影响到异质园所间的共生关系质量，进而影响其合作内容领域的广度和深度。因此，一体化共生模式是区域学前教育共生系统的终极模式，是充分挖掘与利用园所间共生资源实现共生进化的最佳模式。最后，从效能产出方式来看，由于各类型园所之间共生交互作用的方式不同，由此导致其共生效能产出的方式也不尽相同。区域异质园所间共生效能产出的方式可以分为寄生模式、偏利共生模式、非互惠共生模式、互惠共生模式，由此形成相应的共生界面。共生效能流动的方式分为单向流动和双向流动。寄生界面和偏利共生界面都属于单向流动共生界面，单向流动共生界面意味着输出方提供能量而并不能获取能量，接受方并不输出能量而吸收并转化输出方提供的能量；非互惠共生界面与互惠共生界面则属于双向流动共生界面，意味着共生单元之间都能够依托共生界面输出相应的共生能量并获取相应的共生能量从而促进自身的发展。在区域学前教育共生系统中，不同属性园所在保教质量上存在极大的差异，由此导致异质园所的能级互不相同，进而导致异质园所之间在共生交互过程中的能量交互方式与效能产出存在差异。区域学前教育共生系统作为一个能级耗散结构，不同能级的园所之间发生的共生交互作用往往受制于其本身的保教质量能级，保教质量能级越大的共生单元发生共生交互的广度与深度越大，由此产出的共生效能越大。如区域示范性幼儿园的保教质量水平往往在相应的区域内处于较高的能级，由此决定其可以与区域内诸多不同属性、不同能级的园所发生共生交互。在当地教育主管部门的支持引领下，区域示范性幼儿园演化成为该区域的示范与标杆，全方位发挥辐射与引领功能，成为区域性的园长孵化基地、幼儿教师培育基地、幼儿园保教质量示范基地等，为区域各园所单向提供各种支持与援助，培育一批又一批的学前教育专业人才。此外，区域示范性幼儿园与其他园所组建发展同盟，通过教研合作的方式集中开展跨园合作与交流，在项目联动的过程中，这种双向流动的互惠共生模式促进各园所相互学习优质经验从而促进共生发展与进步。

## 三、共生环境

共生环境是共生系统中影响共生单元间共生关系及其共生交互作用过程的因素的总和。在共生系统中，异质共生单元间共生关系的确立及其动态交互、共生进化的过程都受到诸多因素的影响和制约。从耗散结构理论来看，影响共生系统动态发展的因素也具有面临涨落的非线性特征，各种因素伴随共生系统动态平衡的发展过程动态裂变与更迭，促进共生系统共生进化。值得注意的是在共生系统动态平衡的发展过程中，各种影响因素的交互作用并非一成不变的线性交互模式，它们在系统中无时无刻不进行交融、演变与更迭，每一种因素都有可能演化为系统平衡的关键熵，进而推进整个系统发生质变。因此，共生环境是促进与维持共生单元间共生关系及其交互作用过程的重要因素。在共生系统中，影响共生单元间共生关系及其交互作用过程的因素可以分为自然因素和人文因素，其中自然因素是物质前提，是维持共生系统内在平衡及其共生关系、交互作用的基础性资源；人文因素是影响共生关系形成，以及优化共生界面，提升共生效能的氛围与条件，是维持共生系统内在平衡及其共生关系、交互作用的衍生性资源。共生环境是共生系统发展赖以依存的重要条件，时刻向各种共生单元形成共生关系以及促进其共生交互作用提供各种各样的资源。共生性资源可以分为共享性资源与竞合性资源，各共生单元吸收与转化共生性资源的方式不同，前者可以由共生单元直接吸收和转化，后者则需要共生单元做出相应的契约性行为，实现某种条件后，方能获取相应的资源与条件。

学前教育共生环境是影响异质园所间共生关系及其交互作用过程的各种因素的综合。在学前教育共生系统中，影响异质园所间共生关系形成、共生关系动态交互及其过程的因素呈现出复杂多样的耗散特性。从区域层面来看，影响区域学前教育共生系统的因素包括自然因素和人文因素，其中自然因素是各异质园所依存的自然条件，包括嵌套在地理空间场域中的气候条件、地形条件等，是区域学前教育共生系统赖以依存的基础性条件；人文因素则是由人创设与转化的衍生性资源，依据其属性可以分为行政性资源、市场性资源、专业性资源等，如区域学前教育发展场域中政府出台的各种政策及管理措施，驱动学前教育实践发生衍变的各种公司推介的产品与服务，由专业性力量组建的第三方专业组织等；依据其功能与形态可以分为物质性资源、经费性资源、人力性资源、信息性资源等；依据其性质可以分为共享性资源与竞合性资源。这些资源是营造共生氛围，促进异质园所间共生关系形成，优化共生界面，提升共生效能的重要力量。异质共生单元在接受与转化外界资源的过程中，可以通过直接转化与间接转化的方式进行资源交互，通常情况下，对共享性的资源可以直接吸收与内化，如基于普惠性目的而由政府或者第三方专业组织提供的配套的物质性资源、经费性资源、人力性资源、信息性资源；而对竞合性资源则需要间接吸收与内化，如由政府、市场、第三方专业组织驱动的嵌套相应的物质性资源、经费性资源、人力性资源、信息性资源的项目式联动，需要各共生单元基于自愿的前提下做出相应的改变以吻合相应的契约性条件，才能形成相应的共生界面并在其中吸收与转化相应的能量。

## 第三节　共生联动机制的现实考察

人、力、物三方面的协调统整是学前教育持续健康长效发展内在联动机制正常运行的保障和关键，幼儿、幼儿教师、幼儿园园长作为内在联动机制中的重要相关利益者，依托区域内物质资源条件、共享的信息资源，能够突破时空限制最大限度地实现自身发展，在具体实践过程中建构以幼儿共生发展、教师共生提高、园长共生联盟为核心的发展机制，彰显出学前教育持续健康长效发展内在联动机制运行实效。

## 一、幼儿共生：互惠式跨园学习与交流

儿童的充分发展是学前教育事业的价值基点，然而受限于优质教育资源配置不均衡的现实条件，学前儿童的发展受到所在地域教学条件、教学资源、教师能力水平等影响呈现出不均样态。与此同时，区域内部不同地域幼儿园因地域文化资源、幼儿园文化与课程侧重点不同而呈现出多元多样状态，因此，互惠式的跨园学习与交流能够在最大限度上利用不同园所的优势特色，丰富学前儿童的生活及活动认知经验。结合学前儿童身心发展特点，生活性、操作性、情境性等特征要求，必须坚持把游戏活动作为学前儿童学习与发展的主要方式。因此，在主客观因素的交织作用下，互惠式跨园学习与交流超越儿童所处地域的时空、资源条件限制，成为当前区域学前教育共生发展、学前儿童充分发展的一种新的可能。类似于《国民旅游休闲纲要（2013—2020年）》中提出的中小学生研学旅行，区域内学前儿童互惠式的跨园学习与交流成为学前儿童体验式、实践型的活动尝试。

活动是学前儿童学习与发展的方式。幼儿园一日活动皆课程，互惠式的跨园学习与交流要想促进学前儿童充分共生发展，必须从课程的意识去考虑活动的组织形式与计划实施。[①]教育性是幼儿互惠式跨园学习与交流的根本特点和目标追求，基于互惠式跨园学习与交流形式，区域内学前儿童最大限度地跨越时空及幼儿园自身资源条件限制，通过实践活动的方式体验、了解不同幼儿园的特色活动课程，尤其是区域内部不同园所所处地域的乡土文化资源，极大地丰富学前儿童的经验和拓展学前儿童的视野，增强其对地域文化、乡土文化的感知以及培养其文化认同、民族情感等。同时，基于互惠式跨园学习与交流的幼儿共生，是响应深化学前教育及幼儿园课程改革的大力举措。相比于日常的幼儿园一日活动，互惠式跨园学习与交流更加强调活动的体验性、探索性、融合性、实践性和创新性，着力于学前儿童学习兴趣、学习习惯和学习品质的培养，在开阔视野、体验发现的过程中掌握探究的方法和技能。区域内学前儿童互惠式的跨园学习与交流，使体验发现、探究发展的学习理念和方式在实践



①邓志玲.课程视野下的研学旅行[N].中国教育报，2019-6-10(6).

活动中潜移默化地根植于学前儿童的内心，使学前儿童了解到不断地对周围的事物保持着探究的兴趣、不断地通过各种方法了解事物和解决问题是人不断学习、与时俱进的存在方式，培养他们自主的探索实践精神和意识，进而实现区域内部学前儿童的充分共生发展。

## 二、教师共生：区域教研共同体

幼儿教师是学前教育持续健康长效发展的关键，其能力水平很大程度上决定了学前教育可持续发展的质量生命线。在学前教育持续健康长效发展的内在联动机制中，幼儿教师是重要的动力提供者，而依托于区域教研共同体的打造所实现的区域间幼儿教师的共生，将极大地提升区域幼儿教师整体专业化水平和具体业务能力，进而保障幼儿接受到更加全面化、个性化、有效化的引导和支持。区域内不同特色幼儿园开展的园际合作，能够从更广阔的空间范围实现幼儿园之间的优势及资源互补，极大促进幼儿教师专业能力的发展。[①]具体而言，幼儿教师借助教研共同体实现的共生发展则体现纵向不同层次的幼儿教师之间以及横向不同地域、不同特色幼儿教师间的学习借鉴。

区域教研共同体是区域间幼儿教师共生发展的重要依托平台。就其性质而言，区域教研共同体更像是“实践共同体”[②]，即区域间的幼儿教师围绕一个共同的关注点，共同致力于解决具体教学情境下的一组问题，或者为了一个主题共同投入热情。他们在这一共同追求的领域中通过持续不断的相互作用增长自己的知识和发展专长。这种区域教研共同体首先具有实践性，其次具有情境性。教研的对象以幼儿教师现实教学实践中的真问题为中心，鲜明的生活性帮助幼儿教师理解和把握具体教研问题，减少理论研讨的枯燥性以及去情境化，最大限度地激发幼儿教师的参与性。就其现实可能性而言，幼儿教师就具体实践问题有更多的切身体验及感悟。在个人内在发展驱动力或社会外在发展驱动力的推动下，区域教研共同体不同程度上激发着幼儿教师解决实践困惑、谋求自身发展的需求。

区域教研共同体是依托于区域教研活动的组织形式，以促进幼儿教师专业发展、提高幼儿园教育教学质量为目标，在行政区域范围内将所有的幼儿园分片区，以联合

①汤佩丽.园际学习共同体合作模式的实践研究[J].宁波大学学报(教育科学版)，2013(3)：128-130.

②J.莱芙，E.温格.情境学习：合法的边缘性参与[M].王文静，译.上海：华东师范大学出版社，2004：45.

行动的方式开展教育教学研究。[1]这种方式是当前有效推动区域内学前教育均衡优质发展的普遍的重要手段之一。因发展空间、资源条件有限，同一所幼儿园的不同幼儿教师之间存在竞争，要想真正意义上做到“共商、共建、共享、共发展”的高层次水平还存在诸多现实条件限制。区域教研共同体的打造，依托于行政力量的牵线搭桥，为不同特色、不同水平幼儿教师间的相互学习交流提供了平台和机会，扩大了幼儿教师的交流范围和空间。园际幼儿教师差异化的教学经验和个人优势依托于区域教研共同体得以最大范围的交流与借鉴、反思与对话，在保障幼儿教师教研情境性的同时优化原有的经验结构、提高实践性教学智慧、提升教学理性、培养教学研究意识与能力。

从横向来看，依托于区域教研共同体实现区域内部学前教育的均衡发展，具体体现在不同水平、特色的幼儿园之间的交流帮扶，以及优秀幼儿教师对其他幼儿教师的带动和帮助，整体的着眼点在于通过普遍提升区域内幼儿教师水平，满足幼儿接受优质学前教育的需求。区域教研共同体将区域内部不同类型的幼儿园囊括其中，对于幼儿教师发展的作用主要体现在：区域内不同地域的幼儿园组织文化、发展水平、特色等方面各有差异，通过整体性的、合作互动性的园际研修，实现优势互补、资源共享，尤其是使具有不同特长的幼儿教师拥有更加鲜活的目标榜样。在具体区域教研共同体实践过程中，幼儿教师“走园交流”是借助区域教研共同体实践探索的新方式，情境观摩、深入研讨，基于实践性、操作性的问题讨论和经验交流，能帮助幼儿老师在短时间内有效提升自己的业务能力水平。

有效教研还需行政推动，[2]区域教研共同体的打造除了幼儿园一线教师的实践自觉，更需要行政力量的推动、支持和巩固。区域教研员因其自身所具有的行政性、指导性、号召性的特点，在幼儿教师共生发展、区域教研共同体打造过程中发挥重大的价值作用。因此，行政性力量的推动作用主要体现在：在深入分析区域整体教研与幼儿园园本教研的基础上，秉持实践共同体的教育理念推动区域教研共同体的打造，以科学的“共同愿景”为导向、以幼儿教师日常实践中的问题为基础，建立合作协商、交流借鉴的文化氛围和运行机制，推动区域内部各幼儿园教师广泛参与。[3]尤其是在传统行政力量推动区域教研发展中，存在形式固化、内涵不足等问题，因此在科学教研理念与原则、多样丰富的教研内容体系、上下联动的教研实施路径的建立等方面，[4]区

①史文秀.专业发展取向下的幼儿教师学习共同体构建[J].教育探索，2013(9)：110-112.

②黄俏甜.有效教研还需行政推动[N].中国教育报，2018-11-04(002).

③胡梓滟.幼儿园园本教研活动实施策略的改进——基于实践共同体理论的视角[J].教育科学论坛，2016(22)：44-47.

④黄俏甜，黄虹坚.创新学前教育区域教研的实践探索[J].学前教育研究，2018(3)：67-69.

域学前教育教研员的能力素质、业务水平显得更为重要。

## 三、园长共生：一体化区域联盟

幼儿园园长是履行幼儿园领导和管理工作职责的专业人员，其专业水平和能力直接影响到幼儿园发展的质量，对幼儿园的发展方向起着举足轻重的作用。[①]幼儿园园长对幼儿园发展的影响主要表现在价值方向、教育教学、组织管理三方面，具体包括办园方向与规划、办园理念与文化方面的价值引领，幼儿教师教育教学工作指导与教师专业水平发展方面的教育引领，以及人、物、财等资源的管理配置方面的组织管理等内容。在区域学前教育共生发展中，幼儿园园长具有关键性的影响力和作用，具体体现在由幼儿园园长组成的一体化区域幼教联盟在推动区域学前教育均衡化发展的过程中起到中坚作用，以幼儿园园长为引领的幼儿园园际合作与交流，打破了幼儿园各园闭门造车的保守局面，化生存性竞争为发展性竞争合作，整体上促进不同幼儿园保教质量水平、园所文化打造、课程实施及制度建设等基于交流与借鉴而实现可持续发展。

基于一体化区域联盟的幼儿园园长共生发展，有其现实的可能性和必要性。区域内不同特色幼儿园开展的园际合作，能够从更广阔的空间范围实现幼儿园之间的优势及资源互补，尤其是在对办园文化、办园历程、办园方向及侧重等实践性、前瞻性问题的研讨中，幼儿园园长可相互借鉴、不断完善，很大程度上将提升自身对所在园所价值方向、教育教学、组织管理的领导力，进而促进办园水平与质量的有效提升。同时，以儿童充分全面发展为核心价值追求的共同愿景依托于交流借鉴中园长及教师教育教学方面的探索尝试，将极大提高幼儿教师专业能力的发展，并在此基础上推进区域内部幼儿园的高质均衡发展。[②]此外，一体化区域联盟的形成是必然的发展选择。学前教育事业的发展虽因现实资源条件的限制呈现出地域性的差异，但就发展本身而言必然是整体性的突破和跨越。依托于一体化区域联盟，不同类型的园长在具体实践中获得不同的发展，专业能力较弱的园长在短时间内获得有效的操作性经验，专业能力较强的园长则在交流与帮扶的过程中基于反思完善将所在幼儿园的教育改革推向深处，进而实现整体提升而非均质发展。

园长共生发展是学前教育一体化区域联盟的结果。学前教育一体化区域联盟的

①易凌云．幼儿园园长专业标准的构建原则与基本内容[J].学前教育研究，2014(5)：30-36.

②汤佩丽．园际学习共同体合作模式的实践研究[J].宁波大学学报(教育科学版)，2013(3)：128-130.

核心在于教学及信息资源的共建共享，不同特色、不同水平的幼儿园拥有不同的教学及信息资源，在整体性的教学及信息资源库构建过程中，不同幼儿园的实践经验及心得将以教学资源的形式纳入其中。在教育资源投入不足的条件下，幼儿园之间应侧重教研活动、课程设计、幼儿游戏设计等资源的交流与互通。[①]同时，借助区域内幼儿园园长的园际交流，带动低等级、低水平幼儿园的园长在教育教学实践、教育理念完善、人员组织管理等方面进行相应的整改提高，达到提高区域学前教育质量的目的，正是在此过程中幼儿园园长实现相互交流借鉴、不断完善自我的共生发展。就某种意义上而言，一体化区域联盟是区域内部幼儿园及园长共生发展的组织形式依托，幼儿园及园长的共生发展、整体提升是一体化区域联盟操作实施有效性的体现。

## 四、信息资源共生：一体化区域信息资源平台构建

在“互联网+”、人工智能、物联网、大数据时代，学前教育数字化、信息资源建设已成为业界备受关注的热点话题，也是当前幼儿园信息化建设的重要内容。教育部在《教育信息化“十三五”规划》文件中特别提出：激发广大教师的教育智慧，不断生成和共享优质资源。要建立健全教师信息技术应用能力标准，将信息化教学能力培养纳入师范生培养课程体系，列入高校和中小学办学水平评估、校长考评的指标体系。信息化教学能力将被纳入学校办学水平考评体系，加强一体化区域信息资源平台构建迫在眉睫，它是园际信息资源互助、共享、共生的最佳渠道。为切实提升信息资源共建、共享、共生的应用效益，保证资源共建、共享、共生的可持续发展，提出以下几点探索实践的思考。

第一，加强区域幼儿园信息资源平台建设。一体化区域信息资源平台的构建，是一个周期长且规模大的系统建设工程，涉及教学科研、教育技术、基础教育、教师教育、教师评价、教育督导等各个层面，需要发挥各部门的整合作用，进一步优化完善市级信息资源共建、共享、共生平台，落实资源建设经费投入机制、责任考核机制、评优奖励机制等管理措施，才能使信息资源共建、共享、共生建设工作进入良性循环。在这个平台建设过程中，最重要的是要配备有关的教学设施。让园中的教师、幼儿能够感受和分享现代化设备带来的教育效果，通过各种渠道，力争为他们配备有关教学设施，缩小公办与民办幼儿园、城市与农村幼儿园之间的差距。同时，应规范资源建设

①冯婉桢.雁行发展与区域学前教育资源微观配置效率的提升研究[J].基础教育，2018(1)：40-46.

的标准、要求，通过评比、奖励等手段和措施，吸引幼儿教师参与建设、分享成果，建设“学前教育一体化学习资源平台”。第二，严格审核教育信息资源，实现动态化发展。一体化区域信息资源平台，应进一步在“完善平台架构”和“组建评审队伍”两个层面做工作，及时对上传到平台的学前教育资源（如教学视频、环境创设、教案等）进行审核、筛选、优化、整合，力求达到开放互动、动态发展的效果，将最优秀的学前教育资源呈现给广大教师队伍。在这个过程中，应积极发挥广大教师的能动性，在平台中强化资源评价功能，让广大教师在应用中鉴别资源，推荐优秀的教育资源，从而有效地丰富资源内容，提高资源品质，满足幼儿教师个性化需求，最大限度地提升中心资源库的品质。第三，加强幼儿教师的应用研究，提高一体化区域信息资源平台使用效益。要积极依托一体化资源共建、共享、共生平台，开展学前教育新课程资源建设与应用课题研究，借助科研力量、专家智慧、先进经验，结合国内外学前教育的前沿理论知识，指导幼儿园开展学前教育信息资源的应用研究，引领信息资源建设发展，提高信息资源的应用效益。

## 五、物质资源共生：互惠式物质资源共享联盟

教育是社会发展的平衡器、稳定器，也是社会再分配的一种调节手段，能够促使处于弱势状态的人群向上层流动，从而增进社会的平等，促进社会的稳定。因此，政府有责任、有义务办好每一所学校，至少应在一定区域内实现教育资源的合理配置。物质资源是支撑学前教育发展的重要基础，针对当前学前教育资源分配不公平、不合理等问题，提出物质资源共享、共生，是区域学前教育发展的重要举措。为了促进区域各级各类幼儿园健康、长效、均衡发展，结合实际调研数据，提出了“互惠式物质资源共享联盟”的物质资源共生方式，建立了城市、乡镇、村级三级各类幼儿园的指导和服务网络，形成了以城市幼儿园负责制为核心、以示范园为龙头、以公办园为骨干的协作共进、资源共享的良性管理机制，将其称为“区域联盟”。实践证明，这种管理机制可以实现各类幼儿园对物质资源的共享，从而优化资源配置，最大限度地提高各类幼儿园办园水平和教育质量。

“互惠式物质资源共享联盟”有助于加强园际的交流沟通与互帮互助。定期或不定期开展的交流、研究、切磋等活动，有助于形成协作共进、资源共享的大好局面。各片区充分发挥省优质园与市优质园的示范、辐射作用，努力做到物质资源共享。第一，不断更新玩教具的幼儿园，把原来的旧玩具腾出来，经过报有关部门批准，将这些

旧玩具转让给本片区内部有需要的园所。再者，可以通过借用实现物质资源共享。比如，优质幼儿园引进了奥地利进口的车床、锯床、磨床等，通过开展木工活动，培养幼儿的创新与实践的能力。村级幼儿园因资金等问题无法购买，这就可以利用优质园的资源，将其借用过来开展活动，同样实现村级幼儿园幼儿的能力发展。第二，村级幼儿园也可以将自身的优势资源分享给优质幼儿园。比如某村级幼儿园地处苗寨区域，那么苗族文化将是该园的园本文化。优质幼儿园可以开展春游活动，到村级幼儿园参观、访学，了解苗族文化的真谛，真正感受苗族文化的魅力。也可以将一些具有苗族文化特色的物质资源进行共享，最终培养幼儿的文化自觉与文化自信。第三，通过绘本共享实现区域幼儿最大化发展。绘本阅读是促进幼儿听、说、读、写以及科学认知等能力提升的重要载体。以“区域联盟”为途径实现区域绘本的共享，既能节省经济成本，又能让幼儿阅读更多的绘本、书籍，最主要是能提升幼儿的学习品质和能力。

# 结　语

学前教育持续健康长效发展是一个整合系统内外资源的复合联动过程,不同的教育公平价值观往往映射不同的公平发展路径及其结果。共生视域下学前教育均衡发展是以幼儿的全面健康发展为根本立场,以质量公平为核心主轴,以共生联动为重要载体,以幼有所育体系构筑为终极指向的新型发展理念与路径。它将引领我国学前教育均衡发展逐渐发生从社会功利转向幼儿关怀,从条件普惠转向质量均衡,从外援支持转向内力开发,从行政监管转向专业引领,从个体发展转向整体发展的实践转向与变革,从而成为切合我国学前教育均衡发展现实需求,实现其优质均衡与质量共生发展的重要路径。

## 一、由社会功利转向幼儿关怀:幼有所育是学前教育持续健康长效发展的核心使命

学前教育共生发展倡导学前教育公平发展的价值取向要由社会功利转向幼儿关怀,强调把每一个幼儿的全面发展作为公平发展的核心评估域,这意味着其追求的终极指向是使每一个幼儿即使在不同地区、不同类型的幼儿园都能够接受优质的保教服务。这充分体现了党的十九大报告中提出的"幼有所育"发展理念。因此,学前教育的均衡发展需要从幼有所育的根本立场出发,通过合理利用政府管理与市场调节等多元化手段去为每一个幼儿创设与维护有人文情怀、生命体验的学前教育发展环境,注重夯实保教过程中活动形式的多样性、活动内容的丰富性、活动过程的体验性,注重幼儿园保教工作优质性与均衡性建设与维护,使每一个幼儿都能够真情实感地

体验科学而优质的保教服务。因此，幼有所育是新时代我国学前教育均衡发展的根本出发点与落脚点，其以促进幼儿全面健康发展为根本立场的视角转换将全新阐释学前教育公平发展的内涵与理念，进而推动我国学前教育均衡发展的实践转向与变革，成为学前教育改革与发展的理论原则与行动准则。

## 二、由条件普惠转向优质均衡：质量公平是学前教育持续健康长效发展的核心内容

教育资源是体现公平性的教育起点、教育过程和教育结果的统一体。[①]不同的价值立足点将会映射不同的教育资源配置方式，并由此衍生出不同的教育公平发展路径及结果。截至2017年，全国共有幼儿园25.5万所，其中民办幼儿园16.04万所，占比为62.9%，全国在园儿童数为4600.14万人，其中民办幼儿园在园幼儿数为2572.34万人，占比为55.9%，这些数据间接反映出我国学前教育公益普惠性资源整体提供不足的问题，进而阻碍学前教育的公平发展。因此，大力加强普惠性幼儿园建设，提高我国公益普惠性资源的覆盖率成为近年来我国学前教育发展的重点任务。然而教育公平不仅仅是追求“教育机会”和“教育条件”的标准化，更应关注以幼儿为本的“教育过程”与“教育结果”的均衡与合理。因此，政府在推进公益普惠性学前教育体系建设的过程中，要避免只重视物质性因素的建设而忽视对内在过程及其质量因素的关注。新教育公平理念以幼儿的发展为根本，倡导学前教育的公平发展要回归幼儿的价值本位，还给幼儿有“温度”与“情怀”的保教，因此，幼儿园保教过程中孕育的质量与公平要素是学前教育均衡发展的核心内容。这意味着学前教育的均衡发展应该跨越社会功利取向的“标准化”建设套路，逐步转向幼儿园保教过程中质量性因素的保障与维护，如加大幼儿园玩教具和图书资源的投入与维护力度，重视幼儿教师专业培训与业务指导，夯实保教过程的适宜性与优质性，强化幼儿园保教质量的动态监控与维护等。

①翟博.树立科学的教育均衡发展观[J].教育研究，2008(1)：3-9.

## 三、由外援支持转向内力开发：共生联动是学前教育持续健康长效发展的现实路径

我国推行“公办民办并举”的办园体制，加之城乡二元结构体制下教育资源的不均衡配置，致使我国学前教育发展存在着明显的地区差异、城乡差异以及园所差异。[①]要实现学前教育的公平发展就需要逐步缩小这些差异，而当前我国推行的学前教育公平政策一定程度上沿袭着义务教育均衡发展的标准化建设路径，致使其在提高学前教育普及水平的同时也滋生了诸多公平问题。因此，学前教育均衡发展单纯地依靠外援性资源的输入并不可取，其在滋生办园机构“等、靠、要”的现象的同时，还忽视了广大办园机构的发展活力。其次，要素是机制形成的重要前提，机制是协同多重要素共生作用的系统，不同的机制由于其功能及价值定位不同导致其耦合的要素各不相同。通过文献梳理，国内当前围绕学前教育发展理念及其机制的研究主要有均衡发展论、公共服务体系建构论、城乡一体化发展论、共生联动发展论。对于学前教育发展系统而言，前三者属于外援型发展路径，后者则属于内生型发展路径。王彦峰等人指出，区域学前教育公平发展长期依赖于政府自上而下，由外而内，重视外物性的办园条件标准化建设的“输血”式发展路径，而忽略自主发展“造血”能力的培育，往往导致学前教育公平发展衍生出“梅佐乔诺陷阱”的现实问题。因此，学前教育持续健康长效发展是一个整合系统内外资源的复合联动过程，需要逐渐从外援型发展路径转向内生型发展路径。

再次，学前教育发展系统是一个开放的、复杂的、涨落的非线性发展系统，同时也是政府行政性权力、市场竞争性权力和社会志愿性权力动态博弈的平衡过程。依据耗散结构理论，学前教育市场的多样性、开放性和竞争性不仅是其优质性与多元性的活力源泉，同时也是推动学前教育共生联动发展的重要基础。然而，由于我国城市化进程加速了社会生产、生活和人际交往方式的急剧变化，传统的公共服务和社会保障供给方式难以适应日益复杂的城市人口结构及其变动，而纵向、单一的治理手段和机制也难以顺应社会结构扁平化的发展趋势。因此，学前教育持续健康长效发展需要政府履行主导职责的同时，还应该积极协调政府与其他供给主体的关系，在尊重不同供给主体的价值立场、资源交换方式、约束机制的基础上，基于共建共享的科学发展理念，充分整合不同供给主体间的共生性资源，建构形式多样、充满活力的共生联动

①洪秀敏，马群．区域学前教育公平的权责博弈——基于城乡政府履职的差异分析[J]．北京师范大学(社会科学版)，2005(6)：68-79.

机制，推进学前教育的共生型治理与发展。因此，学前教育的持续健康长效发展需要运用科学的世界观和方法论，以积极主动的态度、高瞻远瞩的战略思维和机敏的判断，应对急剧变化的教育发展现实，坚持走内涵发展、特色发展、创新发展的理念与路径，积极开发与利用学前教育共生型资源，创新共生联动机制，充分尊重其现实多样性与差异性。基于学前教育本身的系统关联性、整合联动性，积极探索与实施灵活多样的发展机制，坚定不移地走创新发展之路。

## 四、由行政监管转向专业引领：教研支持是学前教育持续健康长效发展的重要驱动

目前国内在推行学前教育综合改革的过程中，涌现了大量的卓有成效的典型经验，如南京市建邺区的"盟区"引领式教研模式①、宁波市奉化区的县域连片园本研修模式②、福建永安县的城乡学前教育示范联动与结对帮扶模式③等，这些改革经验在彰显学前教育发展的自主性的同时也间接反映了教育科研在引领学前教育发展过程中的独特魅力。其次，我国学前教育学科体系发展的滞后性，再加之学前教育教学活动的复杂特性，致使不同园所在课程资源开发与设计、课程规划与安排、活动组织与实施、活动质量与评价等方面形成价值多元、种类繁多、质量参差不齐的实践样态。学前教育的发展通常受到该地区自然条件、经济发展水平、社会文化、历史传统等诸多因素的综合影响，④因此，在遵循"因地、因时、因人、因事"的发展原则下，若要"量体裁衣"地充分利用现有教育资源和发掘潜在教育资源，实现学前教育的特色发展，不仅需要政府强劲的政策保障与管理作为，同时还需要强大的教育科研专业支持力量。然而在现实的学前教育管理中，政府对教研支持与专业督导的供给能力有限，部分地区的学前教育专业督导工作呈现出形式化、行政化、碎片化、低效化等问题，难以满足广大园所在保教过程中对专业支持与引领的现实需求。因此，新公平视域下学前教育的均衡发展应高度重视保教过程的专业性支持与引领，强调优化与整合地方教研力量，破除当前学前教育专业督导的体制机制障碍，建立区域性多元主体参与的、持续健康长效的陪伴式专业支持与服务体系。

①吴兴莉."盟区"引领式教研模式的原则和策略[J].早期教育(教师版)，2013(9)：17-19.

②邬平.区域连片园本研修模式的实践探索[J].教学月刊小学版(综合)，2013(6)：7-9.

③张晓芬.示范引路 结对帮扶——学前教育一体化模式探索[J].福建教育学院学报，2015(9)：66-68.

④钱志亮.社会转型时期的教育公平问题——中国教育学会中青年教育理论工作者专业委员会第十次年会综述[J].高等教育研究，2001(1)：104-105.

## 五、由个体发展转向整体发展：质量共生是学前教育持续健康长效发展的终极指向

教育公平是人们依据一定的平等标准对当时当地的平等状态所做的主观判断，是一个相对的、历史的、动态的和区域的概念。[①]新教育公平理论反对绝对化、标准化的公平主义，强调教育要适应幼儿的身心发展特点及规律，尊重学前教育发展现实的层次性与差异性。学前教育均衡发展是一个开放的、复杂的、面临涨落的非线性发展系统，具有明显的自组织特征[②]，依据耗散结构理论来看，要实现系统有序并维护一个充满活力的学前教育发展系统[③]，则需要充分尊重和维护其内部的差异，大力培植各种非线性、非平衡态的负熵。因此，学前教育的异质共存样态是维系其内部差异、竞争、非线性、非平衡态的必要条件，也是推动学前教育均衡发展的最具活力的内生资源。因此，对于学前教育而言，减小园所差异并不是追求“标准化”与“整齐化”，学前教育均衡发展的目标绝不是“千园一律、千园一面”，其根本出发点是以幼儿发展为本位的幼有所育，在尊重现实差异的基础上，充分挖掘与调动学前教育的共生性资源，优化与整合多层次与多向度的共生界面，寻求区域园所的多样性、共生发展。因此，学前教育均衡发展的必然趋向是基于幼儿全面发展的根本立场，尊重各幼儿园间的现实差异性，通过外援型与内生型共生联动实现每一个幼儿园都能够有特色有质量地发展，从而促进学前教育“百家争鸣、百花齐放”的共生发展态势。

---

①蔡迎旗，冯晓霞.论我国幼儿教育政策的公平取向及其实现[J].教育与经济，2004(2)：33-36.

②于冰，周红，于海波.论区域教育变革的自组织机制[J].中国教育学刊，2014(9)：22-25.

③苟国旗，冉隆锋.无序到有序——从耗散结构理论看人的发展[J].和田师范专科学校学报(汉文综合版)，2006(4)：204-205.